Kenkyu Sosho No.637

研究双書

メキシコの21世紀

星野妙子：編

IDE-JETRO アジア経済研究所

研究双書　No.637

星野妙子　編
『メキシコの 21 世紀』

Mekishiko no 21 Seiki
(Mexico in the 21th Century)

Edited by
Taeko HOSHINO

Contents

Introduction	Democratization, Globalization and North American Economic Integration	(Taeko HOSHINO)
Chapter 1	Erosion of Democracy and Regional Variation	(Yuriko TAKAHASHI)
Chapter 2	Transformation of Mexican Civil Society: A Historical and Socio-Spatial Analysis of Popular Contention	(Takeshi WADA)
Chapter 3	*Autodefensas* under Large-Scale Drug Violence: The Case of Michoacán	(Kaori BABA)
Chapter 4	Technocrats' Mexico and Squatters' Mexico: Political Economy of Informality	(Hiroyuki UKEDA)
Chapter 5	Energy Reform in Mexico: Resource Nationalism, Geotechnical Limitations and Political Changes	(Aki SAKAGUCHI)
Chapter 6	How Has the Export Industry Changed Local Employment?: The Case of Automotive Industry in Guanajuato	(Taeko HOSHINO)
Conclusion	Mexico in the 21st Century	(Taeko HOSHINO)

〔Kenkyu Sosho（IDE Research Series）No. 637〕
Published by the Institute of Developing Economies, JETRO, 2019
3-2-2, Wakaba, Mihama-ku, Chiba-shi, Chiba 261-8545, Japan

まえがき

　メキシコでは2018年7月の大統領選挙で，ラテンアメリカにおいては周回遅れの「左派」政権が誕生した。一方，米国でのトランプ政権誕生により，NAFTA発足以来，四半世紀続いたメキシコ・米国の蜜月時代は終わりを迎えようとしている。メキシコは，激動の時代のとば口に立つように見うけられる。

　本書でわれわれがめざしたのは，政治・社会・経済の論理がダイナミックにせめぎ合うメキシコという国の姿を示すことであった。せめぎ合いの特徴を示すことで，21世紀のメキシコを理解するための視座を提供することができると考えた。そしてそのような視座をもつことで，歴史的な変化の意義をより深く理解することが可能になると考えた。メキシコの大統領選挙も，米国とのNAFTA改定交渉の妥結も，本書脱稿後の出来事であった。そのため本書では「左派」政権誕生や米墨蜜月時代の終わりについては分析の俎上にのせられていない。しかし本書が示した視座に立つことで，これらの画期的大事件の意義を考え，今後を展望する際の手掛かりを得ることができると期待している。われわれのねらいが果たされているのか，その判断は読者に委ねたい。

　本書はアジア経済研究所が2016年度から2017年度にかけて実施した「21世紀のメキシコ——近代化する経済，分極化する社会」研究会の成果である。2017年3月には中間成果として研究会と同名のタイトルで調査研究報告書を作成している。研究所のウェブページに公開されているので，併せてご参照いただければ幸いである。なお研究会では東京外国語大学の田島陽一教授，メキシコ自治工科大学の手島健介教授（当時），編集・出版アドバイザーの勝康裕氏にご参加いただき，われわれの研究に対し貴重なアドバイスをいただく機会をもった。この場を借りてご協力に深く感謝申し上げたい。

2018年12月

編　者

目　次

まえがき

序　章　民主化・グローバル化・北米経済統合 ……………星野妙子… 3
　はじめに………………………………………………………………………… 3
　第1節　なぜメキシコか………………………………………………………… 4
　第2節　メキシコの今に影響を及ぼす3つの基底的条件…………………… 8
　　2-1　一党支配型権威主義体制の遺制　9
　　2-2　インフォーマル就業者　10
　　2-3　国家の統治能力　12
　第3節　民主化・グローバル化・北米経済統合の現状と6つの事象…… 15
　　3-1　民主化の現状　15
　　3-2　グローバル化による犯罪と暴力の開放　17
　　3-3　グローバル経済への統合の成果　19
　　3-4　本書の構成　21

第1章　民主主義の質の低下と地域的多様性 ………… 高橋百合子… 25
　はじめに ……………………………………………………………………… 25
　第1節　ラテンアメリカの民主主義をめぐる議論 ………………………… 27
　　1-1　ラテンアメリカにおける民主主義の現状　27
　　1-2　メキシコにおける民主主義の質の低下　31
　第2節　民主主義の質という概念と測定　33
　　2-1　民主主義の質という概念　33
　　2-2　民主主義の質の測定　35
　　2-3　サブナショナル・レベルの民主主義の質　36

第3節　メキシコにおけるサブナショナル・レベルの
　　　　　民主主義の質分析 ……………………………………………… 37
　　3-1　選挙による決定　38
　　3-2　政治参加　40
　　3-3　アカウンタビリティ　42
　　3-4　政府の応答性　43
　　3-5　政府の自律的決定権　44
　第4節　サブナショナル・レベルでの民主主義に対する懸念と
　　　　　2014年政治・選挙改革 ………………………………………… 47
　おわりに ………………………………………………………………… 48

第2章　メキシコの市民社会の変遷
　　　　──民衆闘争の歴史空間的解析を通じて── … 和田　毅 … 53
　はじめに ………………………………………………………………… 53
　第1節　分析アプローチ
　　　　──市民社会の変容をどのように把握するか── ………… 55
　　1-1　既存の分析アプローチ　55
　　1-2　本研究のアプローチ　60
　第2節　動員──民衆闘争は増えているのか── …………………… 64
　第3節　要求──人々はなにを求めているのか── ………………… 69
　第4節　アクター──だれが求めているのか── …………………… 76
　第5節　行動様式──どのような手段で要求するのか── ………… 83
　おわりに ………………………………………………………………… 88

第3章　麻薬紛争下の市民の蜂起
　　　　──ミチョアカン自警団に関する考察── …… 馬場香織 … 97
　はじめに ………………………………………………………………… 97
　第1節　麻薬紛争と自警団運動 ………………………………………… 99

1-1　麻薬紛争はどのような紛争なのか　99
　　1-2　市民の被害の拡大と自警団運動の発生　103
　　1-3　自警団運動の類型　105
　第2節　なぜ自警団運動なのか………………………………………110
　　2-1　「安全保障の罠」，市民の被害増加と自警団運動　110
　　2-2　周縁地域におけるミチョアカン自警団運動の広がり　112
　　2-3　地方当局の腐敗，暴力の高まりと自警団運動　116
　第3節　自警団運動を可能としたもの………………………………118
　　3-1　自警団運動と連邦政府の関係　118
　　3-2　動員構造，戦闘能力，フレーミングと自警団運動の展開　120
　　3-3　連邦政府による直接介入と自警団運動の解消　124
　おわりに……………………………………………………………127

第4章　不法占拠と露天商の生命力
　　　　――インフォーマリティの政治経済学――　……受田宏之…133
　はじめに……………………………………………………………133
　第1節　経済学的なインフォーマリティ論…………………………134
　　1-1　従来のインフォーマリティ論　134
　　1-2　制度設計者レヴィのインフォーマリティ論　136
　第2節　インフォーマリティの政治経済学…………………………141
　　2-1　インフォーマリティの政治経済学に向けて　141
　　2-2　レヴィの構想を阻むもの　144
　第3節　都市民衆運動とインフォーマル・ポリティクス…………147
　　3-1　メキシコ市におけるインフォーマリティと政治，都市民衆運動　147
　　3-2　UPREZ――新聞記事から読みとれる
　　　　　　都市民衆運動組織の戦略とネットワーク――　149
　第4節　先住民移住者の事例…………………………………………153
　おわりに……………………………………………………………161

目　　次　vii

第5章　メキシコのエネルギー改革——資源ナショナリズム,
　　　　地質的・技術的制約と政治の変化—— ………坂口安紀… 167
はじめに………………………………………………………………… 167
第1節　エネルギー改革の進展………………………………………… 169
第2節　強固な資源ナショナリズムとエネルギー改革への抵抗……… 172
　2-1　メキシコ革命と資源ナショナリズム　172
　2-2　PRI政権下の密接な政労関係　173
　2-3　エネルギー改革への批判　174
第3節　メキシコの石油産業が直面する技術的問題………………… 176
　3-1　先行研究と本章の問い　176
　3-2　地質学的, 技術的要件　176
　3-3　Pemexの過剰な財政負担と財務リスク　179
第4節　エネルギー改革を可能にした背景要因……………………… 183
　4-1　エネルギー改革の序奏　184
　4-2　エネルギー改革を可能にした政治的要因　188
おわりに………………………………………………………………… 193

第6章　輸出産業は地域の雇用をどう変えるか
　　　　——グアナファト州の自動車産業の事例—— …星野妙子… 199
はじめに………………………………………………………………… 199
第1節　2010年代の自動車産業の急成長 …………………………… 201
　1-1　バヒオ地方における産業集積の形成　201
　1-2　自動車産業の輸出構造の変化　206
第2節　自動車産業のサプライチェーンの成長……………………… 209
　2-1　日系自動車部品メーカーにみる2010年代の変化　209
　2-2　サプライチェーン成長のダイナミズム　213
第3節　2010年代の自動車産業の成長と雇用の変化 ……………… 215
　3-1　グアナファト州におけるフォーマルな雇用の増大　215

3-2 日系完成車メーカー・自動車部品メーカーにみる
       雇用創出の規模と質　218
 第4節　OJTと労働力の需給ギャップの解消 ………………………… 221
   4-1 高い技術をもつ労働者の需要増加と
       OJTによる技能の引き上げ　221
   4-2 労働力の需給ギャップ解消の展望　224
 おわりに………………………………………………………………………… 226

終　章　メキシコの21世紀 …………………………………星野妙子… 231
 はじめに………………………………………………………………………… 231
 第1節　民主化が政治を不安定にする経路…………………………………… 232
   1-1 麻薬紛争の拡大　232
   1-2 選挙における政党間競争の激化　235
 第2節　所得格差が政治を不安定にする経路………………………………… 236
 第3節　一党支配型権威主義体制の遺制克服の条件………………………… 239
 第4節　グローバル化がけん引する経済成長による
       所得格差改善の困難…………………………………………………… 241
 おわりに――20世紀と21世紀でなにが変わったのか――……………… 244

索　引 …………………………………………………………………………… 251

〔略語表〕

AMOR	Alianza Mexicana de Organizaciones Residentes（メキシコ住民組織連盟）
CCT	Conditional Cash Transfer（条件付き現金移転）
CNC	Confederación Nacional Campesina（全国農民連合）
CNH	Comisión Nacional de Hidrocarburo（国家炭化水素委員会）
CNOP	Confederación Nacional de Organizaciones Populares（全国民衆組織連合）
CNPA	Coordinadora Nacional Plan de Ayala（アヤラプラン全国調整委員会）
COFOCE	Coordinadora de Fomento al Comercio Exterior (Estado de Guanajuato)（貿易育成調整部〔グアナファト州〕）
CPI	Corruption Perception Index（汚職認識指数）
CT	Congreso del Trabajo（労働会議）
DDR	Disarmament, Demobilization and Reintegration（武装解除・動員解除・社会復帰）
DFS	Dirección Federal de Seguridad（連邦安全保障局）
ENOE	Encuesta Nacional de Ocupación y Empleo（職業雇用全国アンケート）
EZLN	Ejército Zapatista de Liberación Nacional（サパティスタ民族解放戦線）
FEPADE	Fiscalía Especializada para la Atención de Delitos Electorales（選挙犯罪専門検察庁）
FPFV	Frente Popular Francisco Villa（フランシスコ・ビジャ民衆戦線）
GATT	General Agreement on Tariffs and Trade（関税及び貿易に関する一般協定）
IDB	Inter-American Development Bank（米州開発銀行）
IFE	Instituto Federal Electoral（連邦選挙機関）
ILO	International Labour Organization（国際労働機関）
IMF	International Monetary Fund（国際通貨基金）
IMSS	Instituto Mexicano de Seguro Social（メキシコ社会保険庁）
INA	Instituto Nacional de Autopartes（全国自動車部品工業会）
INE	Instituto Nacional Electoral（国家選挙機関）
INEGI	Instituto Nacional de Estadística y Geografía（国家統計地理院）
INI	Instituto Nacional Indigenista（全国先住民庁）

INVI	Instituto de Vivienda（住宅局）
MORENA	Movimiento Regeneración Nacional（国民刷新運動）
MPCD	Mexican Popular Contention Database（メキシコ民衆闘争データベース）
MSC	Multiple Service Contract（マルチプル・サービス契約）
MUP	Movimiento Urbano Popular（都市民衆運動）
NAFTA	North American Free Trade Agreement（北米自由貿易協定）
PAN	Partido Acción Nacional（国民行動党）
PEI Mexico	Expert Survey of Perceptions of Electoral Integrity, Mexico Subnational Study 2016（選挙の公正性の認識の専門家サーベイ：メキシコのサブナショナル研究2016年版）
Pemex	Petróleos Mexicanos（ペメックス）
PRD	Partido de la Revolución Democrática（民主革命党）
PRI	Partido Revolucionario Institucional（制度的革命党）
PT	Partido de Trabalhadores（労働者党〔ブラジル〕）
PTU	Participación a los Trabajadores de las Utilidades（労働者利益分配金）
SDES	Secretaría de Desarrollo Económico Sustentable (Estado de Guanajuato)（持続的経済開発局〔グアナファト〕）
SEDESOL	Secretaría de Desarrollo Social（社会開発省）
SHCP	Secretaria de Hacienda y Crédito Público（財務省）
SNTE	Sindicato Nacional de Trabajadores de la Educación（全国教職員組合）
STPRM	Sindicato de Trabajdores Petroleros de la República Mexicana（メキシコ石油労働者組合）
UNT	Unión Nacional de Trabajadores（全国労働者連合）
UPREZ	Unión Popular Revolucionaria Emiliano Zapata（エミリアーノ・サパタ民衆革命連合）

〔人名リスト〕

姓，名	Nombre(s), Apellido(s)
エチェベリア＝アルバレス，ルイス	Echeverría Álvarez, Luis
エリソンド，カルロス	Elizondo, Carlos
エルナンデス＝ガリシア，ホアキン	Hernández Galicia, Joaquín
カスティージョ，アルフレード	Castillo, Alfredo
カルデナス＝デル＝リオ，クアテモック	Cárdenas del Rio, Cuauhtemoc
カルデナス，ラサロ	Cárdenas, Lázaro
カルデロン＝イノホサ，フェリペ	Caldrón Hinojosa, Felipe
カロ＝キンテロ，ラファエル	Caro Quintero, Rafael
ゴルディージョ，エルバ＝エステル	Gordillo, Elba Esther
サリナス＝デ＝ゴルタリ，カルロス	Salinas de Gortari, Carlos
サンブラーノ，ロレンソ	Zambrano, Lorenzo
スリム，カルロス	Slim, Carlos
セディージョ＝ポンセ＝デ＝レオン，エルネスト	Zedillo Ponce de León, Ernesto
チャベス＝フリアス，ウーゴ	Chávez Frías, Hugo
ディアス＝モリ，ポルフィリオ	Díaz Mori, Porfirio
デソト，エルナンド	De Soto, Hernando
デラマドリー＝ウルタド，ミゲル	De la Madrid Hurtado, Miguel
ドゥアルテ，ハビエル	Duarte, Javier
ナランホ，オスカル	Naranjo, Oscar
ニエト，サンティアゴ	Nieto, Santiago
バジェホ＝フィゲロア，ファウスト	Vallejo Figueroa, Fausto
バジェホ＝モラ，ロドリゴ	Vallejo Mora, Rodrigo
バリオス，アレハンドラ	Barrios, Alejandra
ハンソン，ゴードン	Hanson, Gordon
フェリス＝ガジャルド，ミゲル＝アンヘル	Félix Gallardo, Miguel Ángel
フォックス＝ケサダ，ビセンテ	Fox Quesada, Vicente
フォンセカ，エルネスト	Fonseca, Ernesto
プランカルテ＝ソリス，エンリケ	Plancarte Solís, Enrique
ブルガダ，クララ	Brugada, Clara
ベテタ，マリオ＝ラモン	Beteta, Mario Ramón

ベニテス＝マナウト，ラウル	Benítez Manaut, Raúl
ペニャ＝ニエト，エンリケ	Peña Nieto, Enrique
ベルトラン＝レイバ，アルトゥーロ	Beltrán Leyva, Arturo
ホランド，アリシャ	Holland, Alisha C.
マリチュイ（本名はパトリシオ＝マルティネス，マリア＝デヘスス）	Marichuy (Patricio Martínez, María de Jesús)
マロニー，ウィリアム	Maloney, William
マンセラ，ミゲル＝アンヘル	Mancera, Miguel Ángel
ミュラー，ヤン＝ヴェルナー	Müller, Jan-Eerner
ミレレス，ホセ	Mireles, José
ムニョス＝レオス，ラウル	Muñoz Leos, Raúl
モラ，イポリト	Mora, Hipólito
モンシバイス，カルロス	Monsiváis, Carlos
モンレアル＝アビラ，リカルド	Monreal Ávila, Ricardo
ラバスティーダ＝オチョア，フランシスコ	Labastida Ochoa, Francisco
ルファーブル，アンリ	Lefebvre, Henri
レイナ＝ガルシア，ヘスス	Reyna García, Jesús
レヴィ，サンティアゴ	Levy, Santiago
レジョ，ハイメ	Rello, Jaime
ロジャ＝プランカルテ，ディオニシオ	Loya Plancarte, Dionisio
ロセテ，マリア	Rosete, María
ロドリゲス＝アギレ，フェリペ	Rodríguez Aguirre, Felipe
ロペス＝オブラドール，アンドレス＝マヌエル	López Obrador, Andrés Manuel
ロペス＝ポルティージョ，ホセ	López Portillo, José
ロメロ＝デシャンプス，カルロス	Romero Deschamps, Carlos

メキシコ州名地図

(出所) 編者作成。

① バハ・カリフォルニア州
② バハ・カリフォルニア・スル州
③ ソノラ州
④ チワワ州
⑤ シナロア州
⑥ ドゥランゴ州
⑦ コアウィラ州
⑧ ヌエボ・レオン州
⑨ ナヤリ州
⑩ サカテカス州
⑪ サン・ルイス・ポトシ州
⑫ タマウリパス州
⑬ ハリスコ州
⑭ アグアスカリエンテス州
⑮ グアナファト州
⑯ ケレタロ州
⑰ イダルゴ州
⑱ コリマ州
⑲ ミチョアカン州
⑳ メキシコ州
㉑ トラスカラ州
㉒ ベラクルス州
㉓ ゲレロ州
㉔ モレロス州
㉕ プエブラ州
㉖ オアハカ州
㉗ タバスコ州
㉘ チアパス州
㉙ カンペチェ州
㉚ ユカタン州
㉛ キンタナロー州

メキシコの21世紀

序章

民主化・グローバル化・北米経済統合

星野　妙子

　はじめに

　1980年代から90年代に，メキシコはそれまでの一党支配型権威主義体制を改める政治制度改革と，国家介入型経済を改める新自由主義経済改革を実施した。それによって民主的な政治社会と豊かで安定した経済が実現するはずであった。

　政治制度改革の結果，2000年の大統領選で野党・国民行動党（PAN）への政権交代が実現した。しかし2012年の選挙では権威主義体制下の与党・制度的革命党（PRI）が政権に返り咲いた。民主的な選挙で，国民は旧体制を体現する政党を選択したのである。

　一方，貿易投資の自由化により輸出産業は成長し，グローバル経済に適合した経済の近代化が進展した。しかし目覚ましい成長は実現せず，所得格差も貧困も解消されていない。

　メキシコではなぜ，改革が目指した民主的な政治社会と豊かで安定した経済が実現していないのか。本書はその理由を2つの視点から明らかにすることを試みている。第1の視点は，2000年以降のメキシコの政治・社会・経済において注目されるさまざまな事象のなかに理由を探ることである。本書では第1～6章までの各章がそのような視点からの分析である。

　第2の視点は，政治・社会・経済の総体としての国のあり方のなかに理由

を探ることである。その際に着目するのが，本書で注目するさまざまな事象の背後にあって，その展開の方向性に影響を及ぼす政治・社会・経済の論理である。本書では国をそのような論理のせめぎ合いの場としてとらえ，改革が進まない理由をせめぎ合いの結果として示すことを試みている。本章と終章が第2の視点からの考察である。

　本章では，以下の3つの作業を行いたい。第1に，当該テーマに関する先行研究の議論と関連させながら，メキシコを取り上げることの意義を明らかにすることである。第2に，本書の分析枠組みと，政治・社会・経済の論理のせめぎ合いの構図を示すことである。第3に，各論で取り上げる6つの事象になぜわれわれが着目するのか，その理由を示すことである。

第1節　なぜメキシコか

　メキシコを取り上げることの意義はなにか。ひと言でいえば，21世紀の世界で起きている民主化とグローバル化が引き起こすさまざまな現象を理解するうえで，メキシコの事例が多くの示唆を与えてくれると考えられるためである。

　メキシコの政治制度改革は政治の民主化を，新自由主義経済改革は経済の対外開放政策によるグローバル経済への統合を意味する。民主化とグローバル化は1990年以降の世界的な潮流である。しかしメキシコに限らず，政治の安定と経済の成長を両立させている国はそれほど多くない。

　ロドリックはトリレンマということばを用いて，民主政治，グローバル化，国民国家の3つを同時に実現することの難しさを指摘している。深化したグローバル化は強制服のように国民国家の自決権を縛る。そのため，自決権とグローバル化の深化が結びつき民主政治は忌避されるか，あるいは自決権と民主政治が選択されグローバル化の深化が忌避されることになると指摘する（Rodrik 2011, 188）。

グローバル化とは，貿易・投資の自由化，資金や人の国境を越えた移動，技術革新や知識の普及，情報の世界的な流れ，制度環境の変化などのさまざまな伝搬メカニズムを通じ開放度が増すことで，国境を越えて経済統合が進展することを意味する。グローバル化は経済成長に寄与する一方で，勝者と敗者を生み出すために所得格差を拡大させることもある（Nissanke and Thorbecke 2010, 797-798）。

所得格差と経済成長の関係について，トルベックとチャルミリンドによる先行研究サーベイによれば，最近まで，所得格差は成長を高めるとの見解が広く受け入れられていた。その根拠となったのはクズネッツの逆U字仮説，すなわち，経済成長は初期には不平等を拡大するが成長にともない格差は解消され，所得格差の大きさと成長率の関係は逆U字形となるという仮説である。その理論的根拠は，高所得者は限界貯蓄性向が高いため，所得格差は貯蓄額を高め投資を促進し成長を引き起こすという考え方だった。

しかしトルベックらによれば，先行研究の検証結果はクズネッツ仮説を必ずしも支持していない。近年はむしろ所得格差は成長を低めるとの見解が広く受け入れられている。彼らは政治社会的要因に注目し，所得格差が成長に影響を及ぼす経路を次の3つに整理している。ひとつ目は，所得格差が大きいことで低所得層の略奪行為や犯罪が活発化し，私有財産制への脅威となって投資を阻害する経路。2つ目は，所得格差が社会政治的緊張を高め，政治を不安定にし，投資を阻害する経路。3つ目は，所得格差が低所得者の再分配への社会的要求を高め，投資を阻害する経路である（Thorbecke and Charumilind 2002, 1482, 1484）。

グローバル化と経済成長と所得格差の関係については，貿易論のストルパー・サミュエルソン理論が貿易による所得分配改善効果を謳っている。

国際貿易の一般均衡モデルであるヘクシャー・オーリン・モデルは，資本と労働の2生産要素をもつ2国間の貿易を想定し，非熟練労働力が相対的に豊富な国が非熟練労働集約的な財の生産に特化すると考える。この考え方と所得分配を結びつけたのが，ストルパー・サミュエルソン理論であった。貿

易自由化による非熟練労働力集約財の価格上昇は，この財の生産に集中的に使われる生産要素，すなわち非熟練労働力の価格を引き上げる。反対に熟練労働集約的な輸入財の価格低下は，熟練労働力の価格を引き下げる。メキシコを含む発展途上国は非熟練労働力が豊富であるため，非熟練労働力集約財の生産に比較優位をもつ。貿易自由化による非熟練労働力集約財の輸出増加により，所得分配は非熟練労働者に有利に改善されると考えるのである。

しかしメキシコを含む発展途上国で観察されたのは，非熟練労働者より熟練労働者の賃金が相対的に上昇し，所得分配が悪化するという事態であった（星野 2017, 10-11）。

一方，民主化が経済成長に及ぼす影響については，先行研究において次のように指摘されている。第1に，経済成長は政治体制の性格，すなわち独裁体制か民主主義体制かによっては左右されず，政治の安定性に左右されるという点。第2に，独裁体制から民主主義体制への移行期は社会の不安定化がつきもので，低成長期となる可能性が高いという点である。民主化の初期には抑圧されていた欲求が噴出し，民主主義体制が定着するまでは，政治は集団間の対立する要求の強い圧力にさらされるためである（Alesina and Perotti 1994, 359）。民主化が必ずしも政治の安定をもたらすものでないことは，民主化の持続と定着をめぐる比較政治学の議論においても指摘されている（久保・末近・高橋 2016; Takahashi 2017）。

以上のような，先行研究が指摘する所得格差・経済成長・政治の安定の関係を簡略な図にして示せば，**図序-1** のようになる。この三者の関係に民主化とグローバル化がどうかかわるかについては，事態の進展次第で好循環が生まれることも考えられよう。すなわち，民主化を出発点とすれば，民主主義の定着により政治が安定し，グローバル化が投資と貿易を拡大させることで経済が成長し，それが所得格差の改善をもたらし，政治をさらに安定させる，というシナリオである。

しかし好循環の輪は，いくつかの局面で断絶していることを先行研究は指摘している。すなわち，民主化は必ず政治の安定をもたらすとはいえないこ

図序-1　政治の安定・経済の成長・所得格差の関係

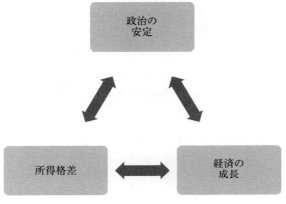

（出所）筆者作成

と，グローバル化は所得格差を拡大させること，所得格差の拡大は政治を不安定にすること，政治の不安定は経済成長を阻害することなどである。つまり，好循環よりむしろ悪循環が生じる可能性の方が高いといえる。

メキシコの事例を究明することは，民主化とグローバル化が政治の安定，経済成長，所得格差に及ぼす影響についての研究に，多くの示唆を与えてくれると考える。このことは，**図序-1**をメキシコに当てはめた場合，グローバル化が北米経済統合を意味することと関係している。メキシコの事例を取り上げることの意義として，次の2点を挙げることができる。

第1に，発展途上国の民主化・グローバル化が政治・社会・経済に及ぼす影響を，メキシコの事例によって，より明確にとらえることができるという点である。メキシコにとってグローバル化の過程は北米経済統合の過程でもあった。世界最大，最強の資本主義国である米国との経済統合は，貿易と投資，人と情報の流れを促進し，成長の条件ともなれば，同時に格差拡大の条件ともなった。つまり好循環であれ，悪循環であれ，メキシコの事例においては，米国との経済統合によって，その振れ幅がより大きく表れるといえる。

第2に，グローバル化は表の力として市場メカニズムを開放したが，同時に裏の力として犯罪とテロによる暴力を開放した。グローバル化が容易にした，資金・人・モノの移動，技術革新や知識の普及，情報の世界的な流れが，犯罪やテロによる暴力のグローバル化も引き起こしたためである。21世紀に入り，この裏の力は各国の政治・社会・経済に大きな影響を及ぼすものとなっている。米国は世界最大の麻薬市場であり，北米経済統合の進展に並行して，メキシコでは麻薬犯罪組織の活動が急速に拡大した。21世紀の現象といえるグローバル化の裏の力の開放が，政治の安定，経済成長，所得格差にどのような影響を及ぼすのかを考えるうえで，メキシコの事例は示唆に富むといえる。

第2節　メキシコの今に影響を及ぼす3つの基底的条件

　以上のような好循環，あるいは悪循環の輪を前提とした場合，メキシコの国としてのあり方を考える際に生じる問いは，循環のどの局面が，どのような理由で断絶しているのか，あるいはどのような悪循環が生じているのかというものである。
　次章以降で焦点を当てる事象は多様であるが，それらの背後にあって，事象の進展に影響を及ぼす共通の条件をみることができる。これらの共通する条件は，さまざまな経路を介し，好循環の断絶，あるいは悪循環の発生に影響を及ぼしている。本書を貫く分析枠組みとして，以下にそのような政治・社会・経済の基底的条件を示し，それらが循環の輪にどう作用するかを，政治・社会・経済の論理のせめぎ合いの構図として示したい。
　そのような政治・社会・経済の基底的条件として，①旧体制から引き継いだ一党支配型権威主義体制の遺制，②膨大な規模のインフォーマル就業者，②グローバル化と民主化の過程において進んだ国家の統治能力の低下の3つを挙げることができる。

2-1 一党支配型権威主義体制の遺制

1980年代初頭まで，メキシコでは一党支配型権威主義体制と国家介入型経済を対とする政治経済体制が成立していた。民主化と新自由主義経済改革を経たあとも，旧体制のいくつかの特徴は残り，政治・社会・経済の動向に大きな影響を及ぼしている。

メキシコの一党支配型権威主義体制は，大統領を中心とする支配政党 PRI 幹部に権力が集中する国家コーポラティスト体制を特徴とした。労働者，農民，公務員は PRI の支持基盤として職能ごとに組織化され，それぞれが，政権に取り込まれた組織指導者を介した上位下達の組織となり，選挙の際には集票マシーンとして機能した。企業家は政党組織の外にあったが，経済エリートと政権中枢のあいだには利害調整のための非公式ルートが存在した。一方，反対勢力は力により抑圧された。

政党・官僚組織・行政組織はパトロン＝クライアントの個人的関係にもとづき組織・運営され，そのような組織運営は，非効率と腐敗を生んだ。反対勢力の抑圧，非効率と腐敗を特徴とする体制の存続を可能にしたのは，政治的支持と引き換えに経済的実利を分配するポピュリズムと，ナショナリズムのイデオロギーであった。さらに，経済的実利の分配を可能にしたのは，輸入代替工業化による経済の高成長であり，輸入代替工業化の行き詰まりが明らかになる 1970 年代後半以降は，公企業 Pemex が生み出す石油輸出収入であった（恒川 2007, 120-121）。

国家介入型経済の特徴は，国家が経済に介入し，経済発展を主導した点にある。貿易と外国直接投資を規制し国内産業を保護・育成する輸入代替工業化政策がとられた。石油産業など基幹産業では，公企業設立により国家が生産に直接関与した。輸入代替工業化政策の問題点は，国内市場向けに育成された産業が輸出競争力をもたなかったことにある。そのため工業化の進展にともない資本財・中間財の輸入が拡大すると，貿易赤字が拡大し，外貨の必要から外国直接投資や対外借り入れへの依存度が高まった（細野 1986, 135）。

一党支配型権威主義体制と国家介入型経済を対とする体制は，1960年代末頃から，力による抑圧への批判の高まりと経済的実利の分配の困難により，ほころびを見せはじめる。その契機となったのは1968年のトラテロルコ虐殺事件であった。抑圧的なPRI体制を批判する大学生と市民の集会に軍が発砲し，多数の死者を出した事件である。この事件は体制の正統性の危機をもたらした。批判への対応として1970年代前半にPRI以外の組織・政党の自由な活動が容認され，1977年には選挙制度改革が実施された。以降，国内の体制批判と国際的な圧力を推進力に，民主的な選挙の実現が図られ，2000年には選挙によるPANへの政権移譲が実現した。

一方，輸入代替工業化は貿易赤字や財政赤字の拡大により次第に行き詰まり，それは1982年の対外債務累積問題の発生により決定的となった。以降，国家介入型経済は新自由主義経済改革により解体の道をたどる。一党支配型権威主義体制と国家介入型経済が対の関係にあったことから，民主化とグローバル化も対で進んだ。

以上のような一党支配型権威主義体制の特徴のうち，政治改革と経済改革を経たあとも変わらずに残った特徴として次のようなものがある。①政治を，非人格的組織を通してではなく，パトロン＝クライアントの個人的関係によって運営しようとする政治アクターの行動様式，②政治的支持と引き換えに経済的実利を分配するポピュリズムとそれを補強するイデオロギーとしてのナショナリズム，③経済的実利の分配の原資を石油輸出収入に依存する財政の構造，④旧体制下の非効率と腐敗，力による抑圧の体験により育まれた国民の国家制度への不信，以上の4つである。

2-2 インフォーマル就業者

所得格差構造の下層部分を占めるのがインフォーマル就業者である。メキシコのインフォーマル就業者の規模は膨大であり，その存在が政治，経済，社会の動向に大きな影響を及ぼしている。

まずどれくらい膨大であるかを示すために，国家統計地理院（INEGI）の

定義を用いてインフォーマル就業者の規模を示そう。

　経済活動を行う事業体は社会保険料の支払い，商業登録，課税などにより公的に捕捉されるのが一般的である。INEGIはインフォーマル・セクターを，そのような公的な捕捉の外にある，家計と事業が未分離の経済活動と定義している。インフォーマル・セクターの就業者は，事業主も含めインフォーマル就業者とよばれる。インフォーマル就業者はインフォーマル・セクターの就業者のほかに，公的に捕捉された経済活動であるフォーマル・セクターで働く就業者のなかにも存在する。INEGIはフォーマル・セクターで働くが社会保険に未加入の就業者をインフォーマル就業者に含めている。2017年第3四半期に，農業部門を含む全就業者に占めるインフォーマル・セクター就業者の比率は26.6％，同じく全就業者に占めるインフォーマル就業者の比率は57.2％にも達した（www3.inegi.org.mx，最終閲覧日：2018年1月8日）。

　つまりインフォーマル・セクターの農家や事業体，フォーマル・セクターの不安定な仕事に，全就業者の6割近くが就いていることになる。インフォーマル就業者の所得は低く，彼らはメキシコの所得格差構造の下半分を占めているといっていい。

　膨大な規模の低所得のインフォーマル就業者の存在も，旧体制から引き継いだものである。輸入代替工業化は人口増加に見合うペースで生産的な雇用を生まなかった。人口増加により農村から都市への労働力移動が起きたが，雇用機会の不足から，都市において失業や不完全就労が拡大した。輸入代替工業化で成長した近代部門の企業家と労働者の所得が上昇したのに対し，農村の零細農，都市の失業者・不完全就業者の所得が低水準にとどまったことで，所得分配は悪化した（細野1986, 137-138）。

　インフォーマル就業者の規模は輸入代替工業化が放棄された以降も縮小しておらず，むしろ拡大している。経済改革によっても近代部門に十分な雇用が生まれていないためであった（Romero 2014, 194; Moreno-Brid and Ros 2009, 229-230）。

膨大な規模のインフォーマル就業者の存在は，次のような影響を及ぼすことが考えられる。第1に，所得格差と同義であることから，先行研究の整理で示したようにその存在自体が次のような経路を通じて政治を不安定にすると考えられる。メキシコの事例に即して述べれば，権威主義体制の遺制であるポピュリズムの受け皿となる経路，同様に社会運動の動員要員の供給源となる経路，さらに，拡大する麻薬犯罪組織の戦闘員の調達源となって，次に述べる国家の統治能力を低下させる経路などが考えられる。第2に，グローバル化による経済成長の効果を弱めることが考えられる。グローバル化が要求する高い技能と，インフォーマル就業者の低い技能のギャップが，インフォーマル就業者のフォーマル就業者への転換を阻むという経路が挙げられる。

2-3 国家の統治能力

2000年代以降，メキシコの国家の統治能力は低下しており，それが政治・社会・経済に大きな影響を及ぼしている。まず統治能力の低下がどの程度のものか，世銀の指標を用いて示したい。

世銀は6つの指標で国家の統治能力を測っている。すなわち，①汚職のコントロール，②政府の実効力，③政治の安定と暴力・テロの不在，④規制の質，⑤法の支配，⑥選挙権と表現・結社・報道の自由の6つである。

メキシコの1996～2016年の指標の変化を示せば，**図序-2**のようになる。②政府の実効力（より詳細には，公共サービスの質，政治的圧力からの独立性，政策立案・実施の質，政策への政府の関与の信頼性）と④規制の質（民間部門の発展を促進する政策の策定・実施）の2つを除き，いずれの指標も2002年以降に下がっている。とくに著しく下がったのが，①と③であった。

国家主権には対外主権と対内主権の2側面がある。対内主権とは，国家権力による実効的支配が成立していることを意味する。対外主権とは，国家権力が外国から独立して実効的支配を行うことができ，その実効的支配権を他国から認められていることを意味する。

序章　民主化・グローバル化・北米経済統合　13

図序-2　世銀の統治指標にみるメキシコの国家の統治能力の変化（1996〜2016年）

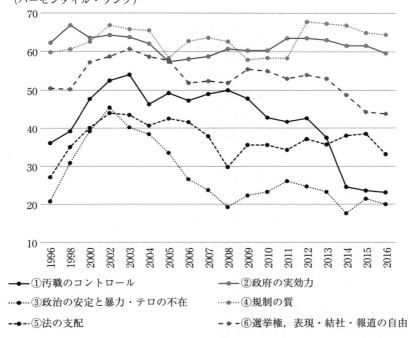

──●──①汚職のコントロール　　　──●──②政府の実効力
……●……③政治の安定と暴力・テロの不在　……●……④規制の質
──●──⑤法の支配　　　　　　　　─ ●─⑥選挙権，表現・結社・報道の自由

（出所）https://data.worldbank.org/data-catalog/worldwide-governance-indicators 最終閲覧日；2017年1月11日）。
（注）パーセンタイル・ランクは215か国中，最下位を0，最高位を100とした場合の順位。

　対内主権が確立されているか否かを測る場合，指標として，比較政治学の教科書は，軍事力，徴税能力，官僚の規模と能力を挙げている（久保・末近・高橋 2016, 25; 28）。世銀の指標はこの3つの指標のうち，軍事力が2002年以降，著しく低下したことを示している。軍事力低下の最大の要因は麻薬組織犯罪の拡大であり，本書はそれを裏の力の開放として，民主化とグローバル化にともなう現象とみている。国家の軍事力で抑えきれないほどの犯罪の増加は，投資の減少により経済成長を阻害する要因となる。
　一方，国家の統治能力の3つの指標のうちの残る2つ，徴税能力と，官僚

の規模と能力についても，危ぶまれる状況が存在し，それは先に述べた権威主義体制の遺制と関係している。

　徴税能力については，一党支配型権威主義体制下において，それほど高くはなかった。理由として経済活動の捕捉能力が低いことがあり，そのことは膨大なインフォーマル・セクターの存在によっても明らかである。さらに，米国と国境を接し資本逃避を招きやすいことから，富裕層への高率課税を行いにくい環境にあったことがある（星野 1992b, 7）。それでも経済的実利の分配を可能するほどの財政規模を維持できたのは，1960年代までは輸入代替工業化による高成長で分配のためのパイが拡大していたためであった。

　輸入代替工業化が行き詰まる1970年代に入ると，石油輸出収入が増加し，財政の石油への依存度が高まった。ところが，徴税能力を代替する役割を果たしてきた石油が，枯渇しつつあるのである。このような事態を前に，とりえる手立ては，石油産業を再生させる，徴税能力を高める，財政規模を縮小する，のいずれかである。しかし石油産業の再生には外資の導入が必要であるが，それはナショナリズムによる反発を招く。課税強化はインフォーマル・セクターの反発と富裕層の資本逃避を招く。財源の縮小は官僚の規模縮小と経済的実利の分配をめぐる競争の熾烈化を招く。いずれが選択されても，政治を不安定にすると考えられる。

　以上の説明をふまえて，政治・社会・経済の論理のせめぎ合いの構図をより具体的に言い表せば，過去から引き継いだ権威主義体制の遺制と膨大なインフォーマル就業者の存在，およびグローバル化と民主化のもとで進んだ国家の統治能力の低下が，互いに原因となり結果となりながら，あるいは相互に補強，あるいは二律背反しながら，さまざまな経路をたどり，政治の安定，経済成長，所得格差の循環に影響を及ぼすことで，好循環が断絶したり，悪循環が生じたりする状況，と整理することができる。

第3節　民主化・グローバル化・北米経済統合の現状と6つの事象

次章以降の6つの章で，2000年以降のメキシコにおいて注目される事象として取り上げるのは，民主主義の質の変化，社会運動の変化，ミチョアカン州での麻薬犯罪組織に対抗する自警団の運動，メキシコ市のインフォーマル就業者の政治活動，2013年のエネルギー制度改革，2010年代のグアナファト州での自動車産業の急成長である。これらの事象の重要性を理解するためには，民主化やグローバル化，北米経済統合の現状についての知識が欠かせない。そこでまず重要と思われる知識として，①民主化の現状，②グローバル化による犯罪と暴力の開放，③グローバル経済への統合の成果の3つについて簡単に述べておきたい。

3-1　民主化の現状

図序-3はメキシコの大統領選における政党ごとの得票率の推移，**図序-4**はメキシコの31州の知事とメキシコ市長について選挙時の出馬政党ごとに数の推移を示したものである。

メキシコは2000年にPRIからPANへと国政レベルでの政権交代を果たしたことを受けて，権威主義体制から民主主義体制へと移行した。2012年にPRIが政権復帰を果たすが，得票率からうかがえるように政党間の競争選挙を経た政権復帰であった。

一方，**図序-4**によれば，州知事レベルでは選挙による政権交代はそれ以前からはじまっていた。最初に野党が州知事選に勝利したのはPANが1989年バハ・カリフォルニア州，PRDが1997年メキシコ市だった。以降PANとPRDの州知事の数は2008年まで増加を続けた。2009年以降PRIの党勢が回復したが2015年以降は再び退潮が著しい。州レベルでの政権交代の特徴は，政権を失っても奪還が可能であった点である。ちなみに31州知事ポ

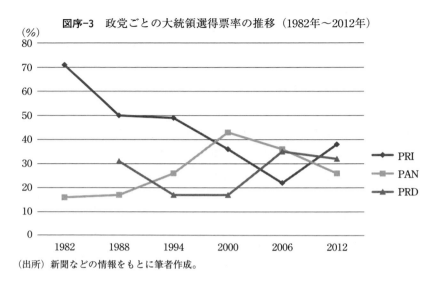

図序-3 政党ごとの大統領選得票率の推移（1982年〜2012年）

（出所）新聞などの情報をもとに筆者作成。

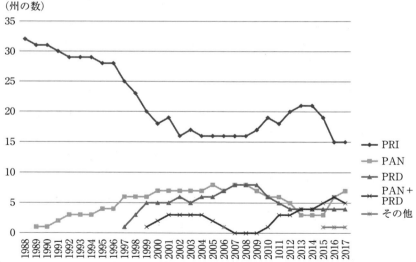

図序-4 政党ごとの知事の数の推移（1988〜2017年）

（出所）CIDAC 選挙データベース（base de datos CIDAC http://elecciones.cidac.org），各州の選挙管理委員会データなどをもとに筆者作成。
（注）知事ポストの合計は31州とメキシコ市で32。

ストのうち PRI が維持し続けているのはカンペチェ州，コアウィラ州，コリマ州，イダルゴ州，メキシコ州の5州までに減った。それ以外の州では PRI から PAN, PRI から PRD, あるいはその逆へと政権政党は変化している。

ラングストン（2017）は政権奪回が可能であった理由として，イデオロギーではなく実利で動く選挙民の存在を挙げる。選挙民の多くは小さな贈り物やサービスと交換で候補者や党に票を売ることに抵抗感がなかったと指摘する。イデオロギーではなく実利で動く点では，候補者と政党も同様であった。その点は図序-4において，右派政党といわれる PAN と左派政党といわれる PRD が，PRI に勝つために同盟を組んで選挙に臨んだ事例が増えている点からもうかがえる。

州知事選挙に関連してラングストンが指摘するもうひとつの点は，連邦選挙における州知事の集票力の重要性である。とくに連邦下院議員選での選挙区の集票に重要な役割を果たし，その結果は連邦下院議会の政党間の勢力配置に影響した（Langston 2017, 118-119）。

以上の叙述から，民主化後，選挙における政党間の競争が熾烈化していること，そして，政治アクターとして州知事の重要性が増したことが指摘できる。

3-2　グローバル化による犯罪と暴力の開放

麻薬犯罪組織は権威主義体制下でも存在したが，国家はメキシコ国内での活動を統制できていた。国家による麻薬犯罪組織の統制が効かなくなったのは民主化以降である。

馬場（2018）は麻薬犯罪組織のメキシコにおける勢力拡大の要因として，グローバル化にかかわる次のような変化を指摘している。ひとつが米国・コロンビア政府の掃討作戦により米国へのコカイン密輸ルートを支配していたコロンビア・カルテルが弱体化したことと，密輸量の減少による米国市場での麻薬価格の上昇である。それによって，麻薬密輸ルート上に位置するメキシコの麻薬犯罪組織にビジネス・チャンスが生まれた。

2つ目がブッシュ政権下の2004年に米国で銃規制が改正されたことによる銃の密輸量の急増と，リーマンショック後の輸出不振による，北部国境地帯での非熟練労働者の大量解雇である。それらが，麻薬犯罪組織の縄張り争いの手段となる重火器と戦闘員の供給を容易にした（馬場2018, 18; 21）。

一方，民主化との関連については，トレホとレイによる興味深い論考がある。麻薬犯罪組織が私兵を組織し縄張り争いを開始したのは1990年代のことであった。トレホらは縄張り争いを，2000年以前の，州レベルの政権交代を契機にはじまったとみている。すなわち，PRI一党支配体制のもとでは，複数の麻薬組織が異なる麻薬密輸ルートを支配し，麻薬犯罪組織と政府のあいだには賄賂と引き換えに麻薬犯罪組織を保護する非公式ネットワークが存在していた。ところが麻薬対策の地方分権化と州レベルの政権交代により，麻薬犯罪組織にとって，地方レベルの保護のネットワークの存続が危ぶまれる事態が生じた。新しい州政府からの攻撃と，保護のネットワークの崩壊につけ込み縄張り拡張をねらうライバル組織からの攻撃の脅威は，麻薬犯罪組織が私兵を組織する誘因となった。私兵を組織した麻薬犯罪組織が縄張り防衛，あるいは縄張り拡張のために争ったことで，紛争が全国に拡大した（Trejo and Ley 2017, 3-4）。

2006年に成立したPANのカルデロン政権は対麻薬戦争を宣言し，麻薬犯罪組織の徹底した制圧に乗り出した。大物ボスの掃討などで一定の成果を上げたが，弱体化した麻薬犯罪組織の縄張りを狙うライバル麻薬犯罪組織間の抗争や，麻薬犯罪組織内部での主導権争いや組織の分裂により，かえって麻薬紛争は激化した（馬場2018, 15, 22）。

以上の先行研究の指摘からいえることは，麻薬犯罪組織はグローバル化と民主化の2つの条件がそろったことで増殖し，麻薬紛争は複雑化したということである。そのような意味において，麻薬犯罪組織はグローバル化と民主化の鬼子であるといえる。

3-3　グローバル経済への統合の成果

メキシコの新自由主義経済改革，それによるグローバル経済への統合の結果として経済構造にかかわる2つの変化を指摘したい。

第1に，米国の景気に経済が連動するようになったことである。**図序-5**は1994年から2017年までの四半期ごとのメキシコのGDP成長率を示したものである。1995年の経済の落ち込みはメキシコから世界へ波及した通貨危機によるものであるが，2001年と2009年は米国のITバブル崩壊，リーマンショックの影響を受けたものであった。成長率の浮沈が大きいことからこの図から傾向を読みとることは難しいが，大統領期ごとに四半期毎成長率の平均を算出すると，セディリョ政権期（1994〜2000年）3.4％，フォックス政権期（2000〜2006年）2.0％，カルデロン政権期（2006〜2012年）1.8％，ペニャ＝ニエト政権期（2012〜2017年第4四半期まで）2.5％であり，めざましい経済成長は実現していない。

第2に，グローバル経済への統合の最大の成果は，輸出産業が成長したことにあった。輸出産業の成長は同様に経済改革を実施したラテンアメリカ・カリブ諸国に共通してみられる現象である。メキシコの異なる点は，ラテンアメリカ諸国において成長を遂げたのが一次産品関連の輸出産業であったのに対し，ラテンアメリカで唯一，輸出製造業が成長を遂げたことであった。

図序-6は1990年代以降のメキシコと，メキシコを除くラテンアメリカ・カリブ諸国の，輸出総額に占める工業製品輸出の比率と貿易依存度の推移を示したものである。工業製品輸出比率はメキシコを除くラテンアメリカ・カリブ諸国が一貫して20％前後で推移しているのに対し，メキシコの場合は1992年に急増し，以降70〜80％のあいだを推移している。NAFTAを契機に北米経済統合が進展し，米墨間の比較優位を生かした分業体制の構築，すなわちメキシコにとっては米国に対し相対的に労働集約的な製造業部門への投資が急増したことによる。

メキシコは1980年代初頭までは他のラテンアメリカ・カリブ諸国と同様に，石油に依存した一次産品輸出国であった。1982年には輸出総額に占め

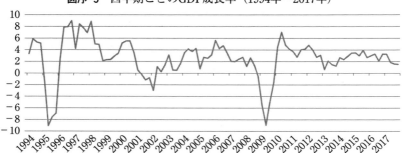

（出所）INEGI, *Banco de información económica*（http://www.inegi.mx/sistemas/bie/）

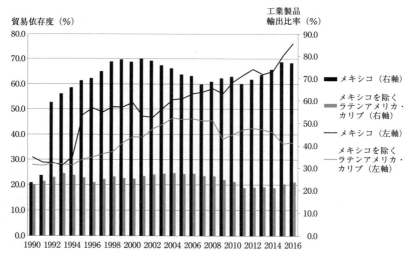

（出所）CEPAL, *Anuario estadístico de América Latina y el Caribe 217* をもとに筆者作成。
（注）貿易依存度は（輸出＋輸入）／GDP×100，工業製品輸出比率は工業製品輸出額／輸出総額×100。

る原油の比率は73.8％に達していた。それが2016年には4.2％にまで縮小した（CEPAL 2017）。輸出製造業の成長にともない経済の貿易依存度も急上昇した。輸出製造業は経済成長の牽引役となったといえる。

3-4　本書の構成

以上の民主化とグローバル化の現状をふまえて，次章以降では次のような順序で考察を行う。

第1章で焦点を当てるのは，民主主義の質である。選挙民主主義が定着したとみられるのは上述の通りである。この章での問いは，どのような質の民主主義なのかという点である。2000年代以降の民主主義の質が検討され，民主主義の質の低下が起きていること，州ごとに民主主義の質に違いがみられることが明らかにされる。

第2章で焦点を当てるのは，社会運動の変化である。過去50年を俯瞰し，民主化の過程が開始されて以降，人々の抗議行動や要求行動において，アクター，行動様式，抗議や要求の内容，地域などでどのような変化がみられるのかが検討される。メキシコ社会がどの程度権威主義体制の遺制から脱却できているのか，民主化や経済改革が社会運動にどう影響したかが明らかにされる。

第3章はミチョアカン州の麻薬組織犯罪に対抗して出現した自警団に焦点を当てる。ミチョアカン州では，武装した自警団が短期間ではあったが，麻薬犯罪組織の排除に成功した。ここでの問いは，なぜ人々は命の危険を冒して立ち上がったのか。一時的にではあれ，なぜ成功したのかという点である。麻薬犯罪組織が浸透した地域における国家の統治能力の著しい低下，住民の国家制度に対する根強い不信感，容易に権力に取り込まれる指導者の姿などが明らかにされる。

第4章は首都メキシコ市のインフォーマル・セクターをめぐる政治に焦点を当てる。ここでの問いは，どのような政治メカニズムによって都市インフォーマル・セクターの経済活動や生存空間が再生産されているのかという点である。パトロン＝クライアント関係を基礎に形成される政治ネットワーク，非合法行為を黙認する行政，政治的動員と引き換えに経済活動の容認や居住空間を得るインフォーマル就業者の存在などが明らかにされる。

第5章は，2013年の石油を中心とするエネルギー制度改革に焦点を当てる。石油産業は，腐敗した労働組合，ナショナリズムの象徴，経済的実利分配の重要財源ゆえに，権威主義体制の遺制の象徴的存在である。ここでの問いは，そのような産業への外資参入を可能にする改革がなぜ2013年に可能になったのかという点である。その理由が，石油産業の衰退の状況と産業特性，ならびに民主化後の議会の政党勢力地図の変化の検討により明らかにされる。

　第6章は2010年代に急成長したグアナファト州の自動車産業に焦点を当てる。ここでの問いは，輸出製造業の花形となった自動車産業の成長が，雇用の拡大，労働条件の改善を通じて，インフォーマル就業者のフォーマル部門への転換，所得格差の解消の切り札となるかという点である。インフォーマル就業者の規模が膨大であること，輸出製造業が必要とする労働力の質と労働市場が供給できるインフォーマル就業者を含む労働力の質のあいだに大きなギャップが存在することなどの理由から，自動車産業の成長による所得格差の改善の効果には限界があることが示される。

　終章においては，第1～6章の検討をふまえ，先に述べた政治・社会・経済の論理のせめぎ合いの構図に即して，なぜメキシコにおいて民主的な政治社会と豊かで安定した経済が実現していないのかを総括する。それをもって本書の結論とする。

〔参考文献〕

〈日本語文献〉
久保慶一・末近浩太・高橋百合子 2016.『比較政治学の考え方』有斐閣.
恒川惠市 2007.『比較政治――中南米』放送大学教育振興会.
馬場香織 2018.「ヘゲモニーの衰退と拡散する暴力――メキシコ麻薬紛争の新局面」『ラテンアメリカ・レポート』34(2): 13-25.
星野妙子 1992a.「特集にあたって」『アジア経済』33(11): 2-4.
―――― 1992b.「エチェベリア政権期における財界と政府の関係」『アジア経済』

33(11): 5-22.
——— 2017.「新自由主義経済改革後のメキシコ経済の成長と分配——先行研究サーベイ」星野妙子編『21世紀のメキシコ——近代化する経済，分極化する政治と社会』アジア経済研究所.
細野昭雄 1986.「経済危機の構図と要因」細野昭雄・恒川惠市『ラテンアメリカ危機の構図——累積債務と民主化のゆくえ』有斐閣.

〈外国語文献〉

Alesina, Alberto and Roberto Perotti 1994. "The Political Economy of Growth: A Critical Survey of the Recent Literature." *The World Bank Economic Review*, 8(3): 351-371.

Comisión Económica para América Latina y el Caribe 2017. *Anuario estadístico de América Latina y el Caribe 2017*. Versión eléctrica. CEPAL: Santiago de Chile.

Langston, Joy 2017. *Democratization and Authoritarian Party Survival: Mexico's PRI*. Oxford: Oxford University Press.

Moreno-Brid, Juan Carlos, and Jaime Ros 2009. *Development and Growth in the Mexican Economy: A Historical Perspective*. New York: Oxford University Press.

Nissanke, Machiko and Erik Thorbecke 2010. "Globalization, Poverty, and Inequality in Latin America: Findings from Case Studies." *World Development* 38(6): 797-802.

Rodrik, Dani 2011. *The Globalization Paradox: Why Global Markets, States, and Democracy Can't Coexist*. Oxford: Oxford University Press.（邦訳は柴山桂太・大川良文訳『グローバリゼーション・パラドクス——世界経済の未来を決める三つの道』白水社，2013年）

Romero, José 2014. *Los límites al crecimiento económico de México*. México: El Colegio de México.

Takahashi, Yuriko 2017. "Reversal of Democracy or Decline in Quality? A Preliminary Analysis of Mexico's Democracy at the National and Subnational Levels"（星野妙子編『21世紀のメキシコ——近代化する経済，分極化する政治と社会』アジア経済研究所）

Thorbecke, Erik and Chutatong Charumilind 2002. "Economic Inequality and Its Socioeconomic Impact." *World Development* 30(9): 1477-1495.

Trejo, Guillermo and Sandra Ley 2017. "Why Did Drug Cartels Go to War in Mexico? Subnational Party Alternation, the Breakdown of Criminal Protection, and the Onset of Large-Scale Violence." *Comparative Political Studies* (Online First): 1-38.

第 1 章

民主主義の質の低下と地域的多様性

高 橋 百 合 子

　はじめに

　ラテンアメリカに民主化の「第3の波」が押し寄せてから約40年が経過しようとしている（Huntington 1991）。1970年代後半以降，ラテンアメリカの多くの国は権威主義体制から民主主義体制への移行を果たした。抑圧的な政治体制は国民から選挙によって選ばれた民主主義体制に取って代わられたが，民主主義の根幹をなす「自由で公正な選挙」が保障されているとは言い難い。とりわけ，近年，ジャーナリストに対する迫害が深刻化するなど，言論の自由や，特定の社会的集団（低所得者層等）の政治的権利は制限され，また，ラテンアメリカ域内で，法の支配が確立されていない国も存在する（O'Donnell 1998）。メキシコも例外ではなく，とくに公職者による汚職や組織犯罪勢力の政治への浸透は顕著であり，こうした問題は法の支配の欠如に起因するものである。実際，汚職を統制し，治安を回復することについて，同国市民の関心も高い（Romero, Parás, and Zechmeister 2015）。

　域内諸国が十分に民主主義を実現していないことに対しては，学問的関心が高まっている。こうした状況が，民主主義の崩壊，ひいては権威主義体制への回帰を示唆するのか（Diamond 2008），民主主義の質の低下を意味するのか（Diamond 2015），あるいは現実を反映しない単なる誇張であるのか（Levitsky and Way 2015）に関して，活発な議論が繰り広げられている。詳し

くは後述するように，こうした3つの見方は，民主主義といっても一国内でもきわめて多様である点を見過ごしている。とりわけ，ブラジルやメキシコなど，域内大国では政治経済状況の地域間格差が著しい。ギブソンが指摘するように，ナショナル・レベルでの民主主義とサブナショナル・レベルの権威主義が共存するといった見方もある（Gibson 2005; 2012）。よって，ラテンアメリカの民主主義について包括的な評価を行う前に，一国内での地域的多様性を注意深く観察する必要がある。

　メキシコにおける民主主義の現状はどのように評価できるだろうか。「民主主義の崩壊」や「民主主義の質」といった用語は，正確になにを意味し，それぞれどのように区別すべきだろうか。メキシコ国内にみられる民主主義は地域間でどのように異なるのだろうか。このような地域的多様性は，どのように測定可能だろうか。本章は，こうした一連の問いに答えることによって，メキシコの民主主義の現状分析を行うことを試みる。具体的に，フリーダム・ハウス指標や，メキシコにおける「選挙の公正性」についての専門家によるサーベイ（Norris et al. 2016）を用いて，ナショナル・レベルの民主主義の動向を時系列的に比較する。同時に，レヴァインとモリーナが提案した民主主義の5つの手続き的次元について，サブナショナル・レベルの民主主義の度合いを州別に比較する。その結果，①2006年から2016年のあいだに，メキシコの民主主義の質は低下したこと，および②メキシコの30州において民主主義の質は著しく異なることが示される[1]。

　本章は，次のように構成される。まず，ラテンアメリカにおける民主主義の崩壊，そして質の低下をめぐる近年の議論を紹介した後で，メキシコの民主主義が直面しているのは，民主主義の崩壊や権威主義への回帰ではなく，民主主義の質の低下であることを述べる。次に，民主主義の質について重要な研究を考察し，民主主義の質の概念化，および操作化について検討する。

---

1)　メキシコには32州（メキシコ市を含む）が存在するが，本稿では，データが入手可能な30州を分析の対象とした。

続いて，メキシコの 30 州について，民主主義の質にかかわる 5 つの次元について比較検討を行う。さらに，2014 年に実施された政治・選挙改革について概観した後で，それがメキシコの民主主義にとってどのような含意をもつのか，議論を提示する。最後に，今後の研究課題を指摘して，本章を締めくくる。

第 1 節　ラテンアメリカの民主主義をめぐる議論

　本節では，メキシコの民主主義の現状評価を行う前準備として，ラテンアメリカの民主主義をめぐる最近の議論を概観する。域内の民主主義については，民主化というプロセスの停滞や，既存民主主義の弱体化に関する懸念が高まりつつある。本節では，まずラテンアメリカの民主主義に対する異なる見方を紹介した後，比較の観点からメキシコの民主主義についての評価を試みる。

1-1　ラテンアメリカにおける民主主義の現状

　前述のように，1970 年代後半以降，民主化の「第 3 の波」がラテンアメリカ地域を席巻してから，域内諸国は，「民主主義の停滞」（recession）（Levitsky and Way 2015, 45）期に突入したとの見方については，学問上の合意があるとみなすことができるだろう。21 世紀になると，民主主義をとりまく楽観論は衰退し，民主主義の進展や持続については疑問が呈されるようになった。こうした楽観論の終焉とともに，民主主義の評価をめぐっては 3 つの見方が提示された。ひとつ目は，民主主義は崩壊しつつあり，権威主義へと逆行しつつあるとみる（Diamond 2008）。2 つ目は，民主主義の質は低下しているとみなす（Diamond 2015）。3 つ目は，こうした悲観論は単なる誇張にすぎないとの見方である（Levitsky and Way 2015）。2015 年に出版された，民主主義研究で定評のある学術誌，*The Journal of Democracy* の刊行 25 周年記

念特号で,「民主主義は衰退しているのか」("Is Democracy in Decline?") という特集が組まれたことは,こうした論調の変化を象徴しているといえるだろう (Plattner 2015, 6)。

それでは,こうした異なる議論のなかで,どれがラテンアメリカの民主主義についての見解として妥当だろうか。以下,これらの3つの議論をより詳しくみてみよう。第1に,「民主主義崩壊」擁護論は,域内の新興民主主義諸国は,汚職,犯罪,格差,経済停滞,自由の欠如,脆弱な法の支配といった,ガバナンスの問題に効果的に対応することができなかったと主張する (Diamond 2008, 37)。その結果,人々は民主的な選挙を経て選ばれた政府に対する信頼を失い,権威主義的なリーダーの復活を支持すると論じられる (Diamond 2008, 37)。ダイアモンドによると,ナイジェリア,ロシア,ベネズエラにおいて近年みられる民主主義の崩壊ともみられる現象は,こうしたパターンに当てはまる (Diamond 2008, 37)。

第2に,2006年を境に,民主主義の拡大は停止し,停滞期に突入したとの議論がある (Diamond 2015, 144)。こうした議論は,民主主義の質の低下は,民主主義の崩壊が加速したこと,新興経済勢力の中で戦略的に重要な位置を占めるロシアのような大国において民主主義の質が著しく低下したこと,民主主義諸国の政策実績が乏しいこと,先進民主主義諸国で対外的な民主化支援に対しての関心が低下したこと等の複数の要因が,全体として民主主義の質の低下を後押ししていると主張する (Diamond 2015, 144)。すなわち,現在顕著なのは,民主主義の質の低下であるとの議論である。

第3に,民主主義の停滞は誇張された神話であるとの議論が挙げられる (Levitsky and Way 2015)。レビツキーとウェイは,民主主義を測定する4つの指標(フリーダム・ハウス,ポリティⅣ,Economic Intelligence Unit, Bertelsmann 指標)を比較し,民主主義が停滞しているとの主張は現実に即していないと主張する。たとえば,フリーダム・ハウス指標とポリティⅣ指標にしたがうと,民主主義の平均値は2000年から2013年のあいだに高まっており,このことは2000年に比べて2013年時点で民主主義度が向上し

たことを示していると論じる（Levitsky and Way 2015, 46）。彼らによると，民主主義が停滞しているとの誤認識は，民主主義への移行が大々的に起こったポスト冷戦初期に，民主化の進展について過度かつ非現実的な楽観論が広まったことに起因する（Levitsky and Way 2015, 45）。

　これらの議論は民主主義の世界規模での傾向に焦点を合わせる一方で，ラテンアメリカにおいては上記の3つのパターン（民主主義の崩壊，質の低下，安定）が共存しているとの研究もある。メインウォリングとペレス＝リニャンは，「ラテンアメリカにおいて民主主義が広範に（broadly）衰退しつつある」というのは妥当でないと主張する（Mainwaring and Pérez-Liñán 2015, 114）。より詳しく述べると，域内における民主化実績は多様であり，(1)ボリビア，エクアドル，ホンジュラス，ニカラグア，ベネズエラでは民主主義が崩壊もしくは後退している，(2)コロンビア，グアテマラ，ハイチ，パラグアイでは民主主義の質が低下している，(3)アルゼンチン，ブラジル，チリ，コスタリカ，ドミニカ共和国，エルサルバドル，メキシコ，パナマ，ペルー，ウルグアイでは民主主義が安定的である，との見解である（Mainwaring and Pérez-Liñán 2015, 116-121）。(3)については，①欠点をもつ安定的民主主義（アルゼンチン，ブラジル，ドミニカ共和国，エルサルバドル，メキシコ，パナマ，ペルー）と②質の高い民主主義（チリ，コスタリカ，ウルグアイ）と，さらに2つのグループへと分類が可能とされる（Mainwaring and Pérez-Liñán 2015, 121-22）。

　こうした分類は，ラテンアメリカの民主主義評価を行うためにより適切であると思われる。しかしながら，上記の研究が対象としている時期は2013年までであり，最新のデータを用いて研究をアップデートする必要がある。変動が激しいラテンアメリカ諸国の政治体制について決定的な評価を下すことは控えるのが妥当であるが，本章では，執筆時点（2018年1月）で入手可能な最新のデータを用いて，まずはラテンアメリカ，それからメキシコの民主主義について分析を試みる。

　図1-1は，フリーダム・ハウス指標を用いて，ラテンアメリカ・カリブ地域18カ国について民主主義の度合いが，2006年から2016年のあいだにど

図 1-1 ラテンアメリカ・カリブ地域 18 カ国における民主主義（2006 年，2016 年）

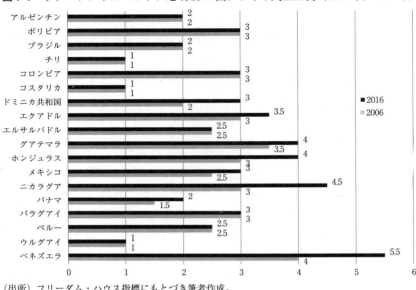

（出所）フリーダム・ハウス指標にもとづき筆者作成。

れくらい変化をしたのかを比較したものである。各国のデータに関して，上方が 2016 年の値，下方が 2006 年の値を示す。これらの値は，「政治的権利」（political rights）指標と「市民的自由」（civil liberties）指標の平均値であり，1（最も自由）から 7（最も自由でない）のあいだの値をとる[2]。フリーダム・ハウスの定義によると，平均値が 2.5 以下の場合に，「自由」（free）とみなされ，本研究ではこのフリーダム・ハウスによる自由度の指標を民主主義の度合いを測定する指標として用いることとする。

この図によると，民主主義の崩壊と分類される国々〔上記の(1)〕は，2006 年，2016 年と 2 時点において，民主主義が低レベル，かつ民主主義のレベルが下がっていることがわかる。民主主義の質が低下しているグループ〔(上

---

[2] 本章の分析は，フリーダム・ハウスが 2017 年に公表した指標にもとづく。https://freedomhouse.org/report/freedom-world/freedom-world-2017（最終閲覧日：2018 年 1 月 14 日）。

記の(2)〕については，民主主義のレベルが概して低く，グアテマラに関しては，民主主義のレベルがこの期間で0.5ポイント低下している。民主的に安定しているグループ〔上記の(3)〕の数値については注意を要する。このグループに属する国々の民主主義のレベルは概して中レベルである。また，アルゼンチン，ブラジル，エルサルバドル，ペルーは，2006年から2016年の期間，民主主義のレベルに変化はみられない。他方，ドミニカ共和国，メキシコ，パナマについては，0.5〜1ポイント，民主主義レベルが低下しているのである。

次に**図1-2**をみてみる。図1-2は，図1-1と同じデータを用いて，2006年と2016年の期間における民主主義の度合いの変化を散布図により表したものである。図中に45度線を引くことによって，ラテンアメリカ・カリブ地域18カ国の民主主義のレベルが，2時点間でどのように変化したのかを，視覚的に理解することが可能となる。まず，高レベルの民主主義が安定している国々〔上記の(3)の②〕，および欠点を抱えつつも民主主義が安定している国々〔上記の(3)の①〕は45度線上に位置しており（ドミニカ共和国，メキシコ，パナマを除く），民主主義レベルに変化はみられない。他方，ドミニカ共和国，エクアドル，グアテマラ，ホンジュラス，メキシコ，ニカラグア，パナマ，ベネズエラの8カ国は45度線より上に位置する。このことは，これらの国々において，過去10年間で民主主義の度合いが低下したことを意味する。すなわち，2006年から2016年のあいだで，18カ国中，10カ国において，民主主義のレベルが下がっていることがわかった。

以上の考察をまとめると，メインウォリングとペレス＝リニャン（2015）が指摘したように，2006年から2016年までの期間，もともと民主主義のレベルが高くかつ安定している国を除いて，多くの国で民主主義のレベルが低下していることがわかる。

1-2　メキシコにおける民主主義の質の低下

上記の分析では，メキシコは「安定的な民主主義」のグループに含まれる

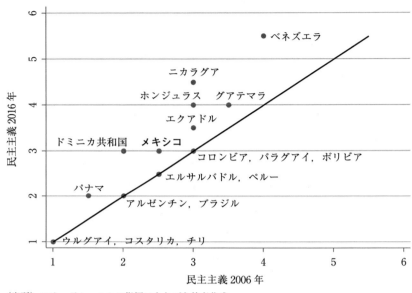

図1-2 民主主義の推移（2006年と2016年の比較）

（出所）フリーダム・ハウス指標にもとづき筆者作成。

が、ここ数年間、民主主義の低下が著しい。メキシコにおける民主化の軌跡をたどると、過去10年間で、メキシコが民主主義の低下を経験していることが示唆される。

メキシコは、2000年に、制度的革命党（PRI）が国民行動党（PAN）へと、71年振りに政権交代を果たしたことをうけて、権威主義体制から民主主義体制へ移行した。すなわち、メキシコにおける民主化とは、PRI率いる一党支配体制から競争的な複数政党制への漸進的な体制移行を意味する。1970年代以降、PRIは段階的に自由で公正な選挙を目指し、政治・選挙改革を実施することによって、政治参加と政党間競争を徐々に促進してきたのであった。

2000年の政権交代後、第1期PAN政権下、2003年の情報公開法の施行、会計検査院などの独立機関による政府に対する監視機能の強化、公共政策の

財源が集票目的に流用されることを防ぐための規制強化など，民主的な改革が実施された。こうした改革努力にもかかわらず，2006年に第2期PAN政権が発足すると，相次ぐ公職者による汚職事件，地方選挙における選挙不正，法の支配の欠如と暴力的犯罪の蔓延に起因する治安の悪化などの要因が重なり，政府に対する国民の信頼は低下していくこととなった。こうした統治能力の欠如が改善しない状況のもと，メキシコにおける民主主義の質の低下に対する懸念が広まっていった。

こうした状況について，メインウォリングとペレス=リニャンは，2002年以降，メキシコではナショナル・レベルで民主主義の質が著しく低下したと言い切ることは難しいが，国内の各地で暴力と汚職が蔓延し，民主主義の質にとって深刻な問題が生じていることを主張する（Mainwaring and Pérez-Liñán 2015, 116）。この点について分析を行う前に，次節では，民主主義の質についての議論を紹介する。民主主義の質については，これまでさまざまな方法で概念化，および操作化が行われてきたが，いずれもナショナル・レベルの民主主義に着目するものである。こうした既存研究を批判的に考察した後で，サブナショナル・レベルの民主主義の質を分析する必要性について述べる。

第2節　民主主義の質という概念と測定

2-1　民主主義の質という概念

民主化の「第3の波」が世界中に広がって以降，新たに誕生した民主主義が持続し，質を高めるためにはどのような条件が必要か，ということに関心が高まった[3]。質の高い民主主義を達成できなければ，市民は新生民主政府

3）　民主主義の持続に関する研究蓄積は豊富にある。代表的なものとして，Boix and Stokes (2003), Cheibub (2007), Przeworski et al. (2000) が挙げられる。

に満足せず，そうした政府に対する支持を低下させ，権威主義的な政府が再び政権の座に返り咲く可能性が高まるといえるだろう。したがって，新興民主主義諸国にとって，権威主義体制への逆行を防ぎ，民主的政府の正統性を高めるためには，民主主義の質を高めることが優先事項とされる。この論理にしたがうと，質の高い民主主義は民主主義の持続性を高めることが予想される。

そもそも，「民主主義の質」とはどのように定義されるのだろうか。既存の研究では，民主主義のどの次元に着目して質を評価するのが適切か，活発な議論が展開されてきた。これらの研究は，ダールの重要な業績を参照しつつ，手続き的側面により民主主義を定義することについては合意している（ダール 1981）。ダールは，実在する民主主義を「ポリアーキー」と称し，ポリアーキーとは，以下の7つの制度によって支えられる，広範な市民権と政府に反対する市民の権利を保障する政治的秩序と定義した。それらの制度とは，「選挙で選ばれた公職者」(elected officials)，「自由で公正な制度」(free and fair institutions)，「包括的な選挙権」(inclusive suffrage)，「被選挙権」(right to run for office)，「表現の自由」(freedom of expression)，「多元的な情報源」(alternative information)，「自由結社の自律性」(associational autonomy) を指す (Dahl 1989, 220-221)。こうした民主主義の定義に関しての合意はあるものの，「質」の定義については，先行研究のあいだで意見が分かれる[4]。

ダイアモンドとモーリーノ，モーリーノらは，「質の高い民主主義」とは，「その国の市民に，安定的な制度の正当かつ合法的な機能を通じて，高度の自由，政治的平等，公共政策と政策形成者に対する市民による統制を与える民主主義」と定義する (Diamond and Morlino 2005, xi; Morlino et al. 2016)。すなわち，平等とは手続き，実質，そして結果の観点からとらえられること

---

[4] 民主主義の質に関する代表的な研究を日本語で紹介したものとして，宮地（2014），久保・末近・高橋（2016）が挙げられる。以下でとりあげる，ダイアモンドとモーリーノの研究（2005），およびレヴァインとモリーナの研究（2011）についても，これらの書物で詳しく説明されている。

を意味する。この理解にもとづき，ダイアモンドとモーリーノは民主主義の質を評価するための8つの次元を提示した。それらは，5つの手続き的次元（法の支配，参加，競争，垂直的アカウンタビリティ，水平的アカウンタビリティ），2つの実質的次元（自由と平等），1つの結果にかかわる次元（応答性）からなる（Diamond and Morlino 2005, xii-xxxi）。

その一方で，レヴァインとモリーナによる民主主義の質の定義は，手続き的次元にのみ着目している点で，ダイアモンドとモーリーノの定義よりも限定的である（Levine and Molina 2011）。レヴァインとモリーナは，民主主義，もしくはダールが提唱したポリアーキーの手続き的定義に忠実にしたがい，「民主主義の質にかかわる，民主主義体制においてなされる決定と，国民の福祉にかかわるこうした政策決定の結果を区別する」必要性を強調する（Levine and Molina 2011, 16）。こうした手続きと結果の区別を前提として，彼らは，民主主義の質とは「民主主義として認められる最低限の状態から，起こりうる最高の状態までの範囲における度合いによって」評価されるのが適切であると論じ，評価のための5つの次元（選挙による決定，政治参加，アカウンタビリティ，政府の応答性，政府の自律的決定権）を提唱する（Levine and Molina 2011, 7-8）。

レヴァインとモリーナが示唆するように，もし政策実績が民主主義の質を評価する際に考慮されるとしたら，民主的統治（democratic governance）と民主主義の質（quality of democracy）のあいだの概念的区別は曖昧になる（Levine and Molina 2011, 15-16）。こうした理由から，本研究では，レヴァインとモリーナが提唱する民主主義とその質の定義，および概念化の方法に依拠することとする。

2-2 民主主義の質の測定

レヴァインとモリーナは，上記の5つの次元それぞれについて，0から100の値をとる民主主義の質のスコアを構築している。繰り返し述べると，その5次元とは，選挙による決定（electoral decision），政治参加（participation），

アカウンタビリティ（accountability），政府の応答性（responsiveness），政府の自律的決定権（sovereignty）を指す。以下，どのようにしてそれぞれの次元に対応するスコアが作られたのか，詳しくみていく[5]。

　第1に，「選挙による決定」とは，①選挙管理機関の質，②多元的な情報源が一般に利用およびアクセスが可能な程度，③政治的平等の度合い，といった，3つの要素で構成される。第2に，「政治参加」は，①選挙での投票率，②投票の機会保障，③政治団体への参加頻度，④政党およびジェンダーの代表度といった複数の指標の平均値として計算される。第3に，「アカウンタビリティ」は，①国際NGOのトランスペアレンシー・インターナショナルが公表している「腐敗認識指数」（CPI）によって測定される水平的アカウンタビリティ，②垂直的アカウンタビリティ，③コミュニティ活動への参加頻度によって定義される社会的アカウンタビリティを合成した指標である[6]。第4に，「政府の応答性」は，「票の有効性」（the efficacy of the vote）についてのサーベイ・データによって測定される。第5に，「政府の自律的決定権」は，経済政策形成と軍に対する統制において，政府が有する自律性の程度を測定している（Levine and Molina 2001, 21-31）。

2-3　サブナショナル・レベルの民主主義の質

　これまでみてきたように，先行研究による民主主義の質の概念化および測定方法は，ナショナル・レベルの民主主義の質を比較するために作成されたものである。しかしながら，ブラジルやメキシコなど，ラテンアメリカ域内における大国では，政治経済状況の国内地域間格差が大きいにもかかわらず，これまで民主主義の質についての地域的多様性は見過ごされてきた。

---

[5]　ここでの説明は，レヴァインとモリーナ（2011, 21-37）の内容に大きく依拠する。本書の第2章は，著者らがどのようにして民主主義の質の5つの次元に対応する指標を作ったのか，指標作成に用いられたデータの出所とともに詳しく説明されている。

[6]　垂直的アカウンタビリティの指標として，レヴァインとモリーナは，大統領，下院議員，上院議員などの国レベルの公職の期間を用いている（Levine and Molina 2011, 28）。

ギブソンが指摘するように，サブナショナル・レベルでの権威主義が，ナショナル・レベルの民主主義と共存しているのが現状である（Gibson 2005, 2012）。とりわけメキシコでは，1990年代以降，民主化の進展とともに，中央政府から地方政府へと財政，行政，政治的権限の地方分権化が進められた。したがって，上記のように5つの次元について測定される民主主義の質についても地域的多様性があると考えるのが妥当であろう。次節では，メキシコにおけるサブナショナル・レベルの民主主義の質について検討する。

第3節　メキシコにおけるサブナショナル・レベルの民主主義の質分析

メキシコの州レベルで，民主主義の質に関する5つの次元を比較するためには，データの入手可能性が問題となる。レヴァインとモリーナの指標に準じたスコアを，サブナショナル・レベルで作成するためのデータとして，本研究は，ピッパ・ノリスらがメキシコの研究者と共同で作成した，「選挙の公正性の認識の専門家サーベイ：メキシコのサブナショナル研究2016年版」（PEIメキシコ版）という，新しいデータセットを使用する（Levine and Molina 2011; Norris et al, 2016）[7]。すなわち，ノリスらによるデータセットのなかから，民主主義の質にかかわる5次元のそれぞれの次元に類似する項目を見き

---

[7] 貴重なデータセットを公開，そして利用可能にしてくださったノリス氏および共同研究者の方々に感謝申し上げる。本データセットは，各州についての選挙に関する有識者と認められる政治学者（あるいは，隣接する社会科学者）を「専門家」（experts）と定義し，メキシコ国内の研究機関，政治学会，選挙管理機関の情報を元にサーベイの対象とする専門家を厳しく選定している。詳しい選定方法は，Norris et al. (2016) の11～12ページを参照されたい。また，本分析に用いられる指標は，専門家による回答を指数化したものである。具体的に，データセットには，①回答者個人の回答をデータベース化したもの，および②回答者の回答を州別に集計したものの2種類が含まれる。本稿では，②を用いて，各州における専門家による指数を比較することによって，サブナショナルの民主主義の質は多様であることを示す。

わめ，それらを使って，メキシコの州を分析単位とする各次元の指標を作成する。その指標を用いて，サブナショナル・レベルの民主主義の質についての分析を行う。以下，詳しい指標の作成方法を説明する。

3-1 選挙による決定

先述のように「選挙による決定」のスコアを作るために，レヴァインとモリーナは，「選挙管理機関の質」を3つの要素のうちのひとつとして用いている。選挙管理機関は，選挙プロセスと投票を監視することによって，自由で公平な選挙の実施を保障するために重要な役割を果たす（Levine and Molina 2011, 9）。ノリスとメキシコの研究者が共同で作成したデータセットに含まれる「選挙の公正性に対する認識」〔perceptions of electoral integrity (PEI) index〕変数を，本研究では「選挙による決定」の指標として用いる。選挙の公正性認識指標とは，「選挙が国際的な標準およびグローバルな規範を満たしているという専門家による認識を総合して評価したもの」である（Norris et al, 2015, 15）[8]。他の2つの要素（多元的な情報源と政治的平等）に相当するデータはサブナショナル・レベルで存在しないため，ここで用いる「選挙による決定」スコアには含まれない。データは，2015年から2016年にかけて，メキシコ32州のうち30の州（メキシコ市を含む）で実施された選挙に対する502人の専門家からの回答を含む[9]。サーベイの対象とされた選挙は，表1-1にまとめられている。本研究では，専門家からの回答を州別にまとめたデータを使用する。

図1-3は，メキシコ30州について，選挙の公正性認識指標の値を比較したものであり，0から100の値をとる。高い値は，「選挙による決定」の度合いが高いことを意味する。図1-3は，同指標の値が高い順に，州を並べてある。ここから，①選挙の公正性の認識は，ドゥランゴ州とケレタロ州が最

---

[8] 変数名は，*PEIIndexi*である。
[9] ただし，この期間中，メキシコ市では2回の選挙が実施されたが，市議会選挙についてのデータのみ，分析の対象とした。

表1-1　分析対象の地方レベル選挙

州名	選挙実施日	選挙の種類
アグアスカリエンテス	2016年6月5日	州知事
バハ・カリフォルニア	2016年6月5日	地方議会
バハ・カリフォルニア・スル	2015年6月7日	州知事
カンペチェ	2015年6月7日	州知事
チアパス	2015年7月19日	地方議会
チワワ	2016年6月5日	州知事
コリマ	2015年6月7日	州知事
メキシコ市	2015年6月7日	地方議会
ドゥランゴ	2016年6月5日	州知事
メキシコ州	2015年6月7日	地方議会
グアナフアト	2015年6月7日	地方議会
ゲレロ	2015年6月7日	州知事
イダルゴ	2016年6月5日	州知事
ハリスコ	2015年6月7日	地方議会
ミチョアカン	2015年6月7日	州知事
モレロス	2015年6月7日	地方議会
ヌエボ・レオン	2015年6月7日	州知事
オアハカ	2016年6月5日	州知事
プエブラ	2016年6月5日	州知事
ケレタロ	2015年6月7日	州知事
キンタナ・ロー	2016年6月5日	州知事
サン・ルイス・ポトシ	2015年6月7日	州知事
シナロア	2016年6月5日	州知事
ソノラ	2015年6月7日	州知事
タバスコ	2015年6月7日	地方議会
タマウリパス	2016年6月5日	州知事
トラスカラ	2016年6月5日	州知事
ベラクルス	2016年6月5日	州知事
ユカタン	2015年6月7日	地方議会
サカテカス	2016年6月5日	州知事

(出所) Norris et al.（2016, 36）
(注)「地方議会」は，州議会と市議会を含む。

高値の58，そしてサカテカス州が最小値の36と，州ごとに多様であること，②最高値でも58であることは，メキシコにおけるサブナショナル・レベルの「選挙による決定」の度合いは，概して高くないことがわかる。

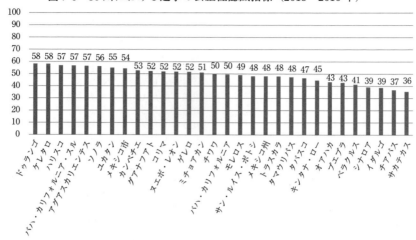

図1-3 30州における選挙の公正性認識指標（2015～2016年）

（出所）Norris et al.（2016）にもとづき筆者作成。

3-2 政治参加

次に，サブナショナル・レベルにおける「政治参加」のスコアについてみてみる。このスコアを作るために，レヴァインとモリーナは，選挙における投票率，選挙の機会，政治組織に参加する頻度，政党とジェンダーの代表度のデータを用いている。ここでの分析では，PEIメキシコ版で集計された，投票の機会に着目する。2014年の政治・選挙改革前には，地方レベルの選挙は地方選挙管理機関によって管理・運営されていた。このことは，地方レベルの政治参加の機会は，地方選挙管理機関の業務実績に大きく影響されていたことを示唆し，改革が実施されてから日が浅いことを考えると，この影響が残っていることが考えられる。ここでは，「有権者登録」（voter registration index）変数（0～100）を「政治参加」の代理変数として使用する。有権者登録における不正確さについての3つの変数を加算することによって，この変数が作られている[10]。この操作化により，もし有権者登録が

---

10) データセットにおける変数名は *voteregi* である。具体的に，この変数は，①有権者

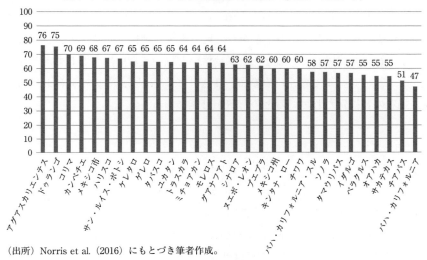

図1-4 30州における有権者登録の正確さ（2015～2016年）

（出所）Norris et al.（2016）にもとづき筆者作成。

正確だったら，「政治参加」の観点から評価した民主主義の質が高い，と解釈することが可能となる。

図1-4は，有権者登録指標について，同様にメキシコの30州を比較することによって，政治参加の地域的多様性を図示したものである。有権者登録の正確さについても，0から100の範囲で値が変動し，値の高い州から左側に位置している。図1-4から，①アグアスカリエンテス州において有権者登録が最も正確であると認識されており（スコアは76），バハ・カリフォルニア州で正確さに対する認識が低い（スコアは47）ことから，州のあいだに顕

登録簿に登録されていない市民がいるとの認識（*reglisted2*），②有権者登録の手続きが正確でないとの認識（*reginaccurate2*），③投票資格のない人が登録されているとの認識（*ineligible2*）から構成される。これらの質問への回答は，「強く反対する＝5」「反対する＝4」「同意も反対もしない＝3」「同意する＝3」「強く同意する＝1」とされている。*voteregi* 変数を作る際には，3つの変数に対する回答を足した後で，0から100の範囲となるように標準化がなされている。これらの詳しいコーディングの方法については，Norris et al.（2016, 19）を参照されたい。

著な差異がみられること，および②図1-3の選挙の公正性認識指標に比べると，どの州でも概して高い値をとる（バハ・カリフォルニア州以外は，50を超える）ことがわかる。このことから，地方選挙管理機関が有権者にきちんと投票の機会を保障しているとの認識は低いとはいえない，すなわち，サブナショナル・レベルでの「政治参加」は低いとはいえず，この次元における民主主義の質は保たれているとの解釈が可能であろう。

3-3 アカウンタビリティ

「アカウンタビリティ」について，レヴァインとモリーナは，①トランスペアレンシー・インターナショナルが作成したCPIを用いて操作化した水平的アカウンタビリティ，②垂直的アカウンタビリティ，③コミュニティ活動への参加頻度によって測定した社会的アカウンタビリティの3つからなる合成指標を作っている。ここではサブナショナル・レベルにおけるデータの制約から，垂直的および社会的アカウンタビリティについてのデータが入手不可能であった。したがって，ここでは水平的アカウンタビリティにのみ着目して，「地方選挙管理機関に対する信頼」（confidence in the local election authorities）を用い，「アカウンタビリティ」指標を作成した[11]。通常，選挙管理機関は，政府に対する水平的アカウンタビリティを高めるメカニズムを発動すると考えられることから，サブナショナル・レベルの政府に対して水平的アカウンタビリティを科すると考えられる。本研究では地方選挙管理機関に対する認識を，分析に含めることとした（O'Donnell 1998）。

図1-5は，メキシコ30の州について，地方選挙管理機関についての信頼を比較したものである。この指標は，0から10の値をとり，値が高いほど，地方選挙管理機関に対する信頼度が高いことを意味する。この図によると，①信頼度の最高値はゲレロ州の7.1であり，最低値はチアパス州の2.5であることから，地方選挙管理機関に対する信頼の地域間の差異がみられるこ

---

11) データセットにおける変数名は，*localelcauth* である。

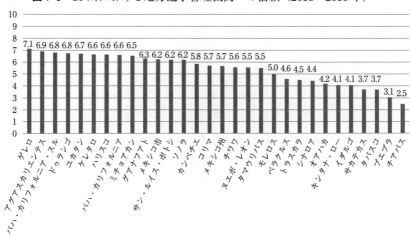

図1-5 30州における地方選挙管理機関への信頼（2015～2016年）

（出所）Norris et al.（2016）にもとづき筆者作成。

と，②最高値が最低値の約3倍の値をとることから，選挙の公正性認識，および有権者登録の正確さに対する認識と比べて，地域間格差が大きいといえる。よって，サブナショナル・レベルでの「アカウンタビリティ」は，有権者登録の正確さと同様に低いとはいえず，この次元における民主主義の質は，地域間格差に直面しつつも，比較的良好であるといえるだろう。

3-4 政府の応答性

次に，「政府の応答性」についてサブナショナル・レベルの分析を行うために，「州知事に対する信頼」（confidence in the governor）変数を用いる[12]。この変数は，1から10の値をとり，1はまったく信用していない，10は信頼がきわめて高いことを示す。もし回答者の州知事に対する信頼度が高い場合，その州知事は州民に対して応答的であるとの解釈が可能である。図1-6が示すように，①この指標についても州別の多様性が見受けられ，最高値の

---

12) データセットにおける変数名は，*gobernador* である。

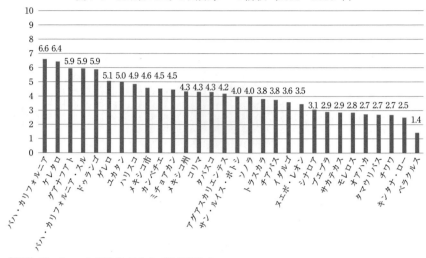

図1-6 30州における州知事への信頼（2015〜2016年）

（出所）Norris et al.（2016）にもとづき筆者作成。

バハ・カリフォルニア州では 6.6 の値であり，最低値のベラクルス州ではわずか 1.4 となっており，また②30 州を比較すると，その州間格差はきわめて大きいことが見受けられる。このことから，「政府の応答性」の次元についての民主主義の質は，地域間格差が顕著であり，また，有権者登録の正確さやアカウンタビリティの次元に比べると，その程度は低くなることがわかる。

3-5 政府の自律的決定権

レヴァインとモリーナによると，政府による自律的決定権は，政府が経済政策の形成や軍部の統制において自律的に意思決定をする程度を測定する。アルゼンチンやブラジルなど，軍事政権を敷いた経験を有する南米諸国と異なり，メキシコでは，歴史的にみて軍に対する文民統制が利いており，軍に対する政府の自律性は比較的高いといえる。その一方で，組織犯罪が政府の自律性に対する脅威となりつつあり，その影響力は，公的権威に深く浸透し

つつある。近年，こうした組織犯罪が「政府の自律的決定権」を制約し，公的な政策決定に影響力を増しつつあることについて，懸念が高まりつつある。

こうした認識にもとづき，本研究は，「犯罪組織が選挙資金へ与える影響」(influence of organized crime on campaign finance) と「犯罪組織の候補者擁立へ及ぼす影響」(influence of organized crime on candidate selection) といった2つの変数に着目することによって，「政府の自律的決定権」の操作化を試みる[13]。両変数ともに5段階で測定されており，値が高いほど，組織犯罪の影響力が大きいことを意味する。すなわち，値が高い場合，「政府の自律的決定権」の次元における民主主義の質は低いことを示唆する。

図1-7と図1-8からは，以下のような特徴をみてとることができる。まず，犯罪組織による選挙および候補者擁立のプロセスへの影響は概して高いことがわかるが，とりわけ候補者擁立に影響力を行使していることは，犯罪組織が政府を構成する人選に介入していることを意味し，政府の自律的決定権を侵食していることが推測される。また，この次元においても，30州のあいだで大きな差異があることが理解される。具体的に，犯罪組織が選挙と候補者擁立に与える影響は，シナロア州，サカテカス州，ベラクルス州でともに高い値を示している。他方，ソノラ州，トラスカラ州，ケレタロ州，ユカタン州では，選挙と候補者擁立に対する犯罪組織の関与は薄いと考えられる。これらの結果は，「政府の自律的決定権」の次元における民主主義の質は相対的に低い一方で，地方政府に対する組織犯罪の脅威にも地域的多様性が見受けられる。

以上の分析結果から，サブナショナル・レベルの民主主義の質は，5つの

---

13) 「犯罪組織が選挙資金へ与える影響 (influence of organized crime on campaign finance)」の変数名は *inflfinanciamiento*,「犯罪組織の候補者擁立へ及ぼす影響 (influence of organized crime on candidate selection)」の変数名は inflorcrime である。それぞれ質問項目において，犯罪組織の影響力に対する認識を答える回答は，「強く反対する＝1」「反対する＝2」「同意も反対もしない＝3」「同意する＝4」「強く同意する＝5」とされている。

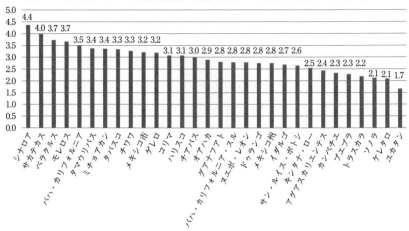

図 1-7 30 州における犯罪組織の選挙資金への影響（2015〜2016 年）

（出所）Norris et al.（2016）にもとづき筆者作成。

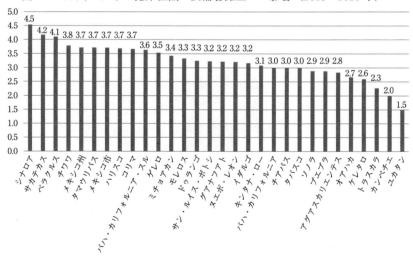

図 1-8 30 州における犯罪組織の候補者擁立への影響（2015〜2016 年）

（出所）Norris et al.（2016）にもとづき筆者作成。

次元（選挙による決定，政治参加，アカウンタビリティ，政府の応答性，政府の自律的決定権）において30州間で多様であることが明らかになった。とりわけ，「政府の応答性」と「政府の自律的決定権」の次元において，民主主義の質は比較的低いことがわかった。しかしながら，これらの結果は，メキシコの民主主義が崩壊，あるいは権威主義へと逆行していることを示す十分な証拠を提供しているとは言い難い。それと同時に，メキシコの州において，州知事への信頼が低かったり，犯罪組織が政治へ浸透していたりと，サブナショナル・レベルで民主主義の質を蝕む要因が潜んでいることが理解される。

第4節　サブナショナル・レベルでの民主主義に対する懸念と2014年政治・選挙改革

　これまで述べてきたように，メキシコにおける民主主義の質は，国内で大きな差があることがわかった。一国レベルでは，メキシコは2000年に民主化を果たし，ナショナルレベルでは自由な競争的選挙の実施や，選挙管理機関によるそうした選挙の管理・運営の実現など，民主的制度がある程度確立されてきた。一方で，サブナショナルなレベルでは，民主化の進行は一様ではなかった。すでに述べたように，民主化と並行し，地方分権化が進んだことにより，州・市政府に対してより大きな政治・行政・財政面での権限が移譲された。さらに，一部の地域に麻薬犯罪組織の影響が集中し，そうした地域では治安の悪化，汚職をはじめとする法の支配の弱体化が顕著である。こうした要因が，サブナショナル・レベルにおける民主主義の質に差異をもたらしているといえる。実際，地方選挙における選挙不正が頻繁に報道されたことから，メキシコ政府は有権者の投票する権利を保護するために，地方選挙管理機関への監視を強める必要性に直面していた（Gobierno de la República undated, 4; Méndez de Hoyos and Loza Otero 2013）。

メキシコ政府は，ナショナル・レベル，およびサブナショナル・レベルで民主主義の質を高めることを目指し，2014年に政治・選挙改革を実施した。2012年12月にエンリケ・ペニャ＝ニエト大統領が就任するやいなや，PRIとPANを含む主要政党が，「メキシコのための同盟」（Pacto por México）に合意した。この同盟は，経済・政治改革を進めるために，政党間協力を促すことを目的としていた。その後2014年には，連邦議会での活発な議論を経て，民主主義の質を高めることを目的とした政治・選挙改革（Reforma Política Electoral）が承認された。同改革の主要な点として，地方選挙管理機関の権限を連邦レベルの選挙機関へと中央集権化が実施され，これによってメキシコ全土における選挙の透明性，公平性を確保することが目指された。その他，2014年政治・選挙改革には連邦・地方議員の連続再選や独立候補の禁止を撤廃，政党におけるジェンダー公正の推進，国外在住のメキシコ人に対する投票権の拡大[14]，連邦選挙機関（IFE）を国家選挙機関（INE）へと再編することが盛り込まれた[15]。

2014年政治・選挙改革が，ナショナルレベル，およびサブナショナル・レベルでの民主主義の質にどのような影響を与えたのかを評価するためにはさらに時間を要するが，2018年の連邦・地方選挙が，この改革がメキシコの民主主義の質の向上に資したのかどうかを評価する試金石となるだろう。

おわりに

本章では，ナショナルおよびサブナショナル・レベルにおけるメキシコの

---

[14] メキシコの在外投票権を比較の視点から詳しく論じたものとして，Emmerich and Alárcon Olguín（2016）が挙げられる。また，政治・選挙改革の全体像は，INE（2016）にまとめられている。

[15] 2014年政治・選挙改革の内容とその制定にいたる過程については，Gobierno de la República（undated）および Comisión de Gobernación, Cámara de Diputdos（2014）に詳しくまとめられている。

民主主義の質について評価を試みた。まず，ナショナル・レベルの民主主義について，フリーダム・ハウス指標を用いて，メキシコの民主主義は，2006年から2016年のあいだに劣化したことが示された。そして，レヴァインとモリーナ（2011）が提示した民主主義の質についての概念と操作化にもとづき，PEIデータを使用して，5つの次元（選挙による決定，政治参加，アカウンタビリティ，政府の応答性，政府の自律的決定権）についてサブナショナル・レベルの民主主義の質についての分析を行った。その結果，とくに「政府の応答性」と「政府の自律的決定権」について，民主主義の質に問題があることがわかった。近年，ベラクルス州のハビエル・ドゥアルテをはじめとし，前州知事による汚職疑惑が相次いで摘発されたり，麻薬犯罪組織が地方政府および選挙に介入する事件が多発したりと，この2つの次元で問題が深刻であることが如実に示される。

　また，ナショナル・レベルで「アカウンタビリティ」の低下を示唆する事例も相次いでいる。たとえば，2017年10月には，元Pemex会長が，ブラジルのオデブレヒト社から賄賂を受け取り，ペニャ＝ニエト大統領の選挙運動へ資金調達していた疑惑について調査をしていた選挙犯罪専門検察庁（FEPADE）長官のサンティアゴ・ニエト氏が，元Pemex会長から調査を中止するよう，圧力をかけられたことを報道機関に伝えた。この行動に対して，調査中である本案件について，FEPADE長官が報道機関に情報を伝えることは不適切な行為であるとの理由から，ニエト前長官はPRIが多数派を占める連邦議会によって，FEPADE長官職を解任された。この政治決定については，政府の水平的アカウンタビリティを高めるための独立機関に対する政治介入であると，野党勢力から激しい反発があった[16]。さらに，2017年12月には，メキシコの汚職抑制に重要な役割を果たしてきた会計検査院（Auditoría Superior Federal）長官が任期満了を迎えるにあたり，連邦議会は汚職摘発に熱心な現長官の再任を認めない態度を明確に示したことも，アカウ

16）　本件の経緯については，Montes（2017）に詳しく説明されている。

ンタビリティの低下を示唆している（Oropeza 2017）。

　こうした分析結果は，メキシコでは民主主義の質の低下が明確であることを裏付けるといえよう。2014 年に制定された政治・選挙改革は，サブナショナル・レベルでの民主主義の質を改善することも，明確な目標として含んでいる。この改革が，ナショナル・レベル，およびサブナショナル・レベルでメキシコの民主主義にどのような影響を与えたのかを検証することは，今後の意義ある研究課題といえる。

〔参考文献〕

〈日本語文献〉
久保慶一・末近浩太・髙橋百合子 2016.『比較政治学の考え方』有斐閣.
ダール，ロバート・A. 1981. 高畠通敏・前田脩訳『ポリアーキー』三一書房（Dahl, Robert A. 1971. *Polyarchy : Participation and Opposition*. New Haven : Yale University Press）.
宮地隆廣 2014.「民主主義の質」ラテン・アメリカ政経学会編『ラテン・アメリカ社会科学ハンドブック』新評論.
ラテン・アメリカ政経学会編 2014.『ラテン・アメリカ社会科学ハンドブック』新評論.

〈外国語文献〉
Boix, Carles and Susan C. Stokes 2003. "Endogenous Democratization." *World Politics* 55(4): 517-549.
Cheibub, José Antonio 2007. *Presidentialism, Parliamentarism, and Democracy*. New York: Cambridge University Press.
Comisión de Gobernación, Cámara de Dipudados. *Dictamen de la minuta con projecto de decreto que expide la ley geneal de institutiones y procedimientos electorales*. 15 de mayo, 2014. México.
Dahl, Robert A. 1989. *Democracy and its Critics*. New Haven: Yale University Press.
Diamond, Larry 2008. "The Democratic Rollback: The Resurgence of the Predatory State." *Foreign Affairs* 87(2): 36-48.
De Oliveira Xavier, Lídia and Carlos F. Domínguez Avila eds. 2016. *A Qualidade de Demoracia no Brasil: Questões teóricas e metodológicas da pesquisa*. Curitiba,

Brasil: CRV.
Diamond, Larry 2015. "Facing Up to the Democratic Recession." *Journal of Democracy* 26(1): 141-155.
Diamond, Larry and Leonardo Morlino 2005. "Introduction." In *Assessing the Quality of Democracy*, edited by Larry Diamond and Leonardo Morlino. Baltimore: Johns Hopkins University Press.
Emmerich, Gustavo Ernesto y Víctor Alarcón Olguín, eds. 2016. *Sufragio transnacional y extraterritorial: Experiencias comparadas*. Ciudad de México: Universidad Autónoma Metropolitana Unidad Iztapalapa.
Flores-Macías, Gustavo A. 2016. "Mexico's Stalled Reforms." *Journal of Democracy* 27(2): 66-78.
Gibson, Edward L. 2005. "Boundary Control: Subnational Authoritarianism in Democratic Countries." *World Politics* 58(1): 101-132.
―――2012. *Boundary Control: Subnational Authoritarianism in Federal Democracies*. New York: Cambridge University Press.
Gobierno de la República (undated). *Reforma Política-Electoral*. Ciudad de México: Gobierno de la República.
Huntington, Samuel P. 1991. *The Third Wave: Democratization in the late 20th Century*. Norman: University of Oklahoma Press.
Instituto Nacional Electoral (INE). *Voto de los mexicanos residents en el extranjero*. Febrero, 2016. Ciudad de México: INE.
Levine, Daniel H. and José E. Molina eds. 2011. *The Quality of Democracy in Latin America*. Boulder: Lynne Rienner Publishers.
Levitsky, Steven and Lucan Way 2010. *Competitive Authoritarianism: Hybrid Regimes after the Cold War*. New York: Cambridge University Press.
―――2015. "The Myth of Democratic Recession." *Journal of Democracy* 26(1): 45-58.
Luna, Juan Pablo and Alberto Vergara 2016. "Latin America's Problems of Success." *Journal of Democracy* 27(3): 158-165.
Mainwaring, Scott and Aníbal Pérez-Liñán 2015. "Cross-Currents in Latin America." *Journal of Democracy* 26(1): 114-127.
Mainwaring, Scott and Timothy R. Scully eds. 2010. *Democratic Governance in Latin America*. Stanford: Stanford University Press.
Méndez de Hoyos, Irma y Nicolás Loza Otero eds. 2013. *Instituciones electorales, opinión pública y poderes políticos locales en México*. Ciudad de México: FLACSO-México.
Montes, Juan 2017. "Mexico Persecutor Investigating Former Pemex CEO is Fired."

Wall Street Journal, October 20.
Morlino, Leonardo, Juan Rial, Manuel Alcántara Sáez, Massimo Tommasoli, and Daniel Zovatto 2016. *The Quality of Democracy in Latin America.* International Institute of Democracy and Electoral Assistance (IDEA). Stockholm: IDEA.
Morlino, Leonardo, Simón Pachano, and Jesús Tovar eds. 2017. *Calidad de la democracia en América Latina.* Curitiba, Brasil: Editora CRV.
O'Donnell, Guillermo 1998. "Horizontal Accountability in New Democracies." *Journal of Democracy* 9(3): 112-126.
Plattner, Marc F. 2015. "Is Democracy in Decline?" *Journal of Democracy* 26(1): 5-10.
Przeworski, Adam, Michael E. Alvarez, José Antonio Cheibub, and Fernando Limongi 2000. *Democracy and Development: Political Institutions and Well-being in the World, 1950-1990.* New York: Cambridge University Press.
Romero, Vidal, Pablo Parás, and Elizabeth Zechmeister 2015. *Cultura política de la democracia en México y en las Américas, 2014: Gobernabilidad democrática a través de 10 años del Barómetro de las Américas.* Nashville: Vanderbilt University.

〈ウェブサイト〉

Norris, Pippa, Ferran Martínez i Coma, Alessandro Nai, and Max Grömping 2016. *The Expert Survey of Perceptions of Electoral Integrity, Mexico Subnational Study 2016.*（www.electoralintegrityproject.com.，最終閲覧日：2017 年 12 月 21 日）
Oropeza, Janet 2017. "Autonomía de la auditoría está en riesgo." Fundar Centro de Anásis e Investigación.（http://fundar.org.mx/la-autonomia-de-la-auditoria-esta-en-riesgo/?ID=7, 最終閲覧日：2018 年 1 月 13 日）

[**謝辞**]
　本研究の一部は，科学研究費（課題番号：23243022）の助成を受けています。本稿の執筆にあたり，メキシコ現地調査で情報提供に協力してくださった Jesús Tovar 氏，および研究会で貴重なご助言をくださった星野妙子氏，坂口安紀氏，馬場香織氏をはじめ，メンバーの方々に感謝申し上げます。本研究におけるいかなる誤りはすべて筆者の責任であることを明記します。

第2章

メキシコの市民社会の変遷

―― 民衆闘争の歴史空間的解析を通じて ――

和 田　　毅

はじめに

　序章で論じたように，メキシコでは，民主化とグローバル化の過程が「経済成長，所得格差の是正，政治の安定」という期待された効果をもたらしていない。本書のねらいは，その原因を政治・社会・経済の論理のせめぎ合いの構図のなかに見出すことである。政治の論理に焦点を当てた第1章に続き，第2章では社会の論理を中心に検討していく。民主化とグローバル化はメキシコの市民社会をどう変容させたのか。はたしてその変容が政治の安定に寄与しているのか，それとも妨げているのか。

　この課題に取り組むために，民衆闘争（民衆による抗議行動）のパターンに着目し，4つの具体的な問いを探求する。第1の問いは，民主化とグローバル化の過程で，そもそも民衆闘争は増えているのか減っているのか，である。民衆闘争は政治を不安定にする要因にみえるかもしれない。しかし，社会運動研究や市民社会研究における有力な視角は，民衆闘争は民主主義が機能するためには欠かせない要素だとするものである（Cohen and Arato 1992; Ekiert and Kubik 1999）。それは，市民権の意味や実践が，民衆闘争を通じて構築，修正，再生産されていくからである（Hanagan and Tilly 1999; Tamayo Flores-Alatorre 1999）。利益団体によるロビー活動など制度的な政治活動の場

においては，資源豊富なエリートに対して民衆は圧倒的に不利な立場におかれている。民衆にとって，抗議行動に訴えることは唯一の武器だといっても過言ではない（Piven and Cloward 1977）。そのような民衆闘争の場が広く開かれているかどうかは，選挙制度という狭義の民主化を超えてそのさらなる深化や民主政治の安定を考える際に重要なのである。

　人々はなにを求めているのか。これが第 2 の問いである。民衆闘争における要求内容は，メキシコの市民が政治・社会・経済のどこに問題があると感じているかを映し出す貴重な情報である。民主化やグローバル化の過程で，市民が切望するものは，旧態依然として所得格差の是正などの物質経済的な要求なのだろうか。それとも，民主主義の深化などの政治的な権利なのだろうか。もしくは，21 世紀の新しいメキシコを方向づけるような要求が生まれているのだろうか。

　第 3 の問いは，民衆闘争の担い手であるアクターに関するものである。民主化やグローバル化の過程で，主役となるアクターはだれなのか。労働者や農民など階級にもとづく組織が依然として主流なのだろうか。序章で基底的条件のひとつに挙げられたインフォーマル就業者は民衆闘争の主役へと躍り出ているのだろうか。もし，先住民や女性などのマイノリティが政治闘争の舞台に登場したのであれば，民主主義の深化に貢献する兆候であり，長期的には政治の安定につながっていくだろう。

　第 4 の問いは，民衆闘争の手法に関するものである。すべての民衆闘争が民主主義の深化と政治の安定に貢献するわけではない。極度に急進的な行動や暴力の使用は，人命や財産に危害を加え，理性的な対話を阻み，警察や軍による治安維持活動や抑圧を招き，敵対する社会集団による一層の暴力化と政治の不安定化を引き起こしてしまう。ここで鍵となるのが，序章で挙げられた基底的条件のひとつ，国家機構の統治能力である。麻薬犯罪組織の伸張と暴力の日常化が起きていることから国家の統治能力の低下が危惧されるメキシコであるが，市民社会の闘争手段もより急進的または暴力的になっているのだろうか。

これらの問いに答えるためには，メキシコ市民社会の民衆闘争に関するデータを系統的に収集し，その変遷を描き出す必要がある。しかし，社会運動や民衆闘争については，系統的なデータを入手するのが困難である。このため，研究者が利用する情報源や分析手法によって，市民社会の変遷についての見解に大きな相違が生じてしまいがちである（和田 2017）。そこで，本研究は，新聞を情報源にして民衆闘争の事件（イベント）のデータベースを構築する。本書が取り上げる3つの基底的条件のひとつである「一党支配型権威主義体制の遺制」の影響の有無を判断するためには，制度的革命党（PRI）一党支配体制が揺るぎない時代の民衆闘争のパターンと比較することが不可欠である。このため，1960年代から現在までを調査対象とするが，執筆の時点で一連のデータ収集作業が完了したのは2000年までであり，データの一部を利用可能なのは2006年までである。残念ながら本稿では最新の動向までは提示できないことをあらかじめ断っておきたい。

第1節　分析アプローチ──市民社会の変容をどのように把握するか──

1-1　既存の分析アプローチ

ここでは，和田（2017）にもとづいて，メキシコの市民社会の時系列比較と空間的比較を敢行する2つのアプローチを紹介し，その可能性と課題を検討する。それらは，①歴史的叙述アプローチと，②マクロなレベルでのデータ蓄積にもとづくアプローチである。

メキシコ市民社会の社会運動や民衆闘争のあり方にどういう変化が生じているのかという問題については，不明な点が多い。それは，この問題の答えを見出すために必要な実証データの収集が難しいからである。国家のさまざまな統計や政党活動，また経済指標や企業活動であれば，マクロな時系列データを入手しやすいかもしれないが，市民社会の政治活動の歴史的な変遷

をたどることのできるデータを見つけるのは困難である。時系列データとしてはストライキ統計がまず頭に浮かぶ。しかし，これでとらえることができるのは，労働者が行う要求行動戦略のひとつに過ぎない。デモ行進や土地占拠，道路封鎖など，労働者がとりうる他の戦略はストライキ統計には反映されない。また，ストライキ統計では，労働者以外の社会集団の活動を知ることはできず，社会空間的な比較を行うこともできない。

このように，データに関する根本的な課題を抱える研究テーマであるが，メキシコの市民社会，社会運動，民衆抗議行動については，多くの研究がなされてきたことも事実である。その調査の多くは少数の事例にもとづく研究であるため，これらの研究単体では，長期的な傾向や社会空間の比較（労働者，農民，学生，都市住民など，異なる社会階層・セクターの比較）など，マクロなレベルでの問いに答えるのに十分な証拠を提供するものとは言い難い。

(1) 歴史的叙述アプローチ

歴史的叙述アプローチは，これらの多くの事例研究を素材にして，メキシコ市民社会の歴史的な変遷を再構築しようとするものである。歴史的叙述アプローチの長所として，専門家が適切と考える組織，運動，動員のエピソードを取捨選択してストーリーを構築しているため，わかりやすいことが挙げられる。また，これらの組織，運動，動員のエピソードの多くは，歴史上重要なものとして，専門家にとどまらず，メキシコ社会一般で認識されている場合が多い。その意味において，これらのエピソードは「集合的記憶」（共有される記憶）を形成する要素だといえる。また，すでに研究蓄積がある運動や動員を叙述の対象としている場合が多いため，運動の出現・成長・衰退といった動態や結果を分析に含めることができる点も大きな利点である。歴史的叙述アプローチを用いた秀逸な研究として，ビスベルグ（Bizberg 2010）や松下（2007）などが挙げられる。

しかし，歴史的叙述アプローチの問題点のひとつは，系統的に経験的証拠を収集せず専門家の知識に任せている場合が多いことである。分析方法の議

論自体が欠如していることもある。専門家がどのような基準で市民社会組織や民衆闘争のエピソードを取捨選択して，歴史的叙述を作り上げているのかが，必ずしも明らかではない。専門家が得意とする分野（労働運動，学生運動など）やイデオロギー的に近い運動を重視し，それ以外の役割を軽視してしまう可能性も否定できない。いわゆる選択バイアスの問題が存在するのである。

　この問題は，歴史的な解釈の問題にもつながってくる。たとえば，メキシコ社会運動に関する代表的な研究者のひとりであるビスベルグの歴史的叙述では，1970年代から1990年代にかけて徐々にコーポラティズム（corporatism）の枠組みやクライアント関係から脱した独立系勢力が成長していき，自律的な運動や抗議行動を行う様子が描写されている（Bizberg 2010）。この自律した市民社会の台頭という見方は，1985年のメキシコ大地震の後に住民たちが連帯する姿に市民社会の登場を見出した作家・評論家のカルロス・モンシバイスの著作や，その後の市民社会研究にも受け継がれている（Bilello 1996; Monsiváis 1987）。その一方で，セルメーニョはこのような市民社会の見方を否定する（Zermeño 1990; 1998）。その理由は，学術的かつ社会的に注目を浴びる少数の強力な運動や活発な組織は，特別に注目を集めていること自体が例外的であるにもかかわらず，その時代の特徴を代表するものとしてとらえられてしまう傾向がみられるからだという。例外的事例を除いた1980年代以降のメキシコ市民社会の実態は，むしろ無秩序，疎外感，社会解体といった概念で表すほうが適切だという（Zermeño 1990; 1998）。

　これに関連する問題として，社会運動や抗議行動の事例研究は豊富になされているにもかかわらず，われわれはいまだそれらに関する基礎的な情報すらわかっていない状態であることが指摘されてきた。クレイグは「メキシコの歴史上の過去のとある時期と比べて，1989年にはより多くの民衆運動が起きているのかどうかすらわれわれは答えることができない。……ただ単にこの判断を下すために十分なデータをもっていないのである」と1990年に述べている（Craig 1990, 272）。30年近く経つ今日でも，このデータ問題はあ

まり改善していない。しかし，次に紹介する質的アプローチと量的アプローチは，この問題を克服し長期的な市民社会の変遷をとらえるために，マクロなレベルで経験的データを系統的に収集することを試みたものである。

(2) マクロなレベルでのデータ蓄積にもとづくアプローチ

マクロなレベルでのデータ蓄積にもとづくアプローチとは，市民社会勢力の政治行動の情報を系統的に収集する努力を行い，その経験的データにもとづいて分析を行うものである。タマヨは，経済と政治の自由化のなかで，市民権に関する言説がどのように変化してきたのか，とくに，公民権，政治権，社会権のなかのどの権利を重視して闘争が繰り広げられてきたかを分析した（Tamayo Flores-Alatorre 1999）。特筆すべきは，言説分析という質的な調査法を用いて，1970年から1994年までの長期的な歴史的変遷を把握しようとした点である。さらに，市民社会の諸勢力の言説にとどまらず，政治や経済のエリートの言説も分析し，それらを比較するという社会空間的な試みである点も画期的である。政治エリートの言説を主として大統領のスピーチから，経済エリートの言説をおもにビジネス団体や保守系政党国民行動党（PAN）の刊行物から，そして，市民社会を構成する左翼勢力の言説をさまざまな左翼政党，活動家，社会運動の刊行物から分析している。

このアプローチの課題は，刊行物を発行していない大多数の社会運動や民衆闘争は，この分析手法では研究対象にはならないことである。やはり，選択バイアスの問題が存在するのである。また，市民社会諸勢力の要求内容の変遷についてはマクロな視点から理解することができるかもしれないが，その要求実現のために用いられた行動戦略はどのようなものだったのか，どのターゲットに対してそれらの要求は向けられたのかなどを把握することは難しい。市民権を求める主張を数値化しているわけではないので，どの時期にどの程度どの権利を求める主張が増えているといった形で変遷をとらえることができないことも残念な点である。

ファヴェーラの量的アプローチは，これらの課題を克服しようとする試み

だといえる。彼女は，豊富に存在する事例研究に着目し，これらを情報源として1946〜1997年までの50年間に起きた207の社会動員・抗議行動のデータベースを構築した（Favela Gavia 2000）。数多くの研究者による質的な事例研究を可能なかぎり収集し，そこから量的なデータを作ることによって，民衆闘争のパターンとその変化をとらえようとした斬新な試みは評価に値する。これにより，市民社会が活発になるのか衰退するのかという重要かつ興味深い問題について，印象論ではなく経験的証拠を提供することが可能になったわけである。民衆運動の数が増加しているのか減少しているかすら判断できないと嘆いていた先述のクレイグに，ひとつの解答を提供できるのである。

このように量的に可視化する可能性を切り開いた研究であるが，二次資料に依拠することには課題もある。ファヴェーラ自身が指摘しているように，学者が研究対象として選ぶ社会運動や抗議行動の事例は，その闘争が長期間続いたものであったり，暴力的な抗争へと発展したものであったり，最終的な結末に意味を見出せるものだったりなど，なにかしら特別なものである場合が多い。このため，分析結果を市民社会全体に起きている傾向として，そのまま一般化することはできない（Favela 2010, 112, fn.11）。研究対象となる社会運動や抗議行動は，人々の注目をあまり浴びない圧倒的多数の社会運動や抗議行動とは質的に異なる可能性があるという点で，上記のビスベルグなどの歴史的叙述アプローチと同じ問題をはらんでいる。

また，事例研究が蓄積するのを待たないとデータベース化できないという課題を含む手法である。実際，1998年以降の時期については十分な数の社会運動研究の書籍や論文が蓄積されていないため，ファヴェーラ自身も新聞記事を利用してデータベースを更新している（Favela 2010, 103, fn.4）。このため，比較可能性の問題をはらんでいる。本研究は，ファヴェーラの量的アプローチを踏襲しつつ，研究対象の全期間について新聞記事を情報源として民衆闘争のデータベースを構築することによって，この課題を克服する。

1-2 本研究のアプローチ

　メキシコの民衆闘争の変遷をとらえるためには，社会に存在するさまざまな勢力が繰り広げる多様な活動を長期間にわたり記録し，その歴史的・社会空間的な比較を可能にするデータが不可欠である。これは非常にハードルの高い要求であり，メキシコの研究に限らず，マクロなレベルの市民社会・社会運動研究を行う際の課題となっている。

　この方法論的限界を克服するため，本研究はイベント分析とよばれる手法を用いる。これは，新聞記事などのマスメディアの情報からさまざまな社会集団の政治活動の事件（イベント）の情報を収集し，それをデータベースに蓄積して分析する手法である（Hutter 2014; Jenkins and Maher 2016; Koopmans and Rucht 2002）。メディア報道のバイアスという重大な制約はあるが，現実的にはさまざまな社会セクターの活動を時系列比較できる唯一の系統的な情報源であるという理由から，最近のメキシコ研究においてもメディア情報にもとづくイベント分析手法が活用される傾向にある（Cadena-Roa 2016; Strawn 2008; Trejo 2012）。

　本研究は Mexican Popular Contention Database (MPCD) Version 2018.2[1]を用いる。これは，1964 ～ 2006 年までのメキシコの民衆闘争のイベント情報を，政治志向の対照的な 2 種類の新聞から収集し，データベース化したものである。ひとつはメキシコの権力層に近いエクセルシオール紙（1916 年創刊）を，もうひとつは左翼の反対派勢力に近いウノマスウノ紙（1977 年創刊）とラ・ホルナーダ紙（1984 年創刊）を用いる。ウノマスウノ紙はエクセルシオール紙を追放されたジャーナリストによって 1977 年に創刊された。さらに，経営方針を巡る争いによって，ウノマスウノ紙から独立したジャーナリ

---

1) 『Mexican Popular Contention Database (MPCD) データ作成・利用マニュアル』（和田 2019）には，データベース構築の手順や利用方法に加えて，新聞記事から民衆闘争の情報を得る際に留意すべき点（メディアに報道される抗議行動の特徴やバイアスの問題等）や，民衆闘争の数え方（分析単位）に関する注意点など，紙面の都合から本章で省略した詳細な方法論が記載されている。関心のある読者は参照してほしい。

ストが 1984 年に設立したのがラ・ホルナーダ紙である。したがって，ウノマスウノ紙はラ・ホルナーダ紙創刊まで用いて，その後はラ・ホルナーダ紙を用いる。

　新聞記事の収集は，1964～2006 年のあいだの，3 年に一度の国政選挙の前後 2 週間ずつの新聞を利用した。1960 年代から情報収集を開始する理由は，メキシコの権威主義体制が強力であり，また，国家介入型経済開発政策が積極的に採択されていた時代を比較の対象にするためである。時系列比較という目的に照らせば，1960 年代から現在までのすべての新聞を使うのが理想であるが，資源不足によりサンプリングを導入せざるを得なかった。メキシコの国政選挙は日曜日に行われるが，その 2 週間前の日曜日の出来事を掲載している翌月曜日の新聞から，選挙日 2 週間後の日曜日のイベントの情報を記録している翌月曜日の新聞まで，計 29 日分の新聞記事を収集した。

　国政選挙の時期に絞った理由は，メキシコの政治的自由化の過程はとくに選挙制度改革に顕著にみられるため，選挙の時期を時系列的にみていくことで政治的変化の影響をより直接的に把握することが可能だと考えたからである。カルロス・サリナス = デ = ゴルダリ政権期の 2 回（1991 年と 1994 年）を除き国政選挙が 7 月第 1 日曜日に定期的に実施されたことも，他の潜在的な影響をある程度制御することに貢献していると思われる[2]。要するに，このデータは，エリート層と反対派左翼勢力に近い新聞が映し出す，1964～2006 年までの 15 回の国政選挙期間の民衆闘争のスナップショットを提示しているのである。

　イベント分析の最大の利点は，民衆闘争の活性度やレベルを数値化し可視化できる点である。このためには，どのような政治行動を分析対象として数えるかを明確にしなければならない。MPCD では，タローに依拠して「民衆抗議行動イベント」を次のように定義している（Tarrow 1989, 8）。

2）　1991 年の選挙は 8 月 18 日に，1994 年の選挙は 8 月 21 日に実施された。

①抗議行動の主体となるアクターが集合的であり、かつ非政府勢力を含むこと。おおよその目安として、国家機構（政府・立法府・司法・警察など）以外の参加者が10人以上いること。
②行動が公的であること。つまり、公共的な場所で、衆知のもとでの行動であること（Fillieule 1998, 203）が重要であり、犯罪、私的な場での行為（Rucht and Neidhardt 1998）、「隠されたトランスクリプト」（嘲笑など権力者の眼が届かない場での日常的な抵抗行為）（Scott 1990）は含まない。
③目標・要求・不満が明らかであり、そのなかに闘争・対立の要素が含まれていること。
④その目標・要求・不満の矛先であるターゲット・対象が明らかか、もしくは容易に想定できること。
⑤行動様式・戦略が混乱を引き起こすような要素を含んだものであること。つまり、日常の生活や活動に支障をきたす可能性をはらむ戦略によって圧力をかけていること。

　上記定義にもとづく民衆闘争の具体例のなかで数の多いものは、デモ行進・示威行動、ハンスト、座り込み、労働停止、公共の場所での集会、資産の破壊、物理的攻撃、土地占拠、誘拐、ビル占拠、公共輸送システムの妨害、道路封鎖、ストライキなどである。
　以上のように分析対象を決めたとしても、それをどのように数えるかという大きな課題がある。現実の民衆闘争は、アクターやターゲットが途中で替わったり、目的や要求内容を柔軟に変更したり、勢力も拡大・縮小を繰り返したりなど、本質的に動態的な現象である。図2-1で示すように、時間的そして空間的な境界も明瞭ではない現象を数値化するという困難な問題に対処しなければならない。MPCDは民衆闘争を数える際に、アクション、イベント、キャンペーンの3つのレベルで記録している。本章では、スペースにかぎりがあるため、キャンペーンの数値だけを報告する。キャンペーンは、アクターが同一の要求や目的を掲げて行う一連の行動や事件をまとめてひと

図 2-1 民衆抗議行動の 3 つのレベル（アクション，イベント，キャンペーン）

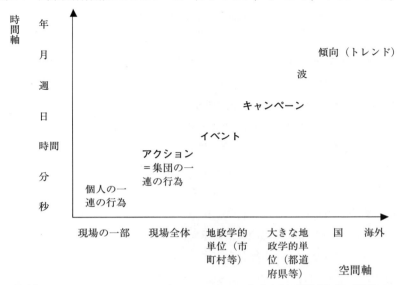

（出所）McPhail and Schweingruber（1998, 169, Figure 1）をもとに筆者が加筆・修正したもの。

つとして数えるものである。一度だけの動員も，頻繁にさまざまな場所で繰り返される争いも「1」として数えられている点に注意する必要がある[3]。直感的には，社会運動とよばれる現象に近い。次節では，イベント分析によって，メキシコ市民社会のどのような変化をとらえることができるのか，その分析結果を示す。

---

3) 「キャンペーン」や「イベント」など MPCD を用いたイベント分析の単位に関しての詳細は和田（2019）を参照。

第2節　動員――民衆闘争は増えているのか――

　民主化やグローバル化の時代には，それ以前の時代と比べて，市民社会の諸勢力による政治行動がより活発になっているのか，それとも沈静化する傾向にあるのか。このような基本的な問いについてすら見解が分かれている現状であるため，まずここでは，相反する先行研究の視点を紹介したうえで，MPCD の最新結果と照らし合わせて検討する。

　第1の視点は，民主化過程を重視するものであり，これによって市民社会が活性化し，民衆闘争が盛んになると仮定する立場である。政治的機会構造論に代表されるこの見方によれば，権威主義体制から民主主義体制へと移行すると，エリートや政党間の政治競争が激化し，国家による統制や抑圧のリスクが減少するため，社会勢力からすれば有利な政治的機会に恵まれることになる (Tarrow 2011)。これによって，民衆闘争が活性化するという視点である。メキシコの市民社会を対象とした分析にも，この視点を共有するものがみられる。PRI 一党支配体制が弱体化し，国家の統制が徐々に弱まっていくにつれて，より自律的な市民社会組織による運動が活発になるという見方である (Bilello 1996; Favela 2010; Monsiváis 1987; Pérez Arce 1990)。

　これに対し，第2の視点は，民主化とともに民衆闘争は沈静化するとみる。まず，政治過程を重視する立場のなかにも，政治の自由化とともに社会運動や抗議行動の形をとる政治活動は沈静化するという見方もある。より民主的な政治システムになれば，選挙などの制度化された政治過程を通じて要求を行えばよいので，通常の政治参加の枠組みから外れた抗議行動をする必要はなくなるという論理である (Smelser 1962)。一方，権威主義体制下では抑圧のリスクが高く政治的機会が閉ざされているために，やはり社会動員は困難である。その結果，社会運動や抗議行動は権威主義と民主主義のあいだの準民主主義体制下 (semi-democratic regimes) でもっとも盛んになるとみる (Eisinger 1973; Ekiert and Kubik 1999)。逆 U 字理論 (inverted U-curve theory)

ともよばれるこの考え方 (Gurr 1970; O'Connell 2008) は，メキシコの研究にも実は散見している。ファヴェーラは，1990年代末以降に抗議行動が増えているおもな要因として，政治的自由化が進行したもののいまだそれが不十分であることを挙げている (Favela 2010)。もし，十分な民主化が達成されれば抗議行動が減じていくと考えるのであれば，それは逆U字理論に相通じる視点だということになる。

　グローバル化の影響を重視する立場からは，市民社会の衰退を予見する見方が存在する。市民社会を構成する代表的な組織には，労働組合，協同組合，農民組織，大学，都市住民組織などがあるが，これらは，国家と緊密な関係を結ぶことで利益を享受していた。新自由主義経済改革の主要な目的は，まさしくこういった伝統的な国家と社会の同盟関係を解体することにある。その結果，大衆動員の基礎となる社会組織が弱体化するために要求行動を実施する能力も低下し，構成員の利益や価値観を守ることができない状態に陥る傾向がみられると主張する (Castells 2010a)。

　メキシコ社会の研究においても，このような「社会の網の目の原子化」現象が起きているという (Zermeño 1990)。メキシコでは，労働組合，農民組織，都市住民組織などが政権与党PRIの重要な動員構造となり，労働省，農地改革省，各種住宅公団，農業銀行，社会保険省などからさまざまな利益を享受するコーポラティズム という制度を確立していた。セルメーニョは，市場中心型経済の導入により，労働組合，政党，大学，協同組合などの組織が市民の利益や価値観を以前のように代弁できなくなった結果，市民が無力感や無秩序感を抱く時代に突入したとみる (Zermeño 1998)。

　それでは，本研究の分析結果をみてみよう。図2-2は，経済の自由化 (A)，政治の自由化 (B)，民衆闘争の頻度 (C) を示している。年代比較を容易に行えるように，3つのグラフの横軸 (年) が一致するように配置してある。図2-2Aは，世界銀行の資料をもとに，民営化件数を年別に集計したものである。新自由主義経済改革のなかでも国営企業の民営化は労働者や国民の反発を招きやすい政策であり，実質的な経済の自由化をどの時期に推し進め

図2-2　経済と政治の自由化と民衆闘争の動員レベルの推移

A：経済の自由化（民営化された企業数）

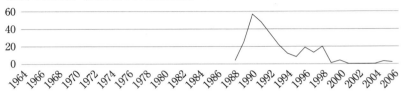

B：政治の自由化（民営化指標とPRI一党支配体制の程度）

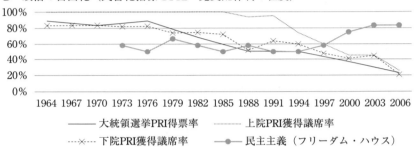

───　大統領選挙PRI得票率　　　⋯⋯⋯　上院PRI獲得議席率
⋯×⋯　下院PRI獲得議席率　　　──●──　民主主義（フリーダム・ハウス）

C：民衆闘争の動員レベル（MPCDの民衆闘争キャンペーン数）

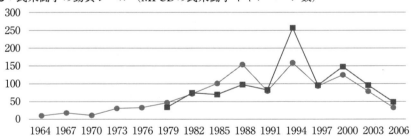

──●──　エクセルシオール紙　　──■──　ウノマスウノ紙，ラ・ホルナーダ紙

（出所）A：The World Bank (http://databank.worldbank.org).
　　　　B：Freedom House (https://freedomhouse.org/report-types/freedom-world). Vicente Fox 2001, *Primer Informe de Gobierno: Anexo,* México: Presidencia. Enrique Peña Nieto 2017, *El Quinto Informe de Gobierno: Anexo Estadístico,* México: Presidencia. (www.presidencia.gob.mx/quintoinforme).
　　　　C：MPCD Version 2018.02. （最終閲覧日：2018年2月12日）

たのかを可視化するひとつの指標になる。メキシコの場合，1982 年の累積債務危機の困難から脱するために，ミゲル・デラマドリー政権が「関税及び貿易に関する一般協定」(GATT) に加入する意思を示した 1985 年を経済自由化への転換期とみることができるだろう。世界銀行のデータは 1988 年からであるため，それ以前の情報は欠けているが，サリナス政権期の 1989 年から 1993 年にかけてピークがある。1994 年 1 月に北米自由貿易協定が施行し，経済の自由化はひとつの制度化を達成することになる。その後のエルネスト・セディージョ = ポンセ = デ = レオン政権期 (1994～2000 年) にも民営化は続くが，政権交代後の PAN 政権下では民営化数はわずかにとどまっている。サリナス政権を経済自由化への転換期，セディージョ政権を完成期，PAN 政権期は成熟期と考えることができるだろう。

図 2-2B は，政治の自由化のすう勢をグラフ化したものである。民主主義については，第 1 章同様，フリーダム・ハウスの指標を用いた。1972 年以前のデータは存在しないものの，長期にわたる比較が可能であることがこの指標の長所である。政治的権利と市民的自由の 2 つの指標を加えて，もっとも権威主義的な場合（指標の合計が 14）を 0％，もっとも民主主義的な場合 (2) を 100％と換算して可視化した。メキシコは，1973 年から 1997 年まで 50～67％のスコアで安定しており，フリーダム・ハウスは「部分的自由」(partially free) な政治システムとして分類している。メキシコの PRI 一党支配体制は，フリーダム・ハウスに「自由ではない」(not free) と分類される軍部独裁などの権威主義体制よりも，準民主主義に近いと考えられる。政権交代の起きた 2000 年に民主主義度は急に高まり「自由」(free) な政治システムへと格上げされ，2003 年以降は 80％を超える域に達している[4]。

しかし，「部分的自由」や「準民主主義」という大まかなカテゴリに当てはめるだけでは，メキシコにおける政治の自由化の重要な過程を見落として

---

4) 麻薬カルテルなどの組織犯罪の深刻化を受けて，2011 年以降は再び「部分的自由」のカテゴリへと格下げされ，スコアも 67％まで低下している。

しまう。**図 2-2B** の残りの 3 つの指標は，政治的機会構造論の議論をふまえたものであり，PRI 一党支配体制が徐々に弱体化し，政治的機会が徐々に解放されていく様子を示している。大統領選挙における PRI の得票率や上院・下院における PRI の議席獲得率をみると，1976 年までは PRI が 80％を上回るレベルでほぼ独占しており，政治的機会は閉ざされていたことがわかる。この PRI の圧倒的な優位性が，1970 年代末以降，経済危機や新自由主義経済改革の断行を通じて徐々に低下していく。PRI の大統領選得票率や下院議席獲得率は 50～60％台に下がり，1994 年以降は上院の議席獲得率も急降下している。2000 年になると過半数を割り，2006 年にはさらに低下している[5]。このような政治の自由化のタイミングを考慮したうえで，民衆闘争の動員レベルをみてみよう。

　図 2-2C は MPCD に記録された民衆闘争のキャンペーン数の推移を示したものである。左翼勢力寄りのウノマスウノ紙とラ・ホルナーダ紙は 1977 年以前には存在しないため，1979 年が最初のデータとなっている。まず驚くことに，左翼勢力寄りの新聞とエリート層寄りのエクセルシオール紙が示す傾向がとても似ている結果となった。1994 年のラ・ホルナーダ紙は，サパティスタ民族解放軍の武装蜂起や大統領選挙に関連する記事を多く報道したこともあり，この年のキャンペーン数は突出している。しかし，ピークの年や全体の増減傾向まで 2 種類の新聞は非常に類似した結果を示している。

　経済の自由化と政治の自由化が本格的に始まる前の 1960～1970 年代にかけては，民衆闘争の数も非常に少ない。これは既存の理論からも予測されたことである。1979 年から 1980 年代にかけて徐々にキャンペーン数が増加している。これは，**図 2-2B** で示した，政治的機会が徐々に拡大していく過程と軌を一にしている。このことから，政治の自由化が民衆の政治活動を活性化させると同時に報道の自由度も高めることで，民衆闘争が記事となる頻度も増していることがわかる。1988 年から 1990 年代にかけて，民衆闘争の数

---

5)　PRI の大統領選挙得票率と議席獲得率は 2009 年以降 30～40％台へ回復した。

はもっとも高いレベルに達している。これは，政治の自由化と経済の自由化の過程が加速した時期に一致する。政治と経済システムの大転換の過程で，民衆の闘争もピークを迎えたのである。

　これに対し，2000年に政権交代を遂げ，経済の自由化もほぼ完了した後は，民衆闘争の数も急速に落ち込んでいることがわかる。「自由」な政治システムに区分され，政治的機会もより開かれたものになるとみられるなかで，市民の動員自体は沈静化しているようである。この結果は，政治的機会構造論が予期したものではなく，むしろ，民主化が達成されれば抗議行動は減少するとみる逆U字理論や，経済の自由化によって市民社会組織が弱体化し大衆動員は困難になるとみる理論の予測と矛盾しない結果となった。この社会動員の沈静化が民主主義の深化や安定にとってなにを意味するのか。要求，アクター，行動様式の分析と絡めながら，結論部分で検討する。

第3節　要求――人々はなにを求めているのか――

　人々を闘争に駆り立てる要求・目的・不満はどのように変化しているのだろうか。メキシコの民衆闘争の要求・目的を正面から扱ったのは，その要求内容の言説分析を行ったタマヨである（Tamayo Flores-Alatorre 1999）。市民社会を構成する左翼勢力の言説をさまざまな左翼政党，活動家，社会運動の刊行物から分析したタマヨは，民主化とグローバル化が始まる前（1982年頃）までは，「物質経済的要求」が中心だったという。これには，土地，貸付，教育，賃金，社会保障へのアクセスなど，多様な形の再分配要求が含まれる。政治権を求める要求は，物質経済的要求を満たそうとする過程で生じる場合が多かった。労働組合執行部が物質経済的要求の実現を阻んでいるという理解から，政治権の要求は政府よりも組合の民主化と自律性を求める形で噴出する傾向にあったという（Tamayo Flores-Alatorre 1999, 268）。ここでは，選挙制度など政治システムを民主化する要求を「政治的要求」，労働組合の

ような社会組織を民主化する要求を「社会的要求」として区別する。社会的要求は，社会組織のあり方や運営方法をめぐる要求であり，民主主義の深化につながっていくものだといえる。

　1982年に始まる経済危機とその後の新自由主義経済改革によって，市民社会勢力はこの優先順位を変えることになる。経済危機に直面した市民が日々の生活に困窮するなか，物質経済的要求が一層重要になっているにもかかわらず，経済改革を進めるエリートはそれまでの社会政策を順次廃止していく。この状況下で，市民は再分配・社会政策を実施するための政治の重要性を認識するようになっていく。同時に，民主化の過程で，投票行動や政党政治といった選挙戦略も社会勢力の選択肢のひとつとなり，選挙権，つまり，自由で公正な選挙を求める政治的要求の重要性が高まっていく。

　さらに，社会勢力は人権と女性の権利を重視した言説も繰り広げるようになる。多くの市民が警察によるハラスメント，拘束，拷問の対象となったことと，人権や女性の権利という概念が社会に広く浸透してきたことにより，その重要性を増してきたという (Tamayo Flores-Alatorre 1999, 44-45)。人権や女性の権利主張の浸透は，ラテンアメリカ地域の闘争を説明する理論的枠組みとして広く用いられている「新しい社会運動論」の論点とも通じる (Almeida and Cordero 2015; Escobar and Alvarez 1992; Habermas 1981)。これによると，産業化社会においては，物質経済的な要求を行う労働運動や農民運動などの「古い社会運動」がおもな闘争のパターンであったが，ポスト産業化社会とよばれる情報化社会に突入すると，おもな闘争のパターンも，生活様式やアイデンティティなどの文化的コードをめぐる「新しい社会運動」へと推移していくという (Melucci 1996; Touraine 1988)。その例として，女性運動，環境運動，平和運動，反原発運動，住民運動，若者の運動，PTAの運動，LGBTなどのマイノリティの運動などが挙げられ，いずれも階級闘争とは一線を画し，社会差別や生活環境など生き方をめぐる「文化的要求」が中核をなしていることが特徴である。

　しかし，経済発展を遂げたヨーロッパとは違い，拡大するインフォーマル

セクターを抱え経済社会格差の著しいメキシコ（第4章参照）は，外資を自動車産業やエネルギー産業に誘致して安定した経済成長を成し遂げようとするなど（第5・6章参照）産業化社会の特徴が色濃く，ヨーロッパのようなポスト産業化社会が到来したとみなすことには難があるだろう。そのようなメキシコにおいても新しい社会運動による脱物質的な文化的要求が増加しているのだろうか。MPCDの分析結果をみてみよう。

本報告では，要求に関する記事表現を①物質経済的要求，②政治的要求，③社会的要求，④文化的要求の4つに分類した。図2-3は，要求内容の変遷を示したものである。データ更新作業の進捗状況により，要求の分析は2000年までとなっている。各年において，それぞれの要求を含むキャンペーン数を表している。留意しておきたいのは，複数種類の要求を同時に行うキャンペーンも多いことである。たとえば，賃金上昇などの物質経済的要求を行うために，労働組合執行部の企業寄りの姿勢を非難するといった社会的要求も同時に主張することも頻繁にみられる[6]。

1970年までの権威主義体制下では，どの内容の要求でも動員に結びつけることは困難であった。政治解放を掲げたルイス・エチェベリア政権期（1970〜1976年）になると，文化的要求以外の要求の頻度は微増するが，劇的な増加がみられるのは，1980年代に入ってからである。とくに，物質経済的要求と政治的要求が飛躍的に増加していることが，2種類の新聞データの結果から明らかである。1977年の選挙制度改革，1982年の累積債務危機，1985年の新自由主義経済改革への転換など，相次ぐ政治と経済の自由化の流れのなかで急増したのは，これら2種類の要求であった。

---

6) 異なる種類の要求をどのように組み合わせながら民衆闘争を行っているかという問いは大変興味深い。要求内容のネットワーク分析を行うことによって，中核となる要求と周縁的な要求を区別することが可能となり，また，ひとつの課題を解決するためには別の問題に対処しなければならないといった，社会運動や市民社会組織が抱える困難や戦略を理解することができるからである（Koopmans and Statham 1999; Wada 2006）。このような分析を可能にするために，複雑な要求のあり方をできるかぎり正確に記録している点がMPCDの特徴である。

図2-3 要求内容の変遷

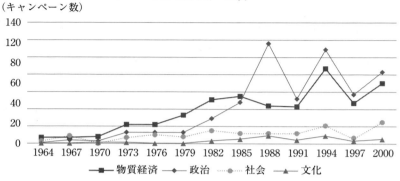

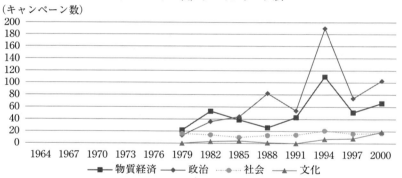

（出所）MPCD Version 2018.02.

　国の民主化を求める政治的要求と，社会の民主化に関する社会的要求を比較すると，その違いは明らかである。1979年まではどちらもほぼ同程度の頻度で要求されていた。しかし，1982年以降社会的要求の頻度はほぼ一定のままなのに対して，政治的要求は急増しもっとも重要な要求項目となっている。政治の自由化の過程で，最大の争点となったのは，選挙などをめぐる政治参加のあり方であった。社会的要求が政治的要求のようには増加していない結果は，メキシコの社会組織内部における統制が依然として有効に機能

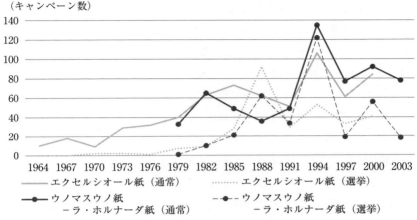

図2-4 選挙をめぐる闘争（選挙闘争）とそれ意外の闘争（通常闘争）

（出所）MPCD Version 2018.02. エクセルシオール紙の情報は2000年まで，ラ・ホルナーダ紙は2003年まで分析済み。

していたことを反映しているのかもしれない。基底的条件である「一党支配型権威主義体制の遺制」が，民主化が社会組織へ浸透していくことを妨げている可能性がある。この点をさらに探求するためには，第4章が試みているような社会組織内部の動きを把握する質的研究が必要であろう。

政治的要求が増大しているようにみえるのは，国政選挙の時期をサンプルとして選んでいるからだという可能性も高い。図2-4は，選挙関連の民衆闘争とそれ以外の闘争とに分けたものである。便宜的に，前者を「選挙闘争」，後者を「通常闘争」とよぶことにする。点線（………，-●-）で示された選挙闘争が増加するのは，やはり1977年の選挙制度改革以降であり，1980年代後半から2000年ごろまで高い頻度で行われている。この選挙闘争が政治的機会に敏感に反応していることは，大統領選挙の年（1988年，1994年，2000年）に突出する傾向があることからも明らかである[7]。これはエクセル

---

7) 選挙闘争は，政治的自由化の過程とともに増加しているが，単に開かれた機会に反応

シオール紙とラ・ホルナーダ紙に共通する傾向である。ラ・ホルナーダ紙によると，2003年の選挙闘争の数は1982年以来の低い頻度となっている。これは，大統領選挙の年ではなかったからだろうか。それとも，逆U字理論の主張のように，政権交代を経験し国政レベルの民主化を達成した後に制度的枠組外の政治活動が沈静化していく現象なのだろうか。答えを探るためにも，2003年以降のデータの更新が急務である。

　選挙に関係のない通常闘争（太線：——，—●—）は，1960年代から緩やかな増加傾向にある。メキシコの権威主義体制が徐々に開かれていったことで，選挙結果に関する抗議だけでなく，それ以外の闘争も活性化しているようである。新自由主義経済改革のまっただ中である1988年代後半から1990年代前半には闘争の増加傾向は抑制されるが，北米自由貿易協定成立後の1994年以降はさらなる高いレベルで通常闘争が繰り広げられている。それでは，選挙闘争をデータから除くと，政治的要求はみられなくなるのだろうか。太線の通常闘争において，人々はなにを求めているのだろうか。

　図2-5は，通常闘争にて記録された要求の割合をグラフにしたものである。まず，物質経済的要求は，時代を通じて高い比率を維持していることがわかる。エクセルシオール紙では70〜90％程度を，ウノマスウノ紙とラ・ホルナーダ紙では60〜90％のあいだを維持していて，民衆の闘争参加の最大の理由となっていることがわかる。政治的要求は，選挙関連のキャンペーンを取り除いた後でも，その重要性は高く，物質経済的要求に次ぐ頻度となっており，しかも，その比率は上昇傾向にある。通常の闘争においても，やはり民主化や政治権の要求は大切なのである。その一方，社会的要求はゆるやかな減少傾向にあるようにみえる。その原因として，コーポラティズム的な組織の統制が強いことや（基底的条件「一党支配型権威主義体制の遺制」）や，フォーマルセクターの減少や都市への移動などにより伝統的な労働組合

するだけの受け身の闘争というわけではない。公正・公平な選挙の実施を目指す選挙闘争自体が，野党勢力の伸張を後押しすることで，政治の自由化をさらに推し進める原動力にもなっている。

図 2-5　通常闘争における要求内容の変遷（各年のキャンペーン数に占める割合）

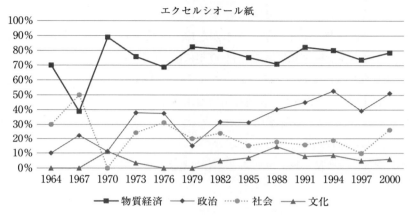

（出所）MPCD Version 2018.02. 通常闘争とは，選挙以外の要求・目的・不満を掲げる民衆闘争のことである。

や農民組織自体が弱体化して，その弱体化した組織の民主化を求めて闘争することの意義が失われたこと（基底的条件「膨大な規模のインフォーマル就業」）などが考えられる。より具体的な検討が必要であるが，これらの基底的条件によって社会の民主化の方向に闘争のエネルギーが向かっていない状況であることがわかる。

一方，新しい社会運動論の主張する文化的要求であるが，メキシコにおいては顕著に増大しているという結果にはならなかった。しかし，1970年代まではほぼ皆無であったこの要求が，1980年代からは散見されるようになり，ラ・ホルナーダ紙によると2000年には19件のキャンペーンにおいてこの主張がなされている（図2-3）。これは，全体の13％に相当し，社会的要求の17件を抜いている。物質経済的要求が圧倒的な比重を占め（図2-5）増加傾向にあること（図2-3）からみても，「古い社会運動」から「新しい社会運動」への移行が生じているとはいえないが，新たな文化的要求がメキシコでも徐々に重要性を増しているといってもよいだろう。

第4節　アクター——だれが求めているのか——

　民主化とグローバル化の過程で，民衆闘争の主要な担い手は変わったのだろうか。新しい社会運動論において，物質経済的要求を行う「古い社会運動」が衰退していくと理論化されたことはすでに述べたとおりであるが，グローバル化や新自由主義経済の浸透が，労働者や農民など階級を基盤とした動員を弱体化させると論じられている（Evans 2010）。新自由主義経済改革は，国家による市場への介入を弱めることによってグローバル経済との統合を推し進めることになるが，それにより，国家は独自の効果的な経済政策を実施できず，国民の要求に応えられない事態に陥っていく。すると，それまで国民国家を支えてきた「国民」（nation）というアイデンティティや，国民国家とともに発展してきた市民社会組織の基盤となる「労働者」「農民」「学生」といったアイデンティティが弱体化する結果につながっていくという（Castells 2010b）。動員構造論の立場からみれば，動員の基盤となる労働者や農民の組織が吸引力を失えば，そのアクターが行う闘争も力を失うことになる。

　メキシコの先行研究においても，経済自由化の進行に伴う労働者や農民組

織の弱体化は指摘されてきた（Kleinberg 2000）。長期にわたる PRI の一党支配を支えたのは，そのコーポラティズム体制であった。労働者や農民が体制派組織として与党 PRI に組み込まれ，政権に忠誠を誓うと同時に物質経済的利益や政治的特権を確保する仕組みが機能していた。しかし，新自由主義経済改革が断行されるにつれ，体制派組織を通じてもたらされる物質経済的な利益が縮小していく。インフォーマルセクターの拡大は労働組合の源であるフォーマルセクターの縮小を意味し，都市やアメリカへの移動は農村の疲弊と衰退を意味する。その結果，体制派組織は政府が推し進める新自由主義経済改革の影響から構成員の利益を守るための活動すらできず，機能不全状態に陥っていた[8]（Bizberg 2010, 33-35）。

　階級を基盤とした集団が動員力を失いつつあるならば，その代わりにどのような社会集団が民衆闘争を担うことになるのだろうか。既存の研究は新しいアクターの台頭を予見するが，その性質については見解が異なっている。まず，新しい社会運動論は，高い教育を受けた新しい中流層が中心となり，それぞれが抱える課題に応じてさまざまな運動を起こすと考える。経済成長最優先の政策によって生活環境が脅かされたコミュニティでは環境運動，反原発運動，平和運動などが生まれ，マイノリティのライフスタイルが抑圧された社会ではそのアイデンティティや権利を主張する運動が出現するという（Habermas 1981; Mouffe 1979; Offe 1985）。

　グローバル化の影響を重視する立場からは，グローバルな経済や資本主義に対抗するため，アイデンティティに訴えるようになると論じている。その特徴は，自分たちが制御できるローカルな世界や，グローバルな資本主義とは別のロジックで機能する世界観に居所を見出そうとする点であり，「ローカル」「宗教」「人種・エスニシティ」などの強力なアイデンティティを基盤とするアクターが活性化すると論じる（Barber 1992; Castells 2010a）。スコッ

---

[8]　体制派農民組織の代表格である全国農民連合（CNC）にいたっては，サリナス政権が推し進めた経済改革や北米自由貿易協定（NAFTA）の交渉過程でまったく影響力を発揮できず，その正当性を失ってしまった（Bizberg 2010）。

トランドやカタルニアの独立運動，キリスト教やイスラム教の原理主義運動，アメリカの白人至上主義やラテンアメリカの先住民運動などを想定すればわかりやすいだろう。

メキシコの文献においても，女性運動（Tamayo Flores-Alatorre 1999），環境運動（Foyer and Dumoulin Kervran 2015; Velázquez García 2010），市民同盟（Alianza Cívica）による選挙改革運動（Olvera 2010）など，新しい社会運動に分類されるようなアクターの研究が進んでいる。とくに，1980年代後半以降，非政府組織（NGO）や非営利団体（NPO）がメキシコでも急激に増えており，従来の職場や大学などの生活の舞台を中心とした組織とは別の形の組織化が起きていることが報告されている（Pérez-Yarahuán and García-Junco 1998）。はたして，新たな社会組織が，階級を基盤とする組織に代わり，メキシコの新たな民衆闘争の主役になっていくのだろうか。

メキシコの新しい社会アクターの出現に関して論じる際によく強調される視点は，コーポラティズム体制下にあった社会組織か，それともそれから自律した独立系組織かという観点である。経済と政治の自由化のなかで労働組合や農民組織などの体制派社会組織がその凝集力を失う一方で，独立系社会組織が勢力を増したとされている（Bizberg 2010）。MPCDに収録されているすべてのアクターについてこの分類を行う作業が完了していないため，本章ではこの興味深い観点から分析をすることはできなかった。今後の課題としたい。

図 2-6は，主要なアクターの歴史的変遷を示している[9]。選挙をめぐる闘争は除き，それ以外の通常闘争を担うアクターを分析したものである。また，図をみやすくするために，登場頻度の少ないアクターは除外してある。民主化とグローバル化が本格的に開始する以前の1970年代前半までは，労

---

9) MPCDには，アクターの情報は，①個人の固有名称，②個人の一般名称（市長，労働組合長などの役職名や属性），③集団の一般名称（農民，学生など），④集団・組織の固有名称（メキシコ国立大学教職員組合など）の4つの形式で具体的に記録されている。本節の分析のために，アクターに関する具体的な記述を大きなカテゴリに分類している。

第 2 章　メキシコの市民社会の変遷　79

図 2-6　通常闘争を担うアクターの変遷

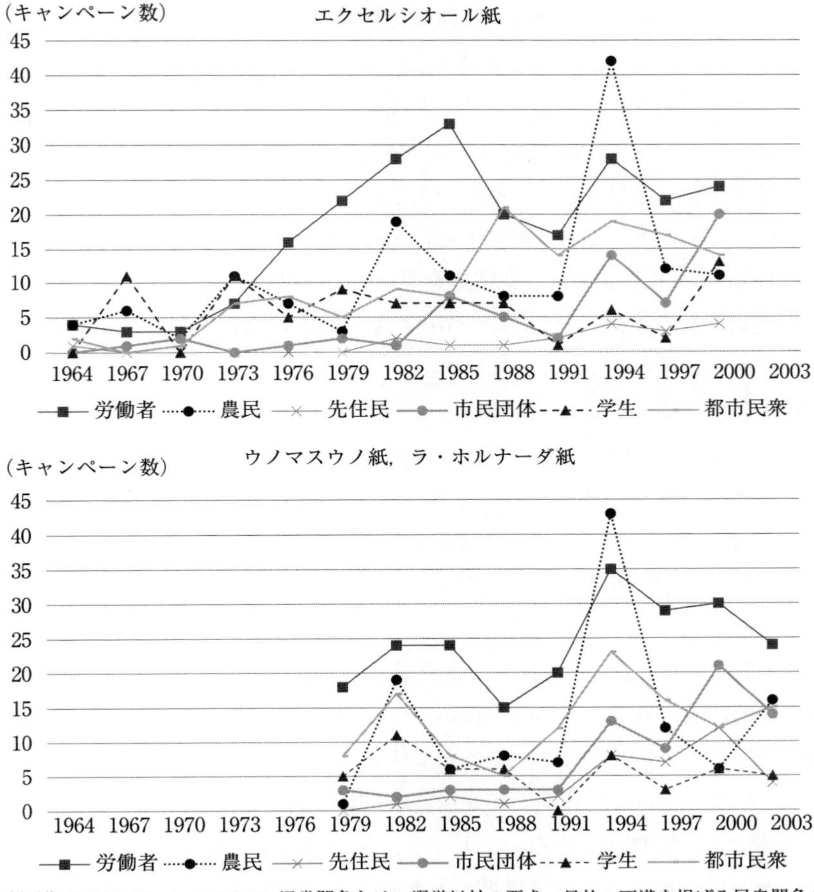

エクセルシオール紙

ウノマスウノ紙，ラ・ホルナーダ紙

凡例：──■── 労働者　……●…… 農民　──×── 先住民　──●── 市民団体　--▲-- 学生　──── 都市民衆

(出所) MPCD Version 2018.02. 通常闘争とは，選挙以外の要求・目的・不満を掲げる民衆闘争のことである。エクセルシオール紙の情報は2000年，ラ・ホルナーダ紙の情報は2003年まで用いた。

働者，農民，学生が主として闘争を担っていた。これらは，大学や職場といった日々の生活の場から生まれる社会集団・階級組織である。その後の漸進的な政治改革のなかで，闘争の頻度を高めていったのが労働者であった。1980年代後半から1990年代前半の新自由主義経済改革期には，その伸びは

抑えられていたが，1994年の北米自由貿易協定発効後にはさらにその動員レベルを高めている。経済自由化政策の断行が労働者組織の動員力に負の影響を与えたことはグラフからも見てとれるが，それは恒常的なすう勢ではなかったようである。改革が一段落した後には，高い回数が維持されている。

次に活発な社会集団は農民である。農村のコミュニティに根差したこの階級組織の場合，動員レベルの揺れが大きいので分かりにくいが，長期的には増加傾向にあるといえる。両紙ともに1982年と1994年にピークがみられるが，1982年はアヤラプラン全国調整委員会（CNPA）をはじめとする独立系農民組織の興隆が，1994年はサパティスタ民族解放軍の運動が影響を与えていたものと思われる。

農民に続いて重要な社会集団は，都市民衆である。このカテゴリに含まれるのは，必ずしも貧困層だけではないが，その多くは都市下層民の組織であり，第4章に描写されているようなインフォーマリティの活動が顕著な階層である。エクセルシオール紙によれば1988年以降（ラ・ホルナーダ紙では1991年以降）高い動員レベルを維持しており，メキシコの主要なアクターのひとつとなっている。

労働者，農民，都市民衆といった階級的な要素の強い社会集団の動員頻度は長期的にみて低下しているとはいえないことがわかった。それでは，新しい社会運動論で言及されている新たな社会集団はどうだろうか。図2-6のカテゴリのなかでは，先住民と市民団体がそれに該当する[10]。もちろん，先住民自体は新たな集団ではない。しかし，図2-6によれば，1970年代までは先住民という形での闘争はほとんど記録されておらず，1980年代もごくわずかである。1994年以降ようやく先住民の闘争が増えはじめる。ラ・ホルナーダ紙によると，2000年には12のキャンペーンを記録し，全体の13％を占めるに至っている。先住民の闘争が増加した時期を考えると，やはり

---

10) 強力なアイデンティティを基盤とする社会集団としては，他に宗教関連組織も考えられるが，その登場頻度が低かったために図には表示されていない。

1994年にチアパス州で始まったサパティスタ民族解放軍の影響が大きかったといえるだろう。「農民」ではなく「先住民」のアイデンティティを前面に出して闘争に従事し，その結果，新聞報道でも先住民と認識されている点が新しい現象だといえる。

次に，人権，選挙，反原発，人種や性差別の問題など，なんらかの特定の課題（イシュー）を解決するために組織される市民団体であるが，1990年代中盤からその民衆闘争への参加が急増している。階級やコミュニティにメンバーシップの基盤をおかないこれらの市民団体の多くが1990年代以降に増えてきたことは，民主化の影響で，コーポラティズム体制に依拠しない社会組織の活動が一層活性化してきたことを意味するものと思われる。NGOやNPOは民衆闘争には従事しない傾向があるという議論もあるが[11]，民主化の進展とともに闘争も選択肢のひとつになっていることがうかがわれる。

要するに，従来の階級を基盤とする労働者，農民，都市民衆の組織は，その活動が衰えるどころか，民主化とグローバル化のなかでより活発になっている。インフォーマル就業の増大といった基底的条件に示されるように，経済の低成長や所得格差の問題が解消しないため，階級を動員構造にもつ組織が依然として闘争を牽引している模様である。一方，先住民や市民団体の組織は，1980年代までは周縁的なアクターであったが，1990年代から徐々にその存在感を増し，とくに市民団体に至っては主要なアクターの仲間入りを果たすかの勢いである。コーポラティズム体制下ではみられなかった市民社会の動向として顕著なのは，これら市民団体や先住民集団の台頭である。これらの新しいアクターは，政治や経済の問題にとどまらず，多様な社会問題や差別の構図を公的な場に提起する役割を担う。その意味でも，21世紀の

---

11) NGOやNPOなどの新しい独立系アクターについては，その要求示威行動を実行する能力については疑問視されている（Lindau 1998）。サリナス政権（1988〜1994年）やセディージョ政権（1994〜2000年）は，貧困対策の資金や企画運営を地域の草の根社会組織に任せる方針をとったが，それによって，地元のコミュニティ開発プロジェクトに専念するNGOやNPOが多く誕生した。政府資金に依存するこれらの「独立系」NGOやNPOは，政治的な活動からは一線を画すことになったという（Haber 1994）。

図 2-7 選挙闘争を担うアクターの変遷

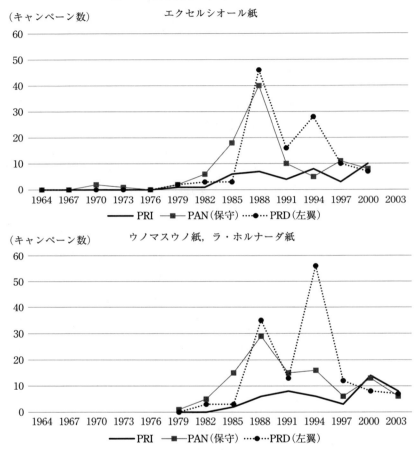

（出所）MPCD Version 2018.02. 選挙闘争とは，選挙にかかわる要求・目的・不満を掲げる民衆闘争のことである。

メキシコ社会の一層の民主化と政治の安定に貢献する可能性があり，今後の動向が注目される。

　行動様式の議論に移る前に，選挙闘争を担うアクターをみておこう。自明なことながら，その大多数は「政党」というカテゴリに属するアクターであるため，これを PRI, PAN と保守系政党，民主革命党（PRD）と左翼系政党

の3つに分けて比較する。その結果をみると（**図2-7**），選挙が競争的ではなかった1970年代までは選挙をめぐる闘争もわずかだったことがわかる。しかし，1977年に始まる一連の段階的な選挙制度改革によって選挙が実質的な意味合いを帯びていくにつれて，選挙闘争に従事するアクターも増えていった。まず，1980年代には，保守系のPANが選挙闘争を主導している。PRD誕生の原点となった1988年の国政選挙以降は，左翼政党が選挙闘争の主役に躍り出ている。各地で選挙における競争が激化していくなかで，PRIもPANやPRDに対抗する必要からメンバーを動員していくようになる過程もグラフに表れている。1996年の選挙改革をもって，より透明で公正な選挙制度が確立したが，これにより，1997年以降は報道されている闘争の数が減少し，かつ，PRI，PAN，PRDの3つの勢力がほぼ同程度選挙をめぐって闘争に従事するようになる。要するに，PRIの一党支配体制から三党による競争的な政治体制へと移行を果たしたことと，選挙結果をめぐる争いを制度的枠組内で解決する方向に移行していることがうかがえる。少しずつではあるが，政治の安定に向けた方向に動いていることがわかる。

第5節　行動様式——どのような手段で要求するのか——

本節では，民主化とグローバル化が，民衆の行動様式を急進化させるのか，それとも穏健なものに落ち着かせるのかを検討する。とくに，本書が重視する3つの基底的条件のなかの「一党支配型権威主義体制の遺制」と「メキシコ国家の統治能力の弱体化」が行動様式にどのような影響を与えているのかを考察したい。

表2-1は，選挙に関係ない通常闘争において用いられた行動様式の一覧である。これは，メキシコ市民の「闘争のレパートリー[12]」である。新聞に報

---

12)　「闘争のレパートリー論」は，闘争手段の戦略的合理性だけではなく，その文化的

表 2-1　通常闘争における行動様式の変遷（各年のキャンペーン数に占める割合）

エクセルシオール紙

分類	行動様式	危険度	1964	1967	1970	1973	1976	1979	1982	1985	1988	1991	1994	1997	2000	2003
暴力的	財産破壊	99%	0%	0%	0%	0%	7%	0%	0%	2%	1%	0%	0%	0%	0%	
	攻撃	98%	20%	33%	22%	3%	9%	0%	0%	10%	8%	6%	6%	5%	11%	
	強制追い立て	80%	0%	0%	0%	0%	0%	0%	0%	0%	2%	0%	0%	2%	2%	
	逃散	67%	0%	0%	0%	0%	0%	0%	0%	0%	0%	2%	0%	0%	0%	
急進的	各種活動の妨害	37%	0%	0%	0%	0%	0%	0%	3%	0%	0%	2%	1%	0%	4%	
	土地占拠	29%	30%	11%	22%	41%	16%	10%	13%	4%	2%	4%	8%	8%	0%	
	誘拐・拘束	25%	0%	0%	0%	7%	6%	0%	8%	3%	3%	4%	5%	2%	0%	
	建物占拠	12%	0%	11%	0%	10%	13%	13%	30%	14%	13%	25%	27%	13%	27%	
穏健的	交通遮断	6%	20%	6%	0%	0%	0%	0%	8%	1%	13%	16%	19%	21%	18%	
	集会	5%	20%	28%	33%	21%	16%	20%	11%	14%	19%	14%	16%	13%	24%	
	ストライキ	4%	10%	17%	0%	10%	22%	43%	21%	12%	10%	8%	4%	0%	1%	
	デモ行進	3%	0%	6%	0%	3%	3%	8%	3%	15%	13%	12%	19%	26%	18%	
	ハンスト・絶食	3%	0%	0%	11%	0%	3%	3%	5%	5%	6%	2%	7%	3%	2%	
	座り込み	3%	0%	6%	0%	0%	3%	9%	3%	0%	18%	19%	10%	28%	26%	
	劇場・象徴化	3%	0%	0%	0%	0%	0%	0%	3%	0%	1%	0%	0%	0%	0%	
	労働停止	1%	0%	11%	11%	3%	13%	5%	13%	21%	10%	1%	6%	10%	12%	
	ボイコット	0%	0%	0%	0%	0%	0%	0%	0%	2%	0%	0%	0%	0%	0%	
	支払停止	0%	0%	0%	0%	0%	0%	0%	0%	0%	1%	0%	1%	0%	0%	
	サービス停止	0%	0%	0%	0%	0%	0%	6%	10%	0%	0%	5%	6%	0%	0%	
	キャンペーン数		10	18	9	29	32	40	63	73	62	51	106	61	84	

ウノマスウノ紙とラ・ホルナーダ紙

分類	行動様式	危険度	1964	1967	1970	1973	1976	1979	1982	1985	1988	1991	1994	1997	2000	2003
暴力的	財産破壊	99%						0%	0%	0%	0%	0%	0%	1%	0%	0%
	攻撃	98%						6%	3%	4%	0%	0%	4%	8%	2%	10%
	強制追い立て	80%						0%	0%	0%	0%	0%	0%	0%	1%	1%
	逃散	67%						0%	0%	0%	3%	0%	0%	0%	0%	0%
急進的	各種活動の妨害	37%						6%	0%	0%	3%	0%	1%	3%	2%	0%
	土地占拠	29%						3%	18%	0%	3%	0%	6%	0%	0%	0%
	誘拐・拘束	25%						0%	5%	0%	3%	4%	4%	8%	1%	0%
	建物占拠	12%						12%	8%	6%	14%	24%	19%	17%	20%	9%
穏健的	交通遮断	6%						0%	8%	4%	14%	8%	22%	17%	16%	8%
	集会	5%						24%	29%	35%	17%	24%	11%	16%	43%	37%
	ストライキ	4%						30%	15%	10%	14%	6%	4%	1%	1%	0%
	デモ行進	3%						9%	9%	20%	14%	16%	14%	16%	16%	15%
	ハンスト・絶食	3%						3%	0%	10%	14%	6%	6%	6%	2%	4%
	座り込み	3%						0%	8%	22%	17%	37%	30%	26%	22%	14%
	劇場・象徴化	3%						3%	2%	4%	0%	2%	1%	1%	2%	6%
	労働停止	1%						3%	8%	8%	14%	8%	4%	6%	10%	6%
	ボイコット	0%						0%	0%	0%	0%	0%	0%	0%	0%	1%
	支払停止	0%						3%	0%	0%	2%	0%	1%	0%	0%	0%
	サービス停止	0%						3%	0%	0%	0%	0%	0%	0%	0%	0%
	キャンペーン数							33	65	49	36	49	135	77	92	78

(出所)　MPCD Version 2018.02.

(単位)　各年のキャンペーン数に占める割合（%）。通常闘争とは，選挙以外の要求・目的・不満を掲げる民衆闘争のことである。危険度は，行動戦略を用いた場合に，逮捕・勾留・催涙ガス使用・発砲など警察や軍による治安維持行為・抑圧の対象となったり，闘争時に暴力や武器を使用したり，人や財産への被害が生じたりするリスクを示す。危険度の計算の際には，エクセルシオール紙，ウノマスウノ紙，ラ・ホルナーダ紙の情報を統合した。

道される行動様式も多様ではあるが，それらを 19 のおもな行動様式に分類し，さらに「暴力的」「急進的」「穏健的」の 3 つのカテゴリに大別している。この分類は「危険度」によった。危険度とは，それぞれの行動戦略を用いた場合に，逮捕・勾留・発砲・催涙ガス使用など政府機関による抑圧を受けたり，闘争時に武器の使用・暴力行為の勃発・人や財産への被害が生じたりするリスク（割合）を示す。危険度の計算をする際には，エクセルシオール紙，ウノマスウノ紙，ラ・ホルナーダ紙の情報を統合し，1964 年から 2003 年までの情報をあわせて行った。表は危険度の高い順に並べてある。各年の数字は，それぞれの行動様式を用いた民衆闘争キャンペーンの割合である。たとえば，エクセルシオール紙によると，1964 年に攻撃を用いたものはその年の通常闘争の全キャンペーン中 20％であった。1964 年のキャンペーン数は 10 なので，2 つのキャンペーンにおいて攻撃が行われていたことになる。傾向を把握しやすくするために，20％を超える場合に太字で表示している。

　まず，一党支配型権威主義体制の遺制の影響を考察するために，PRI 一党支配体制当時の行動様式をみておこう。この時代には，主要な社会組織のリーダーたちは，政権との特別な個人的な関係を結ぶことで資源を獲得し，それを組織内部のメンバーの忠誠を維持するために利用することで，その地位を永続化してきた。このようなポピュリズムとパトロン＝クライアント関係にもとづく実利分配の仕組みが成立している状況においては，政権に対して民衆闘争，とくに急進的な行動様式を用いた要求示威行動を行うことは問題外であったと予測される。**表 2-1** のエクセルシオール紙のデータをみても，民主化とグローバル化以前のキャンペーン数が穏健的行動様式を含めて

側面（闘争手段についての民衆の知識や学習過程）や歴史的継続性を重視する（Tilly 2008）。活動家は常に合理的に最良の闘争手段を選べるわけではない。多数の人々を動員することを鑑みると，過去に実践したことのない手法は，たとえそれが戦略理論的に最良の選択肢であったとしても採択しにくいからである。おのずと人々がよく知っている手法のなかから選ぶことになり，結果として過去との継続性が強くみられるという。

はるかに少ないことから，民衆闘争を行うこと自体が難しかったことが見てとれる。

一方で，**表 2-1** は，1970 年代前半までは暴力的・急進的なレパートリーの割合が高いことも示している。1970 年代のゲリラ活動にみられるように，パトロン＝クライアント関係から脱却した独立系社会勢力の場合は，より急進的な行動様式を用いて権威主義体制と対峙する選択肢もある。ファヴェーラの社会運動研究も，権威主義体制期には，急進的な闘争形式で不満を噴出させる傾向があり，全データの 15％程度はなんらかの形の暴力的手段に訴えるまでに至っているという（Favela 2010, 113）。強力な権威主義体制下では，穏健的な行動様式を用いたものも含めて民衆闘争が新聞に掲載されることはまれであったが，体制から自立した社会勢力であれば時に暴力的な手段を含めて急進的な闘争に訴えることもできたのである。

民主化とグローバル化は，パトロン＝クライアント関係をどのように変容させ，行動様式にどのような変化をもたらしたのだろうか。闘争の数は時代が進むにしたがって増加していくため，暴力的な行動様式も実数では増えている。しかし，エクセルシオール紙の結果を比率でみていくと，全体的な傾向として左上から右下へ太字部分が移動していることがわかる。危険度の高い暴力的もしくは急進的な行動様式が高い割合を占めていたレパートリーから，穏健的な行動様式が中心のレパートリーに移行しているのである。ウノマスウノ紙とラ・ホルナーダ紙のデータは 1979 年以前の情報がないためこの傾向は明確ではないが，1979 年以降は，右下部分の穏健的な行動様式が主流となっていることは同様である。この結果は，闘争の急進化を予測する見方よりも穏健化を予期する見方を支持している。

グローバル化が民衆闘争に及ぼす影響としてまず取り上げられるのは「IMF 暴動」のような闘争の急進化である。国際通貨基金（IMF）などが主導する新自由主義的経済改革は，公共料金の値上げや生活必需品への補助打ち切りなど，民衆がこれまで政府から享受していた経済的資源を奪う脅威であり，それゆえ彼らの怒りを買いやすく，暴力的な防衛行動につながりやす

いという（Walton and Seddon 1994）。では，徹底した新自由主義改革が断行されたメキシコで，急進的で暴力的な行動様式がなぜ拡大しなかったのか。ビスベルグは，旧体制下と同じクライアント関係にもとづく行動様式が持続していると論じる。政権交代が起きて PAN 政権が成立してからも，体制派労働運動や農民運動は，社会のなかで水平方向に幅広い連帯関係を構築して政権と対峙するよりも，垂直方向に政権とのパトロン＝クライアント関係を結ぶことで特権的地位を維持する戦略を選んでいるという（Bizberg 2010）。一党支配型権威主義体制の遺制によって，急進化や暴力化に歯止めがかかったとする見解である。

さらに，自立的な社会勢力のレパートリーも，民主化によって穏健化していく傾向が指摘されている。ファヴェーラは，民主化過程で司法府が行政府からより自律的になったことを受け，司法を闘争の場とする戦略が有効なものとして受け止められるようになったことを理由に挙げている（Favela 2010）。タローは，民主的な制度が確立すると，デモ行進のような比較的穏健な要求示威行動が社会全般に広まっていくという（Tarrow 2011）。その理由は，農地占拠や工場の操業停止のような特定の社会勢力のみが採用できる手法とは異なり，デモ行進は多くの勢力がさまざまな要求をするために用いることのできる行動様式であるため汎用性が高いからである。さらに，穏健的な手法であれば，政府としてもあらかじめ社会勢力と協力しながら警察を配備するなどの対策をとることで治安の乱れを回避できるメリットがあるため容認しやすい闘争形式だという。闘争の担い手と受け手双方にメリットのある行動様式であることから，デモ行進などの穏健的な行動様式は民主的社会の「モジュール様式」（modular repertoire）として定着していくという（Wada 2012）。

MPCD の分析結果（表 2-1）をみると，1960 年代から 2000 年代まで一貫してメキシコ市民が頻繁に用いている行動様式は集会であった。メキシコ市の中心広場であるソカロでの大規模集会はメディアでも頻繁に報道されるが，多様な目的のためにさまざまな社会集団によって用いられる集会とい

う戦略は，メキシコにおけるモジュール様式だといえるだろう。暴力的な攻撃，土地占拠，ストライキなどの行動戦略は，採用される割合が時代とともに低下している。いずれ過去の闘争様式となるかもしれないが，絶対数では増加している年もあることは留意しておく必要がある。一方で，以前はあまり用いられなかった行動様式が時とともに主流なものへとなっていく場合もある。それは，デモ行進，座り込み，建物占拠である。デモ行進と座り込みは危険度が3％程度の穏健的な行動であり，建物占拠は急進的行動カテゴリに属するものの，そのなかではもっとも危険度が低い（12％）。より穏健的な行動様式が主体となっていくのであれば，長期的には政治の安定に寄与していくものと思われる。

　民主化およびグローバル化時代のメキシコ社会の全般的な傾向として行動様式の穏健化が観察されたが，最後に危険な兆候を指摘しておく。それは，暴力的な攻撃が2000年頃から増加していることである。エクセルシオール紙によると2000年に11％に達し，ラ・ホルナーダ紙によれば2003年に10％に及んでいる。この要因として，本書の3つの基底的条件のひとつである「国家の統治能力の弱体化」の影響が挙げられる。1990年代以降，麻薬犯罪組織による組織犯罪を抑えることができず，とくに2006年のカルデロン政権による麻薬戦争以降は治安が悪化し，国家の統治能力の劣化が観察される（**図序-2**〔p13〕および第3章参照）。すでに2000年から2003年の時点で暴力的行動様式の増加傾向がみられるということは，2006年以降のメキシコにおいてさらに悪化している可能性も高いと思われる。データの更新が急務である。

おわりに

　「経済成長，所得格差の是正，政治の安定」という正の連鎖を阻む社会の論理はどこにあるのか。本章では，民主化とグローバル化によってメキシ

の市民社会はどのように変容し，その変容が政治を安定させることに寄与しているのかどうかに焦点を当てた。正の連鎖を生みだすためなら，どのような形でも政治を安定させればよいわけではない。権威主義的な安定ではなく，民主的な政治を安定させる必要がある。そのためには，地方・州レベルの国家機構の民主化（第1章）や社会組織の民主化など，公正な選挙の実現にとどまらないさまざまな領域における民主主義の深化が不可欠である。この観点から，本研究で判明したことは次のとおりである。まず，政治の自由化に応じて，動員レベルが全般的に高まり，新聞紙面という公的な場に頻繁に取り上げられるようになったこと，とくに，政治的要求をする闘争においてその傾向が顕著だったことが挙げられる。これは，民衆闘争を，民主主義を機能させるための本質的な要素だとする立場からは，望ましい傾向だといえよう。

　しかし，民主化という政治的機会に恵まれた政治状況にもかかわらず，2000年の政権交代後には闘争の数が減少していることから，グローバル化の影響で社会組織が弱体化し民衆を動員できなくなっている可能性や，パトロン＝クライアント関係などの一党支配型権威主義体制の遺制の影響が持続している可能性を指摘した。社会の動員力が弱いことが，メキシコにおいて民主主義の深化がいまだ不十分な理由のひとつであると考えられる。この点に関しては，ビスベルグも同様の見解を述べている。ブラジルやポーランドの強力な労働運動と違い，メキシコの社会勢力は，民主化の主要なアクターになることができず，旧体制を解体する圧力を下からかけ続けることができなかった。このため，メキシコでは民主主義の深化が進まず民主政治が不安定な状態が続いているとみている（Bizberg 2010, 40-42）。この問題をさらに探求するためにも，今後2000年代後半以降の最新情報をMPCDに追加し，最近の社会動員力の変遷を可視化していきたい。

　また，民主化とグローバル化の時代になっても，物質経済的要求が一貫して高い頻度で主張されていることと，労働者・農民・都市民衆の要求行動がもっとも活発であることから，階級闘争（「古い運動」）が「新しい運動」に

とってかわられるという見解は，少なくとも21世紀初頭のメキシコには当てはまらないこともわかった。グローバル化が着実な経済成長と格差の解消につながっていないために，主要な民衆闘争のパターンは変わっていないのである。新しい社会運動論が主張するライフスタイルやアイデンティティをめぐる文化的要求については，メキシコではいまだその要求は主流にはなっていないものの，次第に増加する傾向が観測された。先住民や市民団体のアクターとしての重要性も増していることから，将来的にはこれまで公的な場でなかなか取り上げられなかった差別問題，社会問題，文化的要求が主要なものになっていく可能性はあり，ここからさらなる民主主義の深化へとつながっていく道は開かれているといえるだろう。

　今後の課題としては，なによりも2003年以降のデータを更新することが必要である。また，大規模な動員と小規模な動員のあいだには質的な違いがあることが想定され，これらを区別して検討する必要性が挙げられる。そして，今回は，要求，アクター，行動をそれぞれ別個に検討したが，民衆闘争のターゲットも含めて，それらを同時に分析することも重要である。アクターによって求める要求内容も異なるだろうし，選択するターゲットや行動様式も異なることが予測されるからである。さらに，統計分析を用いて，民主化とグローバル化の影響の程度を測ることも検討したい。

　メキシコ市民の闘争のレパートリーが，攻撃や土地占拠など暴力的・急進的な行動様式の割合の高いものから，集会・座り込み・デモ行進といった穏健的な行動様式の比率の高いものへと次第に変化していることは，民主化にとって重要であった。しかし，2000年以降の傾向として，暴力的な行動様式が増加していることも判明した。麻薬犯罪組織の伸張と国家の統治能力の弱体化の影響が大きいと想定され，政治の安定を脅かす最大の要因となっている。第3章ではこの問題を掘り下げ，民主化とグローバル化が引き起こす政治・社会・経済のせめぎ合いの模様を別の角度から考察する。

〔参考文献〕

〈日本語文献〉

松下冽 2007.「メキシコにおける分権化と市民社会の相互発展——ローカルな民主化を超えて」『立命館国際研究』20(2):153-179.

和田毅 2017.「メキシコの市民社会の変遷——3つのアプローチの検討」星野妙子編『21世紀のメキシコ——近代化する経済，分極化する政治と社会』アジア経済研究所.

——— 2019.「Mexican Popular Contention Database (MPCD) データ作成・利用マニュアル」2018年9月10日版. 東京大学グローバル地域研究機構ラテンアメリカ研究センター資料（http://www.en.lainac.c.u-tokyo.ac.jp/wada）.

〈外国語文献〉

Almeida, Paul and Allen Cordero Ulate eds. 2015. *Handbook of Social Movements Across Latin America*. New York and London: Springer.

Barber, Benjamin R. 1992. "Jihad vs. McWorld." *Atlantic Monthly* 269(3):53-65.

Bilello, Suzanne 1996. "Mexico: The Rise of Civil Society." *Current History* 95(598):82-87.

Bizberg, Ilán 2010. "Una democracia vacía. Sociedad civil, movimientos sociales y democracia." In *Movimientos sociales*, edited by Ilán Bizberg and Francisco Zapata. México D.F.: El Colegio de México.

Cadena-Roa, Jorge 2016. *Las organizaciones de los movimientos sociales y los movimientos sociales en México, 2000-2014*. México D.F.: Friedrich Ebert Stiftung.

Castells, Manuel 2010a. *The Power of Identity*. 2nd edition. Malden, MA: Wiley-Blackwell.

——— 2010b. *The Rise of the Network Society*. 2nd edition. Malden, MA: Wiley-Blackwell.

Cohen, Jean L. and Andrew Arato 1992. *Civil Society and Political Theory*. Cambridge, MA: MIT Press.

Craig, Ann L. 1990. "Institutional Context and Popular Strategies." In *Popular Movements and Political Change in Mexico*, edited by Joe Foweraker and Ann L. Craig. Boulder, CO: Lynne Rienner Publishers.

Eisinger, Peter K. 1973. "The Conditions of Protest Behavior in American Cities." *American Political Science Review* 67(1):11-28.

Ekiert, Grzegorz and Jan Kubik 1999. *Rebellious Civil Society: Popular Protest and*

Democratic Consolidation in Poland, 1989-1993. Ann Arbor: University of Michigan Press.

Escobar, Arturo and S. E. Alvarez eds. 1992. *The Making of New Social Movements in Latin America: Identity, Strategy, and Democracy*. Boulder, CO: Westview Press.

Evans, Peter 2010. "Is It Labor's Turn to Globalize? Twenty-First Century Opportunities and Strategic Responses." *Global Labour Journal* 1(3):352-379.

Favela Gavia, Diana Margarita 2000. "Popular Protest and Policy Reform in Mexico, 1946-1994: The Dynamics of State and Society in an Authoritarian Regime." Ph.D. diss., Tulane University.

Favela, Margarita 2010. "Sistema político y protesta social: del autoritarismo a la pluralidad." In *Movimientos sociales*, edited by Ilán Bizberg and Francisco Zapata. México D.F.: El Colegio de México.

Fillieule, Olivier 1998. "Plus ca change, moins ca change: Demonstrations in France during the Nineteen-Eighties." In *Acts of Dissent: New Developments in the Study of Protest*, edited by Dieter Rucht, Ruud Koopmans, and Friedhelm Neidhardt. Berlin: Edition Sigma.

Fox, Vicente 2001. *Primer Informe de Gobierno: Anexo*. México: Presidencia.

Foyer, Jean and David Dumoulin Kervran 2015. "The Environmentalism of NGOs versus Environmentalism of the Poor? Mexico's Social-Environmental Coalitions." In *Handbook of Social Movements across Latin America*, edited by Paul Almeida and Allen Cordero. New York and London: Springer.

Gurr, Ted Robert 1970. *Why Men Rebel*. Princeton: Princeton University Press.

Haber, Paul Lawrence 1994. "The Art and Implications of Political Restructuring in Mexico: the Case of Urban Popular Movements." In *The Politics of Economic Restructuring: State-Society Relations and Regime Change in Mexico*, edited by Maria Lorena Cook, Kevin J. Middlebrook, and Juan Molinar Horcasitas. La Jolla: Center for U.S.-Mexican Studies, University of California, San Diego.

Habermas, Jürgen 1981. "New Social Movements." *Telos* (49):33-37.

Hanagan, Michael and Charles Tilly eds. 1999. *Extending Citizenship, Reconfiguring States*. Lanham: Rowman & Littlefield Publishers.

Hutter, Swen 2014. "Protest Event Analysis and its Offspring." In *Methodological Practices in Social Movement Research*, edited by Donatella Della Porta. Oxford: Oxford University Press.

Jenkins, J. Craig and Thomas V. Maher 2016. "What Should We Do about Source Selection in Event Data? Challenges, Progress, and Possible Solutions." *International Journal of Sociology* 46(1):42-57.

Kleinberg, Remonda Bensabat 2000. "Economic Liberalization and Inequality in Mexico: Prospects for Democracy." In *Economic Liberalization, Democratization, and Civil Society in the Developing World*, edited by Remonda Bensabat-Kleinberg and Janine A. Clark. New York: St. Martin's Press.

Koopmans, Ruud and Dieter Rucht 2002. "Protest Event Analysis." In *Methods of Social Movement Research*, edited by Bert Klandermans and Suzanne Staggenborg. Minneapolis: University of Minnesota Press.

Koopmans, Ruud and Paul Statham 1999. "Political Claims Analysis: Integrating Protest Event and Political Discourse Approaches." *Mobilization* 4(1):40-51.

Lindau, Juan D. 1998. "The Civil Society and Democratization in Mexico." In *Market Economics and Political Change*, edited by Juan D. Lindau and Timothy Cheek. Lanham: Rowman & Littlefield Publishers.

McPhail, Clark and David Schweingruber 1998. "Unpacking Protest Events: a Description Bias Analysis of Media Records with Systematic Direct Observations of Collective Action: the 1995 March for Life in Washington, D.C." In *Acts of Dissent: New Developments in the Study of Potest*, edited by Dieter Rucht, Ruud Koopmans, and Friedhelm Neidhardt. Berlin: Edition Sigma.

Melucci, Alberto 1996. *Challenging Codes: Collective Action in the Information Age*. Cambridge and New York: Cambridge University Press.

Monsiváis, Carlos 1987. *Entrada libre: crónicas de la sociedad que se organiza*. México: Ediciones Era.

Mouffe, Chantal 1979. "Hegemony and New Political Subjects: toward a New Concept of Democracy." In *Marxism and the Interpretation of Culture*, edited by Cary Nelson and Lawrence Grossberg. Urbana: University of Chicago Press.

O'Connell, T. J. 2008. "Repression and Protest: The Limitations of Aggregation." *Strategic Insights* 7(2).

Offe, Claus 1985. "New Social Movements: Challenging the Boundaries of Institutional Politics." *Social Research* 52(4):817-868.

Olvera, Alberto J. 2010. "De la sociedad civil política y los límites y posibilidades de la política de la sociedad civil: el caso de Alianza Cívica y la transición democrática en México." In *Movimientos sociales*, edited by Ilán Bizberg and Francisco Zapata. México D.F.: El Colegio de México.

Peña Nieto, Enrique 2017. *El Quinto Informe de Gobierno: Anexo Estadístico*. México: Presidencia.

Pérez-Yarahuán, Gabriela and David García-Junco 1998. "Una ley para organizaciones no gubernamentales en México? Análisis de una propuesta." In *Organizaciones civiles y políticas públicas en México y Centroamérica*, edited by José Luis Méndez. México, D.F.: ISTR; M.A. Porrúa; Academia Mexicana de

Investigación en Políticas Públicas.

Pérez Arce, Francisco 1990. "The Enduring Union Struggle for Legality and Democracy." In *Popular movements and political change in Mexico*, edited by Joe Foweraker and Ann L. Craig. Boulder, CO: Lynne Rienner Publishers.

Piven, Frances Fox and Richard A. Cloward 1977. *Poor People's Movements: Why They Succeed, How They Fail*. New York: Vintage.

Rucht, Dieter and Friedhelm Neidhardt 1998. "Methodological Issues in Collecting Protest Event Data: Units of Analysis, Sources and Sampling, Coding Problems." In *Acts of Dissent: New Developments in the Study of Protest*, edited by Dieter Rucht, Ruud Koopmans, and Friedhelm Neidhardt. Berlin: Edition Sigma.

Scott, James C. 1990. *Domination and the Arts of Resistance: Hidden Transcripts*. New Haven: Yale University Press.

Smelser, Neil J. 1962. *Theory of Collective Behavior*. New York: The Free Press.

Strawn, K. D. 2008. "Validity and Media-Derived Protest Event Data: Examining Relative Coverage Tendencies in Mexican News Media." *Mobilization* 13(2):147-164.

Tamayo Flores-Alatorre, Sergio 1999. *Los veinte octubres Mexicanos: la transición a la modernización y la democracia, 1968-1988*. México, D.F.: Universidad Autónoma Metropolitana-Azcapotzalco.

Tarrow, Sidney 1989. *Democracy and Disorder: Politics and Protest in Italy, 1965-1975*. Oxford: Oxford University Press.

Tarrow, Sidney G. 2011. *Power in Movement: Social Movements and Contentious Politics*. 3rd edition. New York: Cambridge University Press.

Tilly, Charles 2008. *Contentious Performances*. Cambridge: Cambridge University Press.

Touraine, Alain 1988. *Return of the Actor: Social Theory in Postindustrial Society*. Minneapolis: University of Minnesota Press.

Trejo, Guillermo 2012. *Popular Movements in Autocracies: Religion, Repression, and Indigenous Collective Action in Mexico*. New York: Cambridge University Press.

Velázquez García, Mario Alberto 2010. "Los movimientos ambientales en México." In *Movimientos sociales*, edited by Ilán Bizberg and Francisco Zapata. México D.F.: El Colegio de México.

Wada, Takeshi 2006. "Claim Network Analysis: How Are Social Protests Transformed into Political Protests in Mexico?" In *Latin American Social Movements: Globalization, Democratization, and Transnational Networks*, edited by Hank Johnston and Paul Almeida. Lanham, MD: Rowman & Littlefield.

―――― 2012. "Modularity and Transferability of Repertoires of Contention." *Social Problems* 59(4):544-571.

Walton, John and David Seddon 1994. *Free Markets and Food Riots: the Politics of Global Adjustment*. Cambridge, MA: Blackwell Publishers.

Zermeño, Sergio 1990. "Crisis, Neoliberalism, and Disorder." In *Popular Movements and Political Change in Mexico*, edited by Joe Foweraker and Ann L. Craig. Boulder, CO: Lynne Rienner Publishers.

―――― 1998. *La sociedad derrotada: el desorden mexicano del fin de siglo*. México, D.F.: Siglo XXI.

[謝辞]

　本研究は，日本学術振興会科学研究費補助金挑戦的萌芽研究『グローバル化する世界における民主主義の行方と社会運動の役割についての国際共同研究』（課題番号：26590087），同基盤研究（B）特設分野（紛争研究）『暴力的紛争の勃発を予知するシステムを開発する国際的・学際的共同研究』（課題番号：15KT0040），同基盤研究C『スペイン語圏の社会的事件の通時データベースの作成と政策決定への応用』（課題番号：22530531），米国 National Science Foundation Dissertation Improvement Grant（SES-99-00867）の研究成果の一部でもある。また，データベース構築・更新作業は多くの方々の協力がなければ不可能であった。とくに，神田外語大学の大木和也氏と山口和子氏，メキシコ国立自治大学の後藤丞希先生，メキシコ・グアダラハラ大学のルイス＝アルベルト・エルナンデス＝ロドリゲス（Luis Alberto Hernández Rodríguez）氏，東京大学の三浦航太氏，苅野聡祐氏，松原聖氏に謝意を表したい。

第3章

麻薬紛争下の市民の蜂起

——ミチョアカン自警団運動に関する考察——

馬場　香織

はじめに

　メキシコで起こっている紛争は，世界に類のない奇妙な紛争にみえる。一方で，ウィキペディアの「進行中の武力紛争のリスト」によれば，メキシコの麻薬紛争は，近年もっとも多くの犠牲者を出しているシリア内戦，イラク戦争，アフガニスタン紛争とともに「現在または過去1年間に1万人以上が死亡した紛争」に数えられている[1]。実際2011年には，メキシコ麻薬紛争の年間犠牲者数は，世界の他の紛争をしのぐ1万6000人にのぼった（Lessing 2015, 1487）。メキシコで起こっている紛争は，間違いなく現代世界が目撃しているもっとも苛烈な紛争のひとつなのである。

　しかし他方で，メキシコにおける紛争の当事者は，国家の打倒や国家が独占する資源の収奪を目指すような武装反乱集団ではない。それは，犯罪活動を成功させるために，むしろ国家によるインフォーマルな保護をある程度必要とするような組織犯罪集団である（Trejo and Ley 2017, 9）。この点において，メキシコの麻薬紛争は，上述のシリア，イラク，アフガニスタン，ある

---

[1] https://ja.wikipedia.org/wiki/進行中の武力紛争のリスト（最終閲覧日：2018年1月7日）。ウィキペディアは出典としての信頼性に欠ける場合も少なくないが，ここでは一般に多くの人が接する情報源のひとつとして挙げている。

いはアフリカの国々で現在進行中の紛争とは性格が大きく異なっている。

　また，他のラテンアメリカ諸国同様に，民主化と新自由主義改革という2つの大きな政治経済的転換を経験したメキシコは，2000年以来いわゆる最小限定義において民主主義を安定的に維持し，自動車産業における近年の日本企業の進出にみるように，グローバル市場に組み込まれた経済活動を変わらず営んでいる（第6章参照）。今日，首都メキシコ市を訪れれば，街の中心部に整備された何本もの新しい道路や，高価な商品が並ぶ大型ショッピングモールが次々と建設されている発展ぶりに多くの人が驚くだろう。メキシコの政治経済のこうした外見からは，同じ国で大紛争が起こっている事実をにわかには信じ難い。メキシコの紛争は，非民主主義体制下や経済破綻国家で起こっているのではないのである。

　しかし，事実，テレビや新聞の報道では日々さまざまな犯罪と凄惨な暴力が伝えられており，とりわけ近年の傾向として，暴力は局地的なものから全国的なものへと広がりをみせている（馬場 2018）。泥沼化したメキシコの麻薬紛争は，国の発展の陽の当たる部分に隠されつつも，政治・社会・経済のあらゆる側面に確実に暗い影を落としている。

　麻薬紛争が激化するなか，とりわけ2010年代に入ってメキシコ各地でみられるようになったのが，市民が自ら武装して，コミュニティの治安維持と麻薬犯罪組織の掃討を目指す自警団運動である。その勃興の背景には，殺害，誘拐，恐喝，女性（子どもを含む）への強姦などといった麻薬犯罪組織による市民に対する日常的な暴力の高まりと，麻薬犯罪組織とのつながりが疑われる地方当局に頼ることができない状況がある。

　ただし，全国的な治安の悪化がみられるなかで，自警団を名乗る集団が登場しても，すぐに消滅したり，ほとんど認知されずにとどまるケースも少なくない。ましてや，州の5割以上の領域に展開するような大規模な運動にまで発展したケースは，後述のゲレロ州のコミュニティ警察を除くと，ミチョアカン州で展開した自警団運動のみである。ミチョアカン自警団はなぜ大規模な運動に発展することができたのだろうか。

本章では，2013年2月から2014年5月にかけてミチョアカン州内で麻薬犯罪組織「テンプル騎士団」との抗争を展開し，メキシコ国内外から大きな注目を集めたミチョアカン自警団運動の発生・拡大・解消のプロセスについて，理論的考察を交えつつ論じる。非常にハイリスクな集合行為である自警団運動がなぜ起こり，どのような条件のもとで拡大したのか，さらになぜ最終的に解消に至ったのかを示すことが，本章の目的である。

　麻薬犯罪組織による市民に対する暴力被害が拡大するなかで，国家による強制力の独占を否定する自警団が登場した基盤的背景には，麻薬犯罪組織に対処する能力の欠如が生む国家行政機構への信頼の欠如がある。本書全体の関心にも関連して，麻薬紛争下の自警団運動は，国家の統治能力の低さを端的に示す事象としても重要である。

　以下ではまず，麻薬紛争の特徴と2007年以降の暴力の激化状況を確認したうえで，自警団運動の類型を示し，続いてミチョアカン自警団運動がなぜ，どのように発生し，大規模な運動に拡大したのかについての事例分析を行う。章末では，本章のまとめと，自警団運動が21世紀のメキシコを理解するうえで有する示唆について言及したい。

第1節　麻薬紛争と自警団運動

1-1　麻薬紛争はどのような紛争なのか

　メキシコの麻薬紛争は，現代世界で起きているもっとも苛烈な紛争に匹敵する犠牲者を出しているが，他の紛争とは異なる特徴をもっている。紛争自体の性格にかかわる重要な違いは，メキシコの麻薬紛争のおもな当事者が犯罪集団であり，反乱集団ではない点である。紛争当事者である反乱集団が一般に公に明言された政治的目標をもつのに対し（Fearon and Laitin 2003, 76; Sambanis 2004, 829），メキシコの麻薬犯罪組織は，政治的イデオロギーも，政府の打倒や領地の奪還といった政治的目標ももたない（Kalyvas 2015,

1520)。また，たとえばコロンビアの事例とは異なり，メキシコの麻薬犯罪組織は歴史的に外部の反乱集団との協力関係も有してこなかった（Bailey 2014, 117）。

この意味での麻薬犯罪組織の「非政治的」性格は，国家との独特な関係性と密接にかかわっている。麻薬犯罪組織の主要な目標は，彼らの「ビジネス活動」を障りなく営むことであり，そのために国家によるインフォーマルな保護をある程度必要としている。もっとも，麻薬犯罪組織がしばしば求めるような，彼らにとって都合のよい警察・治安機構幹部の指名などは「政治的」要求であるが，それらもあくまで「ビジネス志向」にもとづく。麻薬犯罪組織が望むのは国家の崩壊ではなく（国家があるからこそ彼らのビジネスは成り立つ），「権力」や「秩序」が存在するなかでの取り締まりや訴追の見逃し，あるいは「運悪く」捕まってしまった場合には釈放や脱獄の援助といった，国家による保護なのである。麻薬犯罪組織と国家の利害関係はゼロサムではなく，両者のあいだには，賄賂と引き換えに犯罪の保護ネットワークが構築されてきた（Trejo and Ley 2017, 9-10; Valdés Castellanos 2013, 218; Bailey 2014, 134）。かつて，こうしたネットワークは，政治警察機能や反乱制圧作戦を担っていた連邦安全保障局（DFS）[2]によって提供され，地方によっては1940年代頃からすでにみられるものだった（Valdés Castellanos 2013, 218; Maldonado 2010, 340）。

それでは，麻薬犯罪組織が暴力を行使するのはいつか。麻薬紛争の「本体」ともいえるのは，ライバル組織間の縄張り争いである。米国向け麻薬の生産・中継を担うメキシコでは，「プラサ」とよばれる密輸ルート上の縄張りが重要な価値をもってきた。加えて，メキシコの麻薬紛争は，麻薬犯罪組織とそれを取り締まる政府の衝突，麻薬犯罪組織の市民に対する犯罪などが複雑に絡み合った暴力の集積であるといえる。

---

2) DFSは1985年に解体され，以後，DFSが担っていた任務は連邦レベルから州レベルに移されて，州知事と州検察庁の管轄下にある州司法警察が担うこととなった（Trejo and Ley 2017, 12）。

1980年代には，それまでメキシコ西部における麻薬密輸を独占していたシナロア系麻薬密輸組織の大物ボス，ラファエル・カロ＝キンテロやエルネスト・フォンセカ，ミゲル＝アンヘル・フェリス＝ガジャルドらが相次いで逮捕されたことを受けて，シナロア系組織が分裂した（Valdés Castellanos 2013, 210)[3]。メキシコで最初の本格的なライバル組織間の縄張り争いは，1992年に元シナロア系のふたつの組織であるシナロア・カルテルとティフアナ・カルテルとのあいだで勃発した抗争であるとされる（Trejo and Ley 2017)[4]。この抗争以来，メキシコでは恒常的にライバル組織間の争いが展開してきた。

　他方，**図3-1**に示されるように，全国レベルの殺人件数は1992年をピークにその後いったんゆるやかに減少するが，2007年以降増加に転じ，2011年にかけてかつてないレベルにまで急激に増加する[5]。

　こうした麻薬紛争の激化の要因として指摘されるのが，政府による大物ボス排除戦略（kingpin strategy / leadership decapitation）である。大物ボス排除戦略とは，主要麻薬犯罪組織の大物幹部を逮捕ないし殺害して組織の弱体化を目指す戦略を指し，フェリペ・カルデロン国民行動党（PAN）政権（2006～2012年）発足直後の2006年末に開始された「対麻薬戦争」（guerra contra el narcotráfico）のもとでもっとも強く進められた。

　対麻薬戦争のもとで，2011年までに19人のボスが逮捕ないし殺害され，「副官」（"teniente"）とよばれるナンバー2クラスの幹部を含めると，排除さ

---

[3]　メキシコ東部では，メキシコ湾カルテルが1980年代に麻薬密輸業に参入し，強力な組織となっていった（Valdés Castellanos 2013, 218)。
[4]　ウプサラ大学の紛争データプログラムでは，1992年勃発の「非国家主体紛争」とされるシナロア・カルテルとティフアナ・カルテルとのあいだの抗争が，同データに登録されたはじめてのメキシコのライバル麻薬犯罪組織間紛争である（http://ucdp.uu.se，最終閲覧日：2018年1月8日)。
[5]　すべての殺人が麻薬犯罪組織に関連するわけではないが，全国で起こる殺人件数のうち約30～60％が組織犯罪によるものと推定され，また2007～2011年にかけての殺人件数の急増は組織犯罪によるところが大きいとされている（Shirk and Wallman 2015, 1356)。

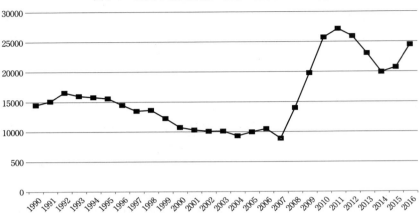

図 3-1　全国の殺人件数の推移（1990～2016 年）

（出所）INEGI（http://www.inegi.org.mx，最終閲覧日：2018 年 8 月 9 日）のデータをもとに筆者作成。

れたリーダーの数は 28 人にのぼった。2007 年の時点で，主要麻薬犯罪組織としてフアレス・カルテル，シナロア・カルテル，ティフアナ・カルテル，メキシコ湾カルテル，セタス，ファミリア・ミチョアカーナ，ミレニオ・カルテルの 7 組織が確認されていたが，そのすべてで，幹部クラスのメンバーが逮捕，あるいは殺害されたことになる（Guerrero Gutiérrez 2011, 64）。

　大物ボス排除戦略によって，たしかに大物ボスの制圧という目標自体については大きな成果が得られたし，実際にそれは主要麻薬犯罪組織を弱体化させもした。しかし，大物ボス不在を好機とみて外から別の麻薬犯罪組織が進出するようになったことや，新たなリーダーシップをめぐって組織が分裂し，覇権を争う中小規模の集団が乱立したことによって，メキシコ各地で縄張り争いが熾烈化することとなった（Shirk and Wallman 2015, 1364-1365; Calderón et al. 2015, 1460）。2007 年までに確認されていた，先述の 7 つの主要カルテルは，2011 年までに少なくとも 16 のグループに分裂したといわれる（Shirk and Wallman 2015, 1365; Benítez Manaut 2015: 212-213）。

1-2 市民の被害の拡大と自警団運動の発生

　大きな麻薬犯罪組織の分裂，そして中小ギャング集団の乱立によって拡大したのが，麻薬犯罪組織による市民に対する犯罪である。大物リーダーの相次ぐ逮捕によって組織の立て直しを迫られた麻薬犯罪組織は，誘拐や恐喝，窃盗などの「サイドビジネス」を強化し，これによって一般市民の被害が増えた。また，ボスの不在により末端集団の統制が効かなくなったことや，政府当局の腐敗が広がるなかで，便乗する地方ギャング団による多種多様な犯罪が増えたことも，一般市民の被害拡大をもたらしたことが指摘されている（Haering Keenan 2015, 183; Grillo 2011, 127-128; Calderón et al. 2015, 1461）。

　急激に治安が悪化した州のひとつが，ミチョアカン州である[6]。対麻薬戦争における軍・警察による作戦の重点地域のひとつであったミチョアカンでは，2011年までにファミリア・ミチョアカーナのリーダーが逮捕される。新たなリーダーシップをめぐる争いのなかで，組織の一部が離脱して形成した新しい麻薬犯罪組織が「テンプル騎士団」である。同組織はミチョアカン州内外で勢力を拡大し，住民に対するさまざまな犯罪行為を展開していくことになる（Zepeda Gil 2016, 117-118）。

　図3-2は，ミチョアカン州における殺人・誘拐・恐喝件数の推移を示したものである。殺人件数は，2000年代に入り年間400件程度まで減っていたが，2006年以降増加し，2013年から2014年にかけては900件を超えた。誘拐件数も2000年代後半から急激に増加し，2004年に年間8件だったのに対し，2013年には194件となっている。恐喝被害については，年による増減もあるものの，2000年代後半から2014年にかけては2000年代前半よりも全体に発生件数が多い。以上のような暴力の傾向は，麻薬紛争の犠牲者が従来のようにライバル組織間抗争によるものだけでなく，市民にもより広く及ぶようになってきたことを示唆する。

6）　ミチョアカン州およびその他の州における市民に対する暴力の激化について，詳しくは馬場（2017; 2018）を参照されたい。

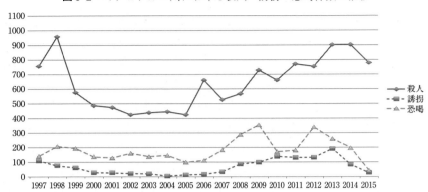

図 3-2　ミチョアカン州における殺人・誘拐・恐喝件数の推移

（出所）Secretariado Ejecutivo del Sistema Nacional de Seguridad Pública (2016) をもとに筆者作成。

　2000年代後半から2013年頃にかけてのミチョアカン州における市民の被害の拡大は，メキシコ人権委員会による住民への詳細な聞き取り調査からも明らかになっている。同委員会の報告書によれば，住民の証言から明らかになった「テンプル騎士団」による暴力の犠牲者のうち，もっとも数が多いのが恐喝で，続いて誘拐，殺人の順であった（CNDH 2016, 28）。恐喝について住民の証言のなかでしばしば言及されるのが，「税」の徴収である。「テンプル騎士団」は，レモンやアボカドをはじめとする地域の主要農産物にみかじめ料を「課税」し，他にも「自動車税」「住宅税」などを住民から徴収した。鉱業や林業も「課税」対象となった。人々は，なにをするにも高い「税金」を犯罪組織に支払わなければならなくなり，また，農産品の価格も「テンプル騎士団」が統制するようになったという。人々の生活にとってこうした麻薬犯罪組織による介入は大きな打撃となった（CNDH 2016, 13, 29-30, 69; Grillo 2011, 272; Zepeda Gil 2016, 119）。

　市民に対する暴力が高まるなか，2013年2月24日，ミチョアカン州中西部ティエラ・カリエンテ地方の2市，ブエナビスタ市とテパルカテペック市で，「テンプル騎士団」からのコミュニティの解放を目指す自警団の蜂起

が起こった。ブエナビスタ市のコミュニティ，フェリペ・カリージョ＝プリエト（通称「ラ・ルアナ」）での蜂起のリーダーは，地元のレモン農園主イポリト・モラで，テパルカテペックでは，医師のホセ・ミレレスが集団を率いた。ミチョアカン州では，すでに 2011 年頃から先住民のプレペチャ族居住地域でコミュニティ警察（後述）が創設されていたが，先住民居住区以外での自警団の蜂起はミチョアカンではじめてのことだった（Guerra Manzo 2015, 10-11）。

　最初期の動員が起こったブエナビスタ市のコミュニティ，ラ・ルアナでは，当初レモン農園の労働者を中心に 70 人ほどから始まった運動が，すぐに 300 人規模まで膨らんだ（CNDH 2016, 160）。自警団は，住民のあいだではすでに素性の割れていた「テンプル騎士団」のメンバーをコミュニティから一掃し，主要道路に検問所を置いて治安維持活動を展開した。最初の蜂起から 3 カ月経ったころには，ミチョアカン自警団全体の戦闘員は 1000 人を超え（*Proceso*, 26 de mayo de 2013, 7），最終的な戦闘員数は，2014 年 1 月時点で推定 1 万人にのぼったともいわれる（Gil Olmos 2014a, 8）。これは，全国的にみてかつてない規模の動員である。

　ミチョアカン自警団はなぜ，どのようにここまで拡大したのだろうか。また，最終的に 2014 年 5 月に組織が解消したのはなぜか。次項では，分析に先立って自警団の類型化を行っておきたい。

1-3　自警団運動の類型

　麻薬紛争の激化を経て，とりわけ 2010 年代に入ると，ミチョアカンをはじめとする複数の州で自警団運動がみられるようになる。メキシコ人権委員会委員長の発言によれば，2013 年 12 月時点で，全国 32 州のうち少なくとも 11 州で自警団運動が確認され，メディアの報道などによれば 2016 年 9 月までにその数は 15 州となった[7]。しかし，自警団といってもその目的や規

7）バハ・カリフォルニア，ドゥランゴ，ゲレロ，イダルゴ，メキシコ州，ミチョアカン，

模,装備などの点で多様である。

　世界各地の「自警団」にはさまざまなものが存在するが,本章が分析の対象とするのは,麻薬犯罪組織からコミュニティを守るために組織された市民の武装組織である。麻薬犯罪組織による暴力への対応を目的とする集団に限っても,その活動内容は夜の見回り活動から武力による犯罪組織の撃退まで幅があり,また運動の様態もさまざまである。

　自警団を中央政府および麻薬犯罪組織との関係から整理すれば,大きく3つのタイプに分類できる。第1は,パラミリタリー・タイプの自警団(パラミリタリー型)である。パラミリタリーは,暴力的な活動の展開に際して,国家からの非公式の援助を受ける。このため,公式には違法でも,パラミリタリーは政府・軍当局を通じて,しばしば国家の資源や,活動に有利なステータスを享受することができる(Mazzei 2009, 4)。メキシコでパラミリタリーといえば,麻薬関連よりもチアパス州の事例に代表されるようなゲリラ制圧を担う集団が想起されるが[8],麻薬紛争下でも自警団が類似の性格を有することがある。ドゥテルテ政権下フィリピンの状況(ドゥテルテが長年市長を務めたダバオ市のパラミリタリーを含む)が一例だろう。

　第2は,麻薬犯罪組織とつながりをもつタイプの自警団(麻薬犯罪組織私兵型)である。ライバル組織どうしの係争が勃発している地域で,片側の組織が住民を武装させ,敵の組織に対抗させるような場合が該当する。あるいは,市民による「下から」の自警団の組織化に対し,自警団が対抗する麻薬犯罪組織とライバル関係にある組織が援助を行う場合も考えられる。2012年頃からメキシコ北東部タマウリパス州で活動する「ペドロ=ホセ・メンデス部隊」(Columna armada Pedro José Méndez)という名の自警団は,メキシ

　　ナヤリ,オアハカ,キンタナ・ロー,サン・ルイス・ポトシ,ソノラ,タバスコ,タマウリパス,ベラクルス,ユカタンである。
8)　1994年にチアパス州で「サパティスタ国民解放軍」とよばれるゲリラが蜂起して以来,州内で少なくとも12のパラミリタリーが誕生し,1万5000人以上がパラミリタリーによって殺害されたと推定されているが,メキシコ政府はチアパス州におけるパラミリタリーの存在を繰り返し否定してきた(Mazzei 2009, 25-26)。

コ湾カルテルとのつながりが指摘されており，そのライバル組織であるセタスに武力で対抗している（*Narco Violencia*, 20 de marzo de 2015）。

　以上の2タイプに対し，政府と麻薬犯罪組織のいずれからもある程度の自律性を有する自警団（自律型）が存在する。この自律型自警団は，麻薬犯罪組織との抗争や治安維持活動に際して，状況次第では軍・警察と協力することはあるが，積極的な支援や保護を受けるわけではない。むしろ多くの場合，政府は違法な武装組織として自警団の存続を認めず，弾圧や武装解除を求める。本章で取り上げるミチョアカン州の自警団は，この自律型に該当する。

　以上のような自警団の多様性について，3点補足しておきたい。第1に，自警団は発生当初から常に同じ性格を維持するとは限らない。たとえば，自律型自警団が，時とともに自律性を失い，事実上のパラミリタリーへと変容するような場合が考えられる。

　関連して，第2に，自警団が必ずしも一枚岩ではないことにも注意が必要である。しばしば組織の規模が拡大するにつれて，凝集性が失われ，組織内に複数のタイプの自警団を抱える場合もありうる。また，自警団のなかに麻薬犯罪組織とつながりのあるメンバーが存在していたり，あるいは自警団（の一部）が時とともに麻薬犯罪組織と化してしまうようなケースもある。ファミリア・ミチョアカーナは後者の一例であり，本章第3節で論じるように，ミチョアカン自警団も組織が拡大するにつれて麻薬犯罪組織とのつながりが疑われるメンバーを内部に抱えるようになっていった。

　加えて第3に，メキシコでは，上述の3タイプに当てはまらないが，一般に「自警団」（autodefensa）とよばれる集団が存在することを指摘しておきたい。そのひとつが，「コミュニティ警察」（policía comunitaria）である。メキシコでは，連邦憲法第2条に定められる先住民自治制度にもとづき，先住民居住区では通常の警察に代わる，あるいはそれを補完するものとして，コミュニティ警察を組織することが許されている。先住民人口の多いゲレロ州や，ミチョアカン州のプレペチェ族居住区域では，2000年代以降の麻薬を

めぐる暴力の激化に伴い，こうしたコミュニティ警察の組織化が相次いだ。政府および麻薬犯罪組織から自律的である点で自律型自警団に類似するが，後者と異なり合法的な組織であり，また先住民のコミュニティに限定されるという特徴がある。

　もうひとつ，メキシコで近年「自警団」とよばれる集団のなかには，比較的軽装備で，夜のパトロールをおもな活動内容とする集団も存在する。彼らは夜間にコミュニティ内を見回り，なにか異変があれば警察に通報する活動を行っている。銃など破壊能力の高い武器を所持しておらず，犯罪組織の掃討を意図しない点で上述の自律型自警団やコミュニティ警察とは性格が異なるが，こうした「パトロール自警団」も近年メキシコでは比較的多く発生している。

　表 3-1 は，メキシコで 2016 年 9 月までに確認された自警団をタイプ別に表したものである。ここでは，新聞やウェブ上の地域ニュースサイト等で運動の発生が確認できたものを示した。ここでの「発生」は，運動の出現（emergence）と実際の活動（operation, functioning）を含めた意味であり，具体的には，運動がある程度の組織を有し，ある程度の持続性をもって活動することを指す。したがって，組織化の試みはみられたものの失敗したような場合は含まない。また，ここで取り上げたのは犯罪組織による治安の悪化への対応をおもな運動の動機・目標とする自警団であり，政治的，あるいは経済的動機や目標を主とする集団は除外した。表 3-1 に示されるように，メキシコでこれまでみられた自警団は，おもにパトロール自警団とコミュニティ警察，続いて自律型自警団であった。

　銃器などを有する重装備の自警団運動は，軽装備のパトロール自警団や，合法的なコミュニティ警察に比べて，組織化や拡大が一般に難しいことが予想される。麻薬紛争下の自警団運動は，命にかかわるきわめてハイリスクな運動である。麻薬犯罪組織との戦闘でメンバー自身が命を落とす危険があるうえ，家族が巻き込まれるリスクも大きい。また，コミュニティ警察と異なり法的後ろ盾のない自警団運動では，民間人による武器の不法所持や暴力行

表 3-1 2016年9月までにメキシコ 15 州で確認された自警団

州名	パラミリタリー型	麻薬犯罪組織私兵型	自律型	コミュニティ警察	パトロール自警団
バハ・カリフォルニア					○
ドゥランゴ					○
ゲレロ				○	
イダルゴ					○
メキシコ州			○		
ミチョアカン		○	○	○	
ナヤリ				○	
オアハカ				○	
キンタナ・ロー					○
サン・ルイス・ポトシ				○	
ソノラ					○
タバスコ			○		
タマウリパス		○			
ベラクルス			○		
ユカタン					○

(出所) 新聞などをもとに筆者作成。

為は政府当局の取り締まり対象ともなりうる。実際ミチョアカンでは，2013年2月の蜂起以来最初の6カ月間で，のべ100人以上の自警団メンバーが逮捕された。

こうした困難を乗り越えて自律型自警団が発生し，さらに大規模な運動に発展するためには，第1に，運動に参加する側にとって，非常に高いコストを考慮しても運動参加を選択する強い動機が存在すること，第2に，運動側が，一般に社会運動に関する理論でいわれるような「動員構造」や「資源」「フレーミング」(McAdam, McCarthy, and Zald 1996) を有することが必要な条件となると考えられる。次節以降では，ミチョアカンの事例に沿って順に検討する。

第2節　なぜ自警団運動なのか

2-1 「安全保障の罠」，市民の被害増加と自警団運動

　ライバル組織間で壮絶な暴力の応酬を展開する麻薬犯罪組織を敵に回し，武力による抵抗を試みることは，非常にリスクの高い危険な行為である。20世紀初頭以来メキシコで脈々と続いてきた麻薬密輸ビジネスの中心地域で，麻薬犯罪組織への武力による抵抗が住民によって選択されることは，近年までほぼなかったといってよい。むしろ，麻薬密輸の中心となってきたメキシコ北部，中西部，およびメキシコ湾岸地域に暮らす一般の市民が長いあいだ示してきた反応は，無関心，政府への非協力，そして麻薬犯罪組織への服従であった。

　ベイリーは，こうした状況を「安全保障の罠」（security trap）とよぶ。「安全保障の罠」とは，独立以来メキシコ，およびその他のラテンアメリカ諸国において，市民の国家行政機構に対する信頼度が低いために，犯罪・暴力・腐敗が市民社会・国家・体制内で相互強化的となっている状態を指す（Bailey 2009; 2014）。

　言い換えれば，「安全保障の罠」とは，警察による犯罪の黙認や犯罪組織との結託，犯罪組織による警察の取り締まり回避と贈賄，そして市民社会による警察・行政機構への非協力と犯罪組織への服従が，ゲーム理論でいうナッシュ均衡となっているような状況を指す。警察が，密輸品や盗品など違法品を目こぼしし，犯罪組織の縄張り内での違法行為を黙認したり，犯罪組織が警察内部に浸透しているような場合，市民にとっては警察への非協力，犯罪組織に対する黙認，服従，もしくは結託という選択肢が合理的となる。警察が犯罪組織を黙認し，あるいは両者が結託しているような状況では，市民が警察に協力しても犯罪組織の不処罰（impunity）が見込まれ，かえって市民が犯罪組織と警察両者の暴力の標的となることすら考えられるからである。具体的には，市民は，インフォーマル市場における違法商品の消費者な

いし販売者としての関与，麻薬密輸や資金洗浄などの違法行為への関与，犯罪組織の縄張りでのみかじめ料の支払いなどの行為を選択する（狐崎 2015, 139-141）。

　もっとも，「安全保障の罠」といっても，とりわけ 1970 年代後半以降，メキシコ連邦政府は麻薬犯罪組織を強く取り締まっており，数多くの麻薬ボスたちが警察や軍の作戦によって逮捕，あるいは殺害されてきた。1980 年代から 1990 年代にかけて，制度的革命党（PRI）のミゲル・デラマドリー政権（1982〜1988 年）とカルロス・サリナス政権（1988〜1994 年）は，麻薬密輸を「国家安全保障上の問題」と位置づけ，多額の予算を投入している（Toro 1998, 134-135）。しかし，市民を取り巻く犯罪をめぐる社会構造としては，州以下の地方レベルについて考察する必要があることが指摘されてきた。麻薬をめぐる暴力のトレンドに，一国内でも地域や時期によって違いがあることは，地方レベルのダイナミクスを慎重に検討すべきことを示唆する（Durán-Martínez 2018, 15）。トレホとレイは，麻薬犯罪組織の保護ネットワーク形成にかかわるもっとも重要な行政機構として，州司法警察を中心とする州検察システムに着目している（Trejo and Ley 2017, 15）。州検察システムを中心とする麻薬犯罪組織の保護ネットワークが形成されて以来，腐敗に特徴づけられる警察と犯罪組織との関係は続いてきた。

　「安全保障の罠」に陥った社会では，暴力に対する慣習的な態度と行動にも影響を受けつつ（狐崎 2015, 141），市民は警察への非協力と犯罪組織への服従を選択する。しかし，こうした状況下で市民や企業に対する犯罪組織による暴力が一定限度を超える場合，市民は戦略を変えることが合理的となる。

　ひとつの選択肢は，店じまいや居住地の移転，避難などの「脱出」である（狐崎 2015, 140-141）。しかし，生活の基盤がある土地を離れることは容易ではなく，すべての人が「脱出」を選択する（できる）わけではない。そこで浮上するのが，市民自らが武装して犯罪組織からコミュニティを守る，自警団運動という選択肢である。

このように，2010年代に入ってメキシコ各地に広がった自警団運動は，前節でみたような市民に対する暴力の高まりに直面した，市民自身の戦略の変化としてとらえることが可能であろう。すなわち，麻薬犯罪組織による犯罪と地方当局の腐敗を背景に，従来，警察への非協力と犯罪組織への服従を選択していた市民が，腐敗や蔓延する不処罰といった条件が根強く続く一方で，かつてない市民の被害の拡大に直面した結果，自ら武装して治安維持や麻薬犯罪組織の掃討を目指すようになったとの解釈である。こうした状況下で，きわめてハイリスクな自警団運動への参加が現実的な選択肢となったと考えられる。

2-2 周縁地域におけるミチョアカン自警団運動の広がり

ミチョアカン自警団運動の広がり方に着目すると，周縁地域における市民に対する暴力被害の深刻化が，自警団運動の勃興の背景にあることが浮かび上がる。メキシコ人権委員会の報告書によれば，2013年2月から2014年4月までの期間に自警団運動が展開したのは，ミチョアカン州内の全113市のうち33市であった。これらの33市は，面積比にしてミチョアカン州の56.1％を占める（CNDH 2016, 25）。各市で自警団運動が発生した時期は，**表3-2**に示した。

自警団運動の発生には，大きく2通りのパターンがある。ひとつは「自発型」で，当該自治体内の住民が自ら自警団を組織したパターンである。ミチョアカン自警団は，2013年2月24日に蜂起したブエナビスタ市とテパルカテペック市の2つの自発型自警団から始まった。以後，同2市の自警団は，他の市における同様の住民の組織化に協力し，新たな自警団のリーダーを「自警団執行部」（Consejo General de Autodefensa）とよばれるミチョアカン自警団全体の最高意思決定組織に組み込んで，緩やかな組織的つながりを形成していった。自発型自警団には，上述の2市の他に7市が該当する。

もうひとつの自警団発生パターンは「入城型」であり，自警団運動が展開した全33市のうち24市が該当する。入城型では，他の市からやって来た

表 3-2　ミチョアカン各市における自警団の発生・入城時期

時期	市
2013 年 2 月 24 日	○ブエナビスタ ○テパルカテペック
～2013 年 10 月	ロス・レジェス* ○コアルコマン ○チニキーラ ○アギリージャ ○アキラ
～2014 年 1 月 13 日	チュルムーコ タンシタロ ラ・ウアカーナ パラクアロ ムヒカ コアウアジャーナ
～2014 年 4 月 22 日	ヌエボ・パランガリクティーロ ウルアパン ペリバン ○ジュレクアロ トクンボ ガブリエル・サモラ アリオ ○ラサロ・カルデナス パツクアロ ○サルバドール・エスカランテ アパツィンガン ヌエボ・ウレーチョ ウエタモ コティーハ トゥリカート ティンギンディン タレタン タカンバロ トゥンビスカティーオ アルテアーガ

（出所）CNDH（2016, 155-158）をもとに筆者作成。
（注）○は自発型で，それ以外は入城型である。
＊ロス・レジェスでは，自警団発生以前からコミュニティ警察がすでに活動していた。

100〜200 人程度の自警団に，地元住民が参加する形で自警団が組織される。このパターンでは，連邦警察が入城する自警団に同伴することが通例であり，後述のように軍や連邦警察と自警団とのあいだに協力関係がみられるようになった 2013 年 11 月以降に支配的となったパターンである。母体となった自警団メンバーの多くは，ブエナビスタ市やテパルカテペック市の自警団であった（CNDH 2016, 157-158）。

以上のような自警団が展開した 33 市には，地理的な偏りがみられる。すなわち，ブエナビスタ市とテパルカテペック市が位置するティエラ・カリエンテ地方（山岳地帯に挟まれた低地）と地理的に連続する形で，州の南西側半分に自警団の発生市は集中しており，「飛び地」はハリスコ州と接する北部山岳地帯のジュレクアロ市のみである（CNDH 2016, 25）。また，自発型と入城型含めて，自警団が発生した時点で地理的に隣接する市に自警団が存在していなかった市は，ブエナビスタ市とテパルカテペック市を除くと 4 市にとどまり，ほとんどの場合，隣の市にはすでに自警団が存在していた。こうした広がり方のパターンからは，地理的条件が大きな役割を果たしたことが示唆される。

しかし，これらの自治体で自警団運動が広がったのは，初期に自警団が発生した場所から地理的に近かったためだけではない。ミチョアカンの南西側半分の地域は，地域の要所であるいくつかの街を除いては，州都モレリアからさらに山奥，あるいはその先にある，いわば辺境の地であった。

図 3-3 は，ミチョアカンの全 113 市を対象に，GDP と水・電気・下水処理サービスへのアクセス度から算出されるメキシコ版人間開発指数（2010 年）の分布を，自警団が発生した市と発生しなかった市とで比較したものである[9]。箱で囲まれた部分は四分位範囲，箱のなかの横線は中央値を表す。自警団が発生していない市の中央値が 0.85 であったのに対し，発生した市の中央値は 0.82 で，中央値に近い 50％の市のスコア（箱で囲まれた部分）も全体に自警団が発生していない市のほうが高い[10]。ミチョアカン州自体が，メ

---

9) ミチョアカンでは自律型自警団の蜂起以前に，4 つの市でコミュニティ警察が展開し

図3-3 メキシコ版人間開発指数（2010年）と自警団運動

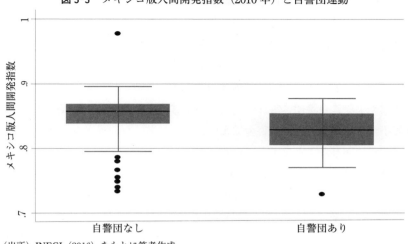

（出所）INEGI（2016）をもとに筆者作成。

キシコ全体の平均よりも貧困率が高く，さまざまな社会的インフラ整備が遅れた州であることを考えると（CNDH 2016, 22），州内の相対的に低生活水準の地域がメキシコ全体でみてもいかに周縁的であるかがわかる。

他方，ミチョアカン州内で自警団が発生した市の10万人当たりの殺人率は，2013年の発生に至る前5年間を通じてミチョアカン州全体の平均より高く，2012年から2013年にかけては63.57％もの増加がみられた。自警団が発生していない市の同時期の増加率は5.89％であり，治安の悪化状況に大きな差異があったことがわかる（CNDH 2016, 226）。

以上からは，ミチョアカン州内で自警団運動が発生したのは，経済・社会的，地理的周縁に位置し，かつ暴力被害の危険がより高かった地域であり，運動の広がりに際しては地理的な条件も強く作用したであろうことが示唆さ

ていた。このうち1市はロス・レジェスで，同市では自律型自警団も発生している。ここでの分析には，残りの3市も「自警団が発生した市」に含めた。
10) スコアの平均値は，自警団が発生していない市が0.84，発生した市が0.82であった（Welchのt検定の結果，平均値には有意な差が認められた [$t(81) = 2.6, p = 0.01$]）。

れる。次項でみるような住民の証言から浮かび上がるように，こうした周縁性は，暴力の高まりと地方当局の腐敗のなかで，連邦政府からも見放された土地で，自警団運動の必要性を人々に強く認識させるに至った[11]。

2-3 地方当局の腐敗，暴力の高まりと自警団運動

住民や実際に自警団に参加した人々の証言は，腐敗した州検察システムの機能不全のなかで，暴力被害の拡大による差し迫った危機意識が，自警団運動の背景にあったことを示している。

当時のミチョアカン州知事ファウスト・バジェホ＝フィゲロア（2012〜2014年）の息子や，バジェホ州政権下の州内務相へスス・レイナ＝ガルシアと「テンプル騎士団」とのつながりは，地元では「公然の秘密」であった（Castellanos y Gil Olmos 2013, 11-12）。トップレベルの腐敗の下で，地方当局は市民の安全保護の役割を果たさず，むしろ犯罪集団と結託して市民に対する暴力行為を日常的に行っていたことが明らかになっている。メキシコ人権委員会の報告書に記載された証言によれば，「テンプル騎士団」による暴力被害を受けても，住民の多くは所定の検察官事務所（Ministerio Público）への被害の届け出を差し控えていた。検察当局は犯罪組織とつながっており，被害者当人やその家族・友人に，「二次被害」の強い危険が生じるからである（CNDH 2016, 34-35）。また，テパルカテペック市の自警団リーダーであるミレレスによれば，2013年2月の自警団蜂起後，自警団が拘束した「テンプル騎士団」のメンバーを軍に引き渡したところ，アパツィンガン市の検察

---

[11] 所得分配の格差を表す指標として，ジニ係数（2010年）とミチョアカン州内の自警団発生の有無についても検討したところ，自警団が発生した市のスコアは発生していない市よりも平均で約0.02ポイント高いことがわかった（Welchのt検定の結果，平均値には有意な差が認められた [$t(66) = -2.7, p = 0.01$]）。各市のジニ係数はCONEVAL（2013）による。平均値でみる限りその差が大きいとは言い難いとはいえ，この結果は，メキシコにおける自警組織の発生要因を量的に検討し，高いジニ係数が含意する「セキュリティ格差」の重要性を主張したフィリップスの結論とも整合的であるが（Phillips 2017），フィリップスの議論の批判的検討を含めた詳しい考察は別稿に譲りたい。

当局によってすぐに釈放されたため，以後，地方当局には頼らない方針が強まったという[12]。

他方で，「テンプル騎士団」による市民に対する暴力被害の拡大は，かつてないレベルにまで達していた。ミレレスは自警団に参加した仲間の気持ちを代弁して，「私たちは，殺された家族の墓を掘ることに疲れたのです。手足を縛られた遺体，バラバラにされた遺体を埋葬することに疲れたのです」と語っている（Gil Olmos 2013, 7）。

また，最初期に自警団が発生したテパルカテペック市やブエナビスタ市では，殺人，恐喝，誘拐被害に加えて，未成年者を含む女性への性的暴行被害が多く報告されている。コミュニティの女性に対する暴力の広がりは，自警団の組織化と，運動への参加の直接的きっかけとなったことが，多数の証言からうかがえる。ある住民は，17歳の妹が「テンプル騎士団」のメンバーに性的暴行を受けたことで，自警団への参加を決意したと語っている（CNDH 2016, 43）。また，自警団リーダーのミレレスも，10歳前後の少女までが性的暴行の被害に遭いはじめたことが，多くの住民にとって自警団蜂起の強い動機を形成したことを指摘している[13]。女性に対する暴力そのものの深刻さに加え，伝統的な農村社会において女性たちへの暴力はコミュニティ全体の尊厳にもかかわる問題であり，強い憤りが自警団運動の背景にあったことが示唆される。

こうした状況にもかかわらず，連邦政府が積極的に動くことはなかった。後述のように，2014年1月の連邦政府によるミチョアカン直接介入を経て，レイナが逮捕されたのは2014年4月のことであり，長いあいだ地方における腐敗と暴力の状況は事実上放置されていた[14]。メキシコ人権委員会の報告

---

12) "El pueblo que venció al crimen organizado. Testimonio de un policía comunitario en Michoacán." (*La Jornada* 紙によるホセ・ミレレスへのインタビュー)，https://www.youtube.com/watch?v=8M79tqOcgaY（最終閲覧日：2017年6月15日）。
13) 前出の *La Jornada* 紙によるホセ・ミレレスへのインタビュー。
14) 治安維持にかかわる連邦レベルの組織である陸軍や，連邦警察に対する人権侵害の訴えも，2008年頃から多くみられるようになっていた（CNDH 2016, 184）。

書は，自警団蜂起以前の状況について，腐敗や犯罪組織の制圧に関する連邦政府による有効な政策は実行されなかったと結論づけている（CNDH 2016, 186）。暴力状況が悪化し，市民を犯罪から守る有効な手だてがないなか，ハイリスクであるとしても自警団運動という選択肢が人々にとって現実的なものとなっていったことがわかる。

第3節　自警団運動を可能としたもの

　ハイリスクな運動への参加の動機づけが説明されても，それだけで自警団の組織化と拡大が説明されるわけではない。一般に社会運動論において指摘されているように，本節で論じるミチョアカン自警団運動の展開からは，「動員構造」「資源」「フレーミング」の重要性が浮かび上がる。運動の資源のなかでも，自警団運動の特性上，戦闘能力にかかわる資源はきわめて重要であった。社会運動論を援用した考察は，他の州と比較したときになぜミチョアカン州でのみ自警団運動がここまで大規模に展開したのかを考えるうえでも示唆が大きい。

　本節ではまず，自警団運動の文脈において考慮しなければならない連邦政府との関係について整理したうえで，動員構造，戦闘能力，フレーミングに着目しつつミチョアカン自警団の展開を説明する。

3-1　自警団運動と連邦政府の関係

　自警団は，国家と対決するわけではないが非合法的な武装集団であるため，コミュニティ警察や武装していないパトロール自警団を除けば，弾圧または「武装解除・動員解除・社会復帰」（DDR）の対象となる[15]。武力の拡

---

15)　平和構築に関する研究では，紛争後社会の安定性や治安の向上に決定的な影響を与えるとして，元戦闘員のDDRについての活発な議論がなされてきた（Özerdem 2010;

散はさらなる治安の悪化と秩序の崩壊につながる可能性が高く，自警団を名乗る集団が犯罪集団になり代わる実例にも事欠かないからである。ミチョアカン自警団の蜂起が伝えられた直後，連邦内務省幹部は，武装した一般市民による暴力的蜂起が，さらなる治安の悪化や秩序の混乱，暴力の拡散を生じさせうることに強い懸念を表明している（*Reforma*, 26 de febrero de 2013）。

　こうした理由から，連邦政府はなによりもまず自警団運動を弾圧，あるいは武装解除しようとする。しかし，国家は状況によっては別の選択をなしうる。実際メキシコ連邦政府は，少なくとも一定の期間，ミチョアカン自警団の存在を非公式に容認し，その活動を弾圧したり武装解除を強要したりせず，むしろ麻薬犯罪組織制圧作戦における積極的な協力すらみられた。

　連邦政府による自警団への協力は，自警団運動の発展期においてその拡大に寄与する。では，元来自警団の弾圧や武装解除を目指す連邦政府が「協力」を選択するのはどのような場合だろうか。

　第1に，運動のフレーミングが，実際に運動が起こっているコミュニティを超えて，広くメキシコの全国レベルの世論に受け入れられ，運動自体や要求内容の正当性が広く支持されれば，連邦政府による自警団に対する無下な弾圧や武装解除は難しくなるだろう。

　第2に，戦闘能力にかかわる資源が重要となるだろう。「共通の敵」であるはずの麻薬犯罪組織との戦いで，実際に成果を出している自警団に対しては，連邦政府も強硬策をとりにくいことが予想されるからである。また，連邦政府による協力がなんらかの理由でもたらされるまで，自警団が麻薬犯罪組織に負けずに存続し，成果をあげるためには，高い戦闘能力が重要となる。戦闘能力にかかわる資源にはおもに，武器装備，戦闘員の数と凝集性[16]，カリスマ的リーダー，軍事的ノウハウなどが考えられる。

Rozema 2008）。DDR の成功なしに紛争後の復興はありえず，逆にその失敗は当該国だけでなく近隣諸国の安全をも脅かしうる（Özerdem 2010, 42）。
16）　ここでは，麻薬犯罪組織による暴力の被害という同じ経験を有する人々の連帯を想定している。

このように，有効なフレーミングと高い戦闘能力が備わっている自警団に対しては，連邦政府は協力を選択することが予想される。しかし，社会運動の受容とは異なり，自警団への協力は長くは続かないだろう。連邦政府は，最終的には，非合法的な自警団を武装解除することを目指すからである。連邦政府による自警団への協力の条件が失われるとき，すなわち，運動の大義が消失したり，自警団が弱体化したりするとき，連邦政府は再び自警団に対する対決姿勢を選択するはずである。自警団運動の大義を失わせるためには，麻薬犯罪組織制圧作戦において国家こそが問題解決を担う正統なアクターであり，かつ実際に問題解決能力を有している，ということを示すことが有効であり，連邦政府は自警団との協力を当面維持して麻薬犯罪組織制圧作戦を進めつつ，時機をみて自警団に対するDDRにふみきることが予想される。

3-2 動員構造，戦闘能力，フレーミングと自警団運動の展開

他の州と比較した際にミチョアカン自警団の組織構造として目を引くのが，自警団執行部の存在である。実際の活動においては各市のリーダーの裁量が大きかったことが指摘されているものの（CNDH 2016, 161），最終的には30名超のリーダーで構成された執行部は，自警団の最高意思決定機関として機能した（Castellanos y Gil Olmos 2013, 11; Gil Olmos 2014a, 8）。

最初の蜂起の少なくとも6カ月前から，この執行部の前身となる各市のリーダーの会合がたびたび開かれ，具体的な自警団運動の構想について話し合いがもたれたことが，複数のリーダーの証言から明らかになっている（CNDH 2016）。また，リーダーたちは蜂起の前に，すでに活動していたプレペチェ族居住区域チェラン市のコミュニティ警察と密なコンタクトを保ち，同組織を手本にして組織化を構想した（Gil Olmos 2013, 8）。運動の比較的早い段階で，ミチョアカン自警団は，執行部の下に各市のグループを率いる「指揮官」を置き，さらにその周辺に多くの支持者を抱える組織として確立していった（Gil Olmos 2014a, 8）。

他方，社会革命における農民反乱の条件としてスコチポルが論じたような，コミュニティ内の連帯の程度と様態にもとづく集合行為のための「集団的能力」（organized capacity）（Skocpol 1979, 115; 1994, 147）を，自警団運動の発生初期にも確認することができる。具体的には，ブエナビスタ市ではじめに蜂起したメンバーの多くはレモン農園の労働者であり，運動のリーダーであった農園主との関係や同業者間の連帯が運動発生を可能とした。

　蜂起の中心となったブエナビスタ市ラ・ルアナの人口は約9700人で，中心的な産業はレモンなどの柑橘類栽培を中心とする農業と牧畜業である（INAFED 2010; CNDH 2016, 36）。このラ・ルアナで自警団を率いたのがレモン農園主のモラであり，はじめの蜂起に参加した約70名のうちの多くがレモン農業従事者であった（CNDH 2016, 160; *Proceso*, 14 de marzo de 2013; Zepeda Gil 2016, 126）。「テンプル騎士団」の暴力による地元レモン産業への打撃は非常に大きかった。「テンプル騎士団」はレモン農園自体を強奪して自ら運営していただけでなく，他の農園に対して収穫の時期や量を強制的に押し付け，また収穫量に応じたみかじめ料を「課税」していた。農家からレモンを仕入れて販売する卸売業者も「テンプル騎士団」の指示に従わざるを得ない状況にあり，農園主も農園労働者も一様に生活が立ち行かなくなった（CNDH 2016, 32; *Milenio*, 18 de diciembre de 2014）。このように，ラ・ルアナのレモン農家では，雇用主も労働者も同じ差し迫った脅威に直面していた。また，レモン以外の農作物や食牛の生産者たちも，「テンプル騎士団」による同様の搾取と暴力に苦しんでいた。

　実際の参加者によれば，ラ・ルアナの蜂起に際し，モラの呼びかけへの呼応はあくまで自発的なものであった（CNDH 2016, 35）。しかし同時に，全員がなんらかの意味で「テンプル騎士団」の暴力の被害者だったことに加えて，雇用主との関係や同業コミュニティ内のつながりが連帯を促したことが示唆される[17]。今後より詳しい検討が必要であるが，ハイリスクな自警団運

---

17) ミチョアカンの社会史が専門で，自警団問題に詳しい首都自治大学（Universidad

動のとくに初期の段階では，こうした連帯の存在が戦闘員のリクルートやロジスティクスに有利に働いた可能性を指摘できるだろう[18]。

こうした組織の存在に加えて，ミチョアカン自警団は，「テンプル騎士団」と戦うための資金と武器，軍事的ノウハウに比較的恵まれていた。これには，米国からの帰還移民の果たした役割が大きいといわれる。ミチョアカン自警団は，機関銃（RP-67, AR-15）やアサルトライフル（AK-47/カラシニコフ）など，メキシコでは元来軍にしか許されない破壊力の大きい銃器を当初から所持しており，これらの多くは米国移民の協力でもたらされたものだった（Zepeda Gil 2016, 127; *Reforma*, 26 de febrero de 2013）。また，米国陸軍に従軍したことのある移民が，ミチョアカン自警団の軍事指導にあたることもあったという[19]。

ブエナビスタ市やテパルカテペック市で自警団運動に参加した人々の多くは，実際に家族や友人が「テンプル騎士団」の暴力の犠牲となった人々であり（Gil Olmos 2014a, 8），メンバーの凝集性も初期の運動に寄与したものと考えられる。自警団が展開したコミュニティにおける住民の自警団支持の推移について正確な把握は難しいが，たとえば運動初期，2013年5月のコアルコマン市における軍による自警団武装解除作戦に際し，一般住民が自警団を擁護するために軍を追い返そうとした一件は，自警団への支持を示すものだろう（*Reforma*, 23 de mayo de 2013）。前節でみたように，政府当局による市民の保護が期待できないなかで，自警団運動の大義は地元住民にとって明白であったといえる。

Autónoma Metropolitana）のエンリケ・ゲラ氏も，筆者によるインタビューのなかで，「モラや他の農園主が，農園で働く若者たち（"sus muchachos"）によろしく頼むと言ったようなことはあっただろう」と語った。ゲラ氏へのインタビュー，メキシコ市，2016年7月19日。

18) モラのような農園主は，資金面での貢献も大きく，たとえば同じティエラ・カリエンテ地方のタンシタロ市ではアボカド農園主による自警団への資金援助の重要性が指摘されている（Zepeda Gil 2016, 127）。

19) メキシコ国立自治大学教授ラウル・ベニテス氏への筆者によるインタビュー（メキシコ市，2016年7月25日）。

ミチョアカン州政府は，発生当初からミチョアカン自警団を違法な武装集団として糾弾し，「テンプル騎士団」のライバル組織であるハリスコ新世代カルテルとのつながりを主張していた（Zepeda Gil 2016, 128）。たしかに当初から，ミチョアカン自警団の幹部には過去に犯罪組織とつながりをもっていた人物も存在したが，当初のこうした批判は，後に逮捕された州内務相レイナをはじめ，州政府自身が「テンプル騎士団」とつながりをもっていたことによる。

連邦政府も当初，州政府の立場を支持し，自警団への強い懸念を表明している（*Reforma*, 8 de marzo de 2013）。連邦政府は，2013年3月にブエナビスタ市，5月にコアルコマン市，8月にはアキラ市を中心に数万の兵士と数千の連邦警察を展開させ，のべ100人以上の自警団メンバーが逮捕された。ここでの軍や連邦警察の任務はあくまで自警団の武装解除とされ，「テンプル騎士団」の制圧や，その幹部およびメンバーの逮捕にはきわめて消極的な態度がみられた（*Proceso*, 26 de mayo de 2013, 7-8; *Reforma*, 9 de agosto de 2013）。

このように連邦政府による協力がなかったにもかかわらず，自警団は運動の初期段階から，地元住民の支持と高い戦闘能力を背景に「テンプル騎士団」の掃討作戦を展開し，勢力を拡大させていった。そうしたなかで，全国的にもミチョアカン自警団への認知と肯定的評価が広がることとなる。これは，カリスマ的リーダーとして頭角を現したミレレスの人気によるところも大きい[20]。ミレレスは人々の心をつかむ演説に長けており，地元住民の幅広い支持を得ることに成功した（Gil Olmos 2013, 7）。また，テレビ，新聞やYouTube，SNSなどを通じて，ミレレスの人気は全国に広がり，左派知識人や研究者のあいだでも肯定的評価がみられた（*Aristegui Noticias*, 18 de noviembre de 2013; 12 de mayo de 2014）。

---

20) 筆者の調査によれば，主要全国紙のひとつである*Reforma*紙ではじめてミレレスの名前に言及がなされたのは，2013年7月31日の紙面であった。

自警団運動自体への肯定的評価も広がった。*Reforma* 紙が発表した 2013 年 10 月の全国調査によれば，自警団を支持するとの回答が 43％で，不支持が 44％であった。非合法的武装集団である自警団に対する支持が，不支持とほぼ拮抗していることは注目に値する。さらに，2014 年 1 月に行われた同じ新聞社による調査では，市民が組織犯罪撲滅のために武装蜂起することを支持するとの回答が 43％，不支持が 39％で，さらに自警団が暴力の問題を解決する助けとなるとの回答が 58％，否定が 36％となり，自警団運動への支持が不支持を上回る結果となった（*Reforma*, 1 de noviembre de 2013; *Reforma*, 1 de febrero de 2014）。国家の機能不全が明るみに出るなかで，自警団運動の正当性を支持する世論が広がったことがうかがえる。

　ミレレスは，自警団を非合法的と認めつつも，政府当局による犯罪組織との結託がある状況で，自らの身を守り「正義」を追求するために市民は非合法的手段に打って出るほかにないことをたびたび訴えている（Gil Olmos 2013, 9）。元来市民の安全を守るべき国家の機能不全に訴えて生活治安の悪化を問題化し，自衛の「権利」を正当化するフレーミングは，社会運動論における現状分析（diagnostic）フレーミングや，問題解決（prognostic）フレーミングの一例といえるだろう（Snow and Soule 2010, 51）。

　こうして自警団運動が拡大し，世論の支持も強まるなかで，連邦政府は自警団との協力に転じた。連邦政府による対自警団戦略の転換を象徴的に示すのが，2013 年 10 月に試みられた「テンプル騎士団」の本拠地であるアパツィンガン市の攻略作戦である。このとき陸軍は，自警団のアパツィンガン市への進軍を護衛した（*Reforma*, 30 de octubre de 2013）。また，11 月のタンシタロ市攻略作戦では，連邦政府は自警団に市庁舎の占拠を許している（Zepeda Gil 2016, 132）。連邦政府の協力を得て，この頃から「入城型」の自警団が広がっていくこととなった（**表 3-2** 参照）。

3-3　連邦政府による直接介入と自警団運動の解消
　ここまで，連邦政府との関係と自警団運動の拡大において，社会運動論で

重視されてきた諸要素が大きく作用したことを確認した。自警団運動をめぐるその後の局面では，外生的要因に加え，連邦政府が自警団との対立を差し控えてきた以上のような要因の弱化が重要となっていく。

　2014年1月，連邦政府は再び自警団の武装解除を試みるが，これに失敗する。しかしこの頃から，連邦政府は本腰を入れて自警団運動の解消を軸とする「ミチョアカン問題の解決」に取り組むこととなった。

　外生的要因としては，第1に，1月初頭に起こったミレレスの飛行機事故がある。一命は取りとめたものの，負傷したミレレスは，1カ月以上の入院を余儀なくされた。カリスマ的リーダーの不在によって，組織の求心力低下は不可避であった。第2に，国際社会からの自警団運動に対する相次ぐ懸念表明が挙げられる。国際人権NGOであるヒューマン・ライツ・ウォッチやEUが自警団運動の危険性を指摘したほか（*Reforma*, 22 de enero de 2014），国際的な紛争データのひとつであるハイデルベルグ大学の紛争バロメーター（2013年版）は，メキシコを米州で唯一，紛争状態にある国に分類し，ミチョアカンやゲレロの自警団は紛争を悪化させていると評価した（*Reforma*, 26 de febrero de 2014）。さらに当時の米国務長官ジョン・ケリーもミチョアカンの状況に深刻な懸念を表明し，エンリケ・ペニャ＝ニエトPRI政権（2012～2018年）によるミチョアカンへの直接介入の決め手となったとされる（Gil Olmos 2014c, 8）。

　自警団運動に内生的な要因も，連邦政府が最終的な自警団解消にふみきる契機をつくった。複数の自警団リーダーや住民の証言から明らかであるように，1万人を超える組織にまで拡大したメンバーのなかには犯罪組織とのつながりを疑われる者が少なからず存在するようになり，また「テンプル騎士団」と同様の犯罪行為を糾弾されるメンバーも増加した。こうした状況のなかで，自警団のリーダーのあいだでも意見の相違が広くみられるようになったという（Gil Olmos 2014c, 9）。

　自警団組織の弱体化を好機とみた連邦政府は，麻薬犯罪組織制圧を進めることで自警団運動の大義を消失させ，自警団のDDRを目指すという混合的

な戦略をとった。先述のように，国内ではミチョアカン自警団を支持する世論も比較的強く，運動の大義を消失させるためには，「テンプル騎士団」幹部や腐敗した政治家の逮捕といった成果をあげて，国家の問題解決能力を示すことが不可欠であった（Gil Olmos 2014b, 9）。

2014年1月13日，連邦政府は実質的には強制的な形でミチョアカンへの直接介入にふみきる。連邦内務省とミチョアカン州知事のあいだで協約が締結され，1月15日に内務省の下に「ミチョアカン州における治安と包括的開発のための委員会」が設置された（Estados Unidos Mexicanos. Presidencia de la República 2014）。内務省によって任命されたアルフレード・カスティージョ委員長は，ミチョアカン州政権閣僚ポストを刷新し，1万人以上の兵士を展開させて「テンプル騎士団」の制圧作戦を実施した。その結果，「テンプル騎士団」幹部のディオニシオ・ロジャ＝プランカルテやエンリケ・プランカルテ＝ソリスが逮捕・銃殺されたほか，先述のように，自警団蜂起当時の州知事バジェホの息子や当時の州内務相ヘスス・レイナが相次いで逮捕され，バジェホも州知事を辞任した。

その一方でカスティージョは，自警団に対し，武装解除と州治安省の下での「農村部隊」（Fuerza Rural）への編入を要求した。ここでは，戦闘員に合法的組織への参加を促すことで，武装解除への抵抗を減らし，DDRを効果的に進めるプロセスがみられる。ブエナビスタ市のリーダーの1人であったエスタニスラオ・ベルトランを筆頭に，自警団内のほとんどのグループは政府との交渉に応じて武装解除し，2014年5月までに農村部隊へと編入された。メキシコ国立自治大学の研究者ベニテスによれば，「農村部隊」編入のための訓練を受けた自警団メンバーのうち，約8割は採用され，不合格となった者にも8万ペソ（当時のレートで約6200米ドル）ほどの多額の補償金が付与されたため，編入は平和裏に進んだという[21]。

ただし，自警団に実質的な選択肢はなかったといえる。ミレレスに近かったモラは，一度逮捕されて釈放された後，最終的には政府の要求に応じたが，最後まで要求を拒んだミレレスは，武器の違法所持の容疑で2014年5

月に逮捕された[22]。

おわりに

　本章では，麻薬紛争が激化し，市民に対する暴力被害が深刻化するなか，コミュニティからの麻薬犯罪組織の一掃と治安の回復を目指して登場した自警団運動の組織化と拡大の条件についての考察を行った。

　麻薬紛争下の自警団運動は，非常にハイリスクな運動である。「安全保障の罠」のなかで，市民は従来，基本的に麻薬犯罪組織への服従を選択してきた。しかし，市民に対する暴力被害が急激に高まり，腐敗した地方当局に代わって市民の保護を担いうる公的機関も存在しないなかで，自警団運動が市民にとって現実的な選択肢となっていった。さらにミチョアカン自警団の場合，当初からある程度組織構造が存在していたことや地元コミュニティの連帯，高い戦闘能力，そしてフレーミングの効果によって，大規模な運動に発展していった。最終的には，複数の外生・内生要因が契機となって連邦政府によるミチョアカン直接介入が実施され，大規模な軍事作戦の下で事態が大きく動くなか，自警団は事実上の解消に追い込まれた。

　本章で描こうとしたのは，長らく「安全保障の罠」に陥った社会において，市民に対する暴力が高まるなかで，それでもさまざまな事情からその土地で暮らしを続けていく人々の選択としての自警団運動である。その背景にあるのは，地方の検察システムをはじめとする行政機構への信頼の低さであり，この意味での国家の低い統治能力は，地元住民だけでなく広く全国レベルの世論における自警団運動の大義の受容を促したといえる。ミチョアカンの事例は，麻薬をめぐる腐敗が地方当局のあらゆるレベルにまで浸透するな

21）　ラウル・ベニテス氏への筆者によるインタビュー（メキシコ市，2016年7月25日）。
22）　ミレレスは，2017年5月に釈放された。

かで，国家機構の機能不全が人々の行動を変えたメカニズムを端的に示している。

もっとも，ミチョアカン自警団はけっして一枚岩ではなく，「農村部隊」に制度化された元自警団メンバーの一部と麻薬犯罪組織との境が消滅している事実もある。しかし，ミチョアカン自警団に参加した人々の多くが，腐敗による検察システムの深刻な機能不全の下で，自らリスクをおかして武器をとった事実は否定できない。

2013年から2014年にかけてのミチョアカン自警団運動のかつてない拡大は，メキシコ中の注目を集めた。2014年から2015年にかけてミチョアカン州における犯罪発生件数は減少したものの（図3-2），その後2016年になると，全国的な治安悪化傾向のなかで，殺人件数は1429件にまで再び急増している[23]。自警団と連邦政府の直接介入により，「テンプル騎士団」はたしかに弱体化したが，その後ミチョアカンでは，ハリスコ新世代カルテルや，ロス・ビアグラスのような新興のギャング団が跋扈するようになった。

ミチョアカン自警団運動は結局のところ，麻薬犯罪をめぐる状況をなにも変えなかったのだろうか。抜本的な解決にはほど遠いという事実については，その通りかもしれない。しかし，ミチョアカン自警団の勃興は，追いつめられた市民によるこれだけの運動が起こりうることを示した点で大きな意味がある。2017年末に治安法（Ley de Seguridad Interior）が議会で可決され，人権侵害の助長が国内外のアクターによって懸念されるなか，手当たり次第の強硬策だけでなく，「安全保障の罠」の背後にある行政機構への信頼の低さに対して有効なアプローチがとられないかぎり，自警団運動は今後も市民にとっての選択肢として残り続けるだろう。

---

23) INEGIのデータによる。2015年からの殺人件数の増加率は約63％にのぼる（http://www.inegi.org.mx，最終閲覧日：2018年2月17日）。

〔参考文献〕

〈日本語文献〉

狐崎知己 2015.「市民の安全保障のジレンマ――中米における安全保障の多様な罠」大串和雄編『21世紀の政治と暴力――グローバル化，民主主義，アイデンティティ』晃洋書房.

馬場香織 2017.「メキシコの麻薬紛争に関する予備的考察」星野妙子編『21世紀のメキシコ――近代化する経済，分極化する社会』アジア経済研究所.

――― 2018.「ヘゲモニーの衰退と拡散する暴力――メキシコ麻薬紛争の新局面」『ラテンアメリカ・レポート』34(2) 13-25.

〈外国語文献〉

Bailey, John 2009. " 'Security Traps' and Democratic Governability in Latin America: Dynamics of Crime, Violence, Corruption, Regime, and State." In *Criminality, Public Security, and the Challenge to Democracy in Latin America*, edited by M. Bergman and L. Whitehead. Notre Dame: University of Notre Dame Press.

――― 2014. *The Politics of Crime in Mexico: Democratic Governance in a Security Trap*. Boulder: First Forum Press.

Benítez Manaut, Raúl 2015. "México 2015. El Leviatán contra los señores feudales. Reto a la seguridad." En S. A. Mejías y S. de Sousa Ferreira (Eds.), La multidimensionalidad de la seguridad nacional: retos y desafíos de la región para su implementación. Madrid: Instituto Universitario General Gutiérrez Mellado.

Calderón, Gabriela, Gustavo Robles, Alberto Díaz-Cayeros, and Beatriz Magaloni 2015. "The Beheading of Criminal Organizations and the Dynamics of Violence in Mexico." *Journal of Conflict Resolution* 59 (8): 1455-1485.

Castellanos, Francisco, y José Gil Olmos 2013. "Las autodefensas se fortalecen y multiplican." *Proceso*, 24 de noviembre de 2013: 10-12.

CNDH (Comisión Nacional de Derechos Humanos) 2016. *Informe especial sobre los grupos de autodefensa en el Estado de Michoacán y las violaciones a los derechos humanos relacionadas con el conflicto*. México.

Durán-Martínez, Angélica 2018. *The Politics of Drug Violence: Criminals, Cops, and Politicians in Colombia and Mexico*. New York: Oxford University Press.

Estados Unidos Mexicanos. Presidencia de la República. 2014. *Diario Oficial de la Federación. 15/01/2014*.

Fearon, James D. and David. D. Laitin 2003. "Ethnicity, Insurgency, and Civil War."

American Political Science Review 97(1): 75-90.

Gil Olmos, José 2013. "Sólo el pueblo puede defender al pueblo." *Proceso*, 24 de noviembre de 2014: 6-10.

―――― 2014a. "La segunda Guerra de Michoacán." *Proceso*, 12 de enero de 2014: 6-10.

―――― 2014b. "Michoacán, fuera de control." *Proceso*, 26 de enero de 2014: 6-10.

―――― 2014c. "Las autodefensas divididas y coptadas." *Proceso*, 18 de mayo de 2014: 6-9.

―――― 2015. *Batallas de Michoacán: Autodefensas, el proyecto colombiano de Peña Nieto*. México: Ediciones Proceso.

Guerra Manzo, Enrique 2015. "Las autodefensas de Michoacán: Movimiento social, paramilitarismo y neocaciquismo." *Política y Cultura* 44: 7-31.

Guerrero Gutiérrez, Eduardo 2011. *Security, Drugs, and Violence in Mexico: A Survey*. Washington, DC: Seventh North American Forum.

Grillo, Ioan 2011. *El Narco: Inside Mexico's Criminal Insurgency*. New York: Bloomsbury.（邦訳は山本昭代訳『メキシコ麻薬戦争――アメリカ大陸を引き裂く「犯罪者」たちの叛乱』現代企画室，2014 年）

Haering Keenan, Daniel 2015. "Violencia y drogas en Centroamérica." En S. A. Mejías y S. de Sousa Ferreira (Eds.), *La multidimensionalidad de la seguridad nacional: retos y desafíos de la región para su implementación*. Madrid: Instituto Universitario General Gutiérrez Mellado, 171-199.

INEGI (Instituto Nacional de Estadística y Geografía) 2016. *Anuario estadístico y geográfico de Michoacán de Ocampo 2016*. México.

Kalyvas, Stathis N. 2015. "How Civil Wars Help Explain Organized Crime: and How They Do Not." *Journal of Conflict Resolution* 59(8): 1517-1540.

Lessing, Benjamin 2015. "Logic of Violence in Criminal War." *Journal of Conflict Resolution* 59(8): 1486-1516.

Maldonado, Salvador 2010. *Las márgenes del Estado mexicano: Territorios ilegales, desarrollo y violencia en Michoacán*. Morelia: El Colegio de Michoacán.

Mazzei, Julie 2009. *Death Squads or Self-Defense Forces? How Paramilitary Groups Emerge and Challenge Democracy in Latin America*. Chapel Hill: University of North Carolina Press.

McAdam, Doug, John D. McCarthy, and Mayer N. Zald 1996. "Introduction: Opportunities, Mobilizing Structures, and Framing Process – Toward a Synthetic, Comparative Perspective on Social Movements." In *Comparative Perspectives on Social Movements: Political Opportunities, Mobilizing Structures, and Cultural Framings*, edited by D. McAdam, J. D. McCarthy, and M. N. Zald.

New York: Cambridge University Press.

Özerdem, Alpaslan 2010. "Insurgency, Militias and DDR as Part of Security Sector Reconstruction in Iraq: How Not To Do It." *Disasters* 34 (1): 40-59.

Phillips, Brian J. 2017. "Inequality and the Emergence of Vigilante Organizations: The Case of Mexican Autodefensas." *Comparative Political Studies* 50(10): 1358-1389.

Rozema, Ralph 2008. "Urban DDR-Process: Paramilitaries and Criminal Networks in Medellín, Colombia." *Journal of Latin American Studies* 40: 423-452.

Sambanis, Nicholas 2004. "What Is Civil War? Conceptual and Empirical Complexities of an Operational Definition." *Journal of Conflict Resolution* 48(6): 814-858.

Shirk, David and Joel Wallman 2015. "Understanding Mexico's Drug Violence." *Journal of Conflict Resolution* 59(8): 1348-1376.

Skocpol, Theda 1979. *States & Social Revolutions: A Comparative Analysis of France, Russia, & China*. New York: Cambridge University Press.

―――― 1994. *Social Revolutions in the Modern World*. New York: Cambridge University Press.

Snow, David A. and Sarah A. Soule. 2010. *A Primer on Social Movements*. New York: W. W. Norton.

Tarrow, Sidney G. 2011 [1994]. *Power in Movement: Social Movements and Contentious Politics*, Revised and Updated Third Edition. New York: Cambridge University Press.

Toro, María Celia 1998. "The Political Repercussions of Drug Trafficking in Mexico." In *Latin America and the Multinational Drug Trade*, edited by Elizabeth Joyce and Carlos Malamud. New York: St. Martin's Press.

Trejo, Guillermo and Sandra Ley 2017. "Why Did Drug Cartels Go to War in Mexico? Subnational Party Alternation, the Breakdown of Criminal Protection, and the Onset of Large-Scale Violence." *Comparative Political Studies* (Online First): 1-38. DOI: 10.1177/00104017720703.

Valdés Castellanos, Guillermo 2013. *Historia del narcotráfico en México*. México: Aguilar.

Zepeda Gil, Raúl 2016. "Violencia en Tierra Caliente: Guerra criminal e intervenciones federales de 2000 a 2014." Tesis de maestría, El Colegio de México.

〈ウェブサイト〉

CONEVAL (Consejo Nacional de Evaluación de la Política de Desarrollo Social) 2013. "Indicadores de pobreza, pobreza por ingresos, rezago social y gini 2010 (municipal)."（https://datos.gob.mx/busca/organization/coneval，最終閲覧日：2018 年 5 月 13 日）

INAFED (Instituto Nacional para el Federalismo y el Desarrollo Municipal) 2010. "Enciclopedia de los municipios. Estado de Michoacán de Ocampo, Buenavista."（http://www.inafed.gob.mx/work/enciclopedia/EMM16michoacan/index.html，最終閲覧日：2018 年 8 月 19 日）

Secretariado Ejecutivo del Sistema Nacional de Seguridad Pública 2016. *Incidencia Delictiva Dic. 2016*. México.（http://www.secretariadoejecutivo.gob.mx/index.php，最終閲覧日 2017 年 2 月 5 日）

[謝辞]
　本章の執筆に際し，アジア経済研究所研究会の皆さん，2 名の匿名査読者，仙石学先生（北海道大学）と「新興国の経済政策比較」研究会の皆さん，大串和雄先生（東京大学）に大変貴重なコメントをいただき，内容の改善にいかすことができた。記してお礼申し上げたい。本章は，日本学術振興会科学研究費 17K13667 および 16H03575 の助成を受けた研究成果の一部でもある。

第4章

不法占拠と露天商の生命力
——インフォーマリティの政治経済学——

受田　宏之

はじめに

　インフォーマリティ（インフォーマル部門，インフォーマル経済）は，2000年代に入ってからも，メキシコの抱える問題のひとつとして，研究者や政府，メディアにより取り上げられている。新しい点は，現代経済学がその対策も含め，インフォーマリティ論の主要な切り口となっていることである。本章では，サンティアゴ・レヴィにそのひとつの完成形をみる経済学的なインフォーマリティ論を検討したのち，それだけではインフォーマリティの存続を説明できないとして，インフォーマリティの政治経済学を提案する。国家とのあいだに介在するブローカーの役割に注目しつつ，生産性という観点からは問題の多いインフォーマリティが再生産される政治的メカニズム——（経済的）インフォーマリティの政治過程——を明らかにする。

　はじめに，レヴィのインフォーマリティ論を軸に，経済学的なインフォーマリティ論の展開をたどる（第1節）。レヴィによれば，公的扶助と非効率な社会保険システムの組み合わせがインフォーマリティへの就業誘因となっており，間接税で賄われ就業形態を問わず受給できる基礎保険システムへの移行により，インフォーマリティは縮小し，経済の成長率も高まるという。次に，レヴィらの描く制度改革が思うようには進まない理由を説明する政治

経済学的なインフォーマリティ論を提起する（第2節）。そのうえで，示唆に富む事例として，首都メキシコ市において影響力を保持する都市民衆運動組織の役割，とりわけそれが首都で有力な左翼政党と先住民移住者とのあいだに介在するインフォーマル・ポリティクスを取り上げる（第3・4節）。2017年9月に発生した地震があらわにしたものと2018年7月の総選挙をめぐる動向についても考察する[1]。

第1節　経済学的なインフォーマリティ論

1-1　従来のインフォーマリティ論

インフォーマリティ。その核には，「なんらかの法律や公的な規則に違反しているものの国家と社会により許容された活動群であり，メキシコを含む途上国で大きな比重を占めている。」という理解がある。本章でも，法規の許容された違反という定義に従う。だが，具体的にどこまでの範囲を指すか，どの面に力点をおくのかは，論者により隔たりがある。

国際労働機関（ILO）は，インフォーマリティ論を牽引してきた機関のひとつだが，労働者の権利への関心から，就業者とその家族が法的な保護を受けているのか，社会保険に加入しているのか，満足な生活を送っているのか，に焦点を当てる。インフォーマリティ論は一般に都市の活動に限定されるが，伝統的なるものと近代的なるものを区別する二重構造論を突き詰めると，あるいは権利主体となる労働者の範囲を広げて考えるならば，小農も含めるべきとなる。生み出される財とサービス自体に違法性のあるいわゆる犯罪は，通常はインフォーマリティと分けて扱われるが，徴税やGDPの推計

---

[1]　筆者は，受田（2014b）でメキシコ市におけるインフォーマル・ポリティクスについて論じているが，それが左翼政党のジレンマに力点をおいていたのとは異なり，本稿ではより一般的な枠組みを用いているほか，新聞記事を体系的に活用し，さらに地震の影響も含む最新の動向を扱っている。

という観点からは，両者とも捕捉しづらいという点で同じである。

　インフォーマリティという概念は，途上国の開発過程における格差の拡大や都市問題を背景に，1970年代から研究者や開発援助業界により用いられるようになる。分析と解釈の枠組みは，近代化論に属するものから体制批判色の濃厚なものまで，さらにはマクロな構造の分析から個々の主体の戦略を描き出すミクロな事例研究まで多様だった。幅広い見方のあることは，体系的な対策がなされていないことと表裏の関係にあった。

　だが，1980年代の債務危機を契機とする新自由主義の導入とその深化，および政治的な民主化は，インフォーマリティへの視角もそれを取り巻く環境も変えることとなった。構造学派やマルクス主義，人類学に対して，個人の経済合理性と資源配分における市場の有効性に立脚する新古典派経済学が優勢になった。それと並行して政治的には，インフォーマリティにかかわる政治慣行は，時代遅れで民主化を阻むものととらえられた。政策の変容がインフォーマリティに与えた直接的な影響として重要なのは，安定化政策の引き起こす不況や急速な民営化によるフォーマリティの縮小（のもたらす短期的なインフォーマリティの拡大圧力）であり，とりわけ「上からのインフォーマリティ」とでもよぶべき，労働市場の規制緩和とそれに伴う雇用条件の不安定化，非正規化である（Tokman 2011）。

　債務危機から2000年代初頭までの，いわば新自由主義への移行期におけるインフォーマリティ論を代表するのが，在野のペルー人エコノミスト，エルナンド・デソトである（de Soto 1986; 2000; 2002）。インフォーマルな活動の就業者を草の根資本家のごとく活写し，包括的な規制緩和やインフォーマルな不動産の正規化を通じて彼らの潜在力が発揮され，経済全体が高成長を遂げるだろうという彼の議論の反響は，世界全体に及んだ。筆者はすでにその骨子を紹介しているので（受田 2009; 2014a），ここでは，現時点から振り返ってデソトの評価を試みたい。

　第1に，法規をはじめとする制度のあり様に注目し，体系的なインフォーマリティ論を提起したことは，色あせることのないデソトの功績である。国

民の多数派を占める特権の保護下にない人びとは，法規を遵守する費用が便益を上回るから自発的にインフォーマリティを選択し，その生産性の低さもインフォーマリティに不利に働く法規によるという説明は，単純すぎるにせよ，「許容された違法性」という本質に触れている。また，それまでインフォーマリティ論とは別に論じられてきた住宅のインフォーマルな獲得過程——不法占拠や不法分譲，自助建設——を，所得を稼ぐためのインフォーマルな活動とあわせて同一の枠組みのもとで論じたことは彼の卓見である。とはいえ，法規の保護下にない人びとがどのように国家から利益を引き出すのかというインフォーマリティをめぐる政治に関しては，国家からの自立性が強調されることもあって，表層的な分析しかなされていない。本章ではデソトに倣い，住宅のインフォーマルな獲得過程もインフォーマリティに含めるが，仲介組織の役割も含め，インフォーマルな経済主体と国家との関係に焦点を当てる。

　第2の評価は，彼のイデオロギーとアプローチにかかわる。低所得層にとってこそ市場は有用であると唱えるデソトの姿勢は，左派の識者を遠ざけた一方で，右派を引きつけた。また，平易な言葉で低所得層の従事するインフォーマルな活動は社会の「問題」ではなく「解決」であると説く彼の反エリート主義，反パターナリズムも，人気の一因となった。だが，デソトが国家の庇護下にあるフォーマリティの非効率性を指摘することを超えて，インフォーマリティに成長可能性を見出そうとしたことは，経済学の専門教育を受けていないことと相まって，多くの経済学者のあいだで彼の評価を低いものとした[2]。今日では非経済学者のあいだでも，熱狂は過去のものである。

1-2　制度設計者レヴィのインフォーマリティ論

　メキシコは債務危機を経て，積極的に市場志向の経済改革を進めてきた

---

2) 途上国のスラムについて大規模なサンプルを用いた近年の分析は，スラムが経済発展と貧困削減に負の効果を及ぼし得ることを指摘している（Marx, Stoker and Suri 2013）。

ものの，インフォーマリティの比重は大きい。序章でもみたように，インフォーマル経済に過半の就業者が従事する一方，その生産性はフォーマル経済に顕著に劣っている（INEGI 2016a）。住宅のインフォーマリティについても，都市化が進むにつれ比重が低くなるにせよ，依然として重要と考えられる[3]。本項では，現代メキシコでもっとも有力なインフォーマリティ論として，レヴィの議論を取り上げる。経済理論と実証研究の展開をふまえつつ，レヴィはインフォーマリティの有利さを指摘する。それは，彼自身が導入に貢献した公的扶助の拡大とフォーマリティを対象とする非効率な社会保険制度の不整合によるものであり，結果として経済全体の生産性の低下を招いているとされる。

レヴィは，メキシコを代表する経済学者であり，もっとも影響力のあったテクノクラートといっても過言ではない。ボストン大学で博士号を取得した優秀な学者であるレヴィは，財務省（SHCP）や社会開発省（SEDESOL），社会保険庁（IMSS）で要職を歴任し，近年は米州開発銀行（IDB）のチーフ・エコノミストなどを務めている。

彼の名を不朽にしたのは，1997年に導入され，対象地域と範囲を広げながら今日まで続く条件つき現金移転（CCT）プログラム（PROGRESA-Oportunidades-Próspera）を設計したことである。このプログラムは受益者となる貧困層の厳格な選別，児童の就学等の人的資本の改善を受給条件としたこと，インパクトを高めるため女性に現金を渡すこと，さらにはランダム化比較試験を含む厳格な評価の実施など，最大限の効果を発揮するよう設計されている。結果として，貧困世帯の所得の絶対的な上昇，就学率の改善等に貢献し，海外でも参考にされた。

---

3) 住宅のインフォーマリティについては，『2010年人口センサス』（*Cuestionario Ampliado*）における住宅の建設形態に関する問いへの回答が参考になる。「購入」（全国で30.1％），「注文」（同32.0％），「自助建設」（33.3％），「その他」（4.1％），「不明」（0.4％）の5つのカテゴリーのなかで，「購入」以外の4カテゴリー，とくに「自助建設」の場合，インフォーマリティの度合いが強い可能性が高い（INEGI 2013）。

ところが，CCTはこれら因果関係を制御できる効果を超えて，貧困世帯が生産的な仕事に就いて持続的に所得を向上させることを保証するものではない。貧困層のエンパワメントが進まないのには，複数の理由が考えられる。そのなかでレヴィが問題視するのは，CCTを含む公的扶助（社会的保護）と，同じくテクノクラートとしてかかわった社会保険制度の2つの仕組みのあいだに不整合があり，恵まれない階層がインフォーマリティを選択する誘因となっていることである（Levy 2008; Levy and Schady 2013）。

CCTや2000年代に導入された「民衆保険」（Seguro Popular）等の公的扶助は，非拠出型の公的プログラムである。多くの農村部では近所に保健センターしか医療機関がないように，所得の低い者ほどそれを高く評価していると考えられる。これと対照的なのが社会保険である。それは，企業が一部を負担する場合でもその分だけ賃金から天引きするという意味で，労働者が負担し，再分配を伴わない拠出型の制度である。加えて，一括型のパッケージで選択の余地が乏しいうえ，そのサービスの質の低さはよく知られるところであり，所得の低い人びとほどその評価は低くなる。

レヴィは，世界銀行の研究者マロニー（Maloney 1999; 2004; 2009）同様，メキシコの労働市場に分断はないとする。彼自身が，複数のデータと分析手法を用いて，特定の大企業で長く働き高い所得を得ているような恵まれた層を除いて，労働者は頻繁に，合理的な選択の結果として，フォーマリティとインフォーマリティのあいだを移動することを示している。レヴィは，インフォーマルな企業には，脱税や社会保険の未払いが監査官に見つかり罰金をとられるリスクを考慮しての小規模操業や不十分な技能訓練の機会といった不利があり得ることを認める。だが，彼の議論では，多くの経済学者やフォーマルな企業家団体の場合（Bolio et. al. 2014; La Porta and Shleifer 2014; Ochoa Torres 1999）とは異なり，法規をかい潜ることにより生産性の低さを補うという想定はなされない。両者に生産性の差がないと仮定しても，上記のふたつの対照的な制度の存在と機能する労働市場のもとでは，インフォーマリティが拡大するようになり，成長率も低くなるという。

レヴィの議論は簡単なモデルで説明できる。教育水準と就業年数など他の条件が同等の人びとの就業選択を考える。(1)式は，フォーマルな企業で働いたとき，就業者の効用 U_f は，(社会保険の拠出 T_f 分が引かれた) 賃金 w_f と社会保険への拠出 T_f にそれへの就業者の評価 β_f ($1 \geq \beta_f \geq 0$) をかけあわせたものとの和であることを示している。

$$U_f = w_f + \beta_f \cdot T_f \quad (1)$$

これに対し，インフォーマルな就業者の効用 U_i は，(2)式のように，賃金 w_i，非拠出型の公的扶助の受け取り T_i とそれへの評価 β_i ($1 \geq \beta_i \geq 0$) の積，およびリスクや就業時間とリズムの弾力性など賃金以外のインフォーマリティの特質 α_i を足しあわせたものとなる。インフォーマルな就業者のすべてが公的扶助の受益者ではないが，その重なりは大きく，かつ彼らは社会保険に加入できない一方で公的扶助を無償で受けることができるのは重要な事実である[4]。

$$U_i = w_i + \beta_i \cdot T_i + \alpha_i \quad (2)$$

労働市場の均衡条件は，$U_f = U_i$ であるが，社会保険制度の非効率はそれへの低い評価（顕著に1よりも小さな β_f）となり，フォーマルな就業者の効用 U_f を低める効果をもつ。その一方で，α_i を無視すると，非拠出型で

---

[4] 2種類の労働者以外にレヴィは，フォーマルな企業で働きつつも社会保険に加入していないインフォーマルな労働者が810万人ほどいるとしている。彼らフォーマルな企業のインフォーマルな労働者の効用 U_{if} は，賃金 w_{if} に，非拠出型の公的扶助の受け取り T_i とそれへの評価 β_i の積を加えたものとなる〔(3)式〕。

$$U_{if} = w_{if} + \beta_i \cdot T_i \quad (3)$$

労働者側の均衡条件は $U_f = U_i = U_{if}$ だが，脱法フォーマル企業は，合法的な企業とは異なり，賃金 w_{if} のほかに，政府に見つかる確率 λ (L_{lf})，その際の罰金Fも考慮しながら，労働量 L_{lf} を決定する (Levy 2008, Chapter7)。

低所得層にとって評価の高い（β_i が比較的 1 に近い）公的扶助の充実は，インフォーマルな就業者の効用 U_i を結果的に高める。このため，制度のミスマッチによって同等の属性をもつ労働者のあいだで，フォーマリティからインフォーマリティへの移動が促される。それは，労働力が相対的に過少になったフォーマルな企業の賃金 w_f を高め，労働力が過大になったインフォーマルな企業の賃金 w_i を押し下げる効果をもつ。就業選択に歪みのない状況（$\beta_f = 1$ かつ $T_i = 0$）と比べ，人為的にフォーマルな企業の生産と投資が減少し，インフォーマルな企業の生産と投資が増加することにより，総生産と成長率は減ることになる。インフォーマリティとフォーマリティのあいだに内在的な生産性格差があるとするならば，社会的損失はますます大きなものとなる。

処方箋として，レヴィは，公的扶助は継続すべきだが，安易に拡大することで就業選択を歪めたり依存をもたらすこと，さらには財政赤字を増やすことを戒める。解決策は，現今の社会保険制度に変えて，消費税でファイナンスされ，すべての労働者が加入する基礎保険（universal social entitlements，健康保険と年金，生命・障害保険からなる）の導入である。それを通じて，インフォーマリティは縮小し，経済全体の生産性は高まり，長期的には CCT も減額されることになるという。基礎保険の費用は彼の試算では GDP の 4.3% である（Levy 2008, Chapter 10）。

レヴィの議論は，理論の奥行きと実証性，および提言の具体性において，もっとも洗練されたインフォーマリティ論といえる。ハンソンは，改革を積極的に進めてきたメキシコにおいて成長率が低位にとどまっている謎を検討し，4 つの要因を挙げているが，レヴィによる制度の不整合論はそのなかに

---

5) ハンソンの挙げる他の 3 つの要因は，①金融市場の不十分な発達，②通信や電力，公立の学校教育あるいは米国への労働流出など投入財部門における非効率性，③中国との輸出品の競合である。特筆すべきは，他の 3 要因の場合と異なり，社会保険と公的扶助の不整合は，レヴィ（とその弟子たち）という一人の人物によって唱えられていることである。

含まれている[5]（Hanson 2010）。

第2節　インフォーマリティの政治経済学

2-1　インフォーマリティの政治経済学に向けて

　レビィに至るまで先行研究は，インフォーマルな活動の経済的側面に注目してきた。すなわち，インフォーマリティの定義をなす（許容された）違法性自体の便益と費用を含め，市場でいかなる要因によりその生産性や成長可能性が決定されるのかを明らかにしようとしてきた。だが，インフォーマリティは政治的な現象でもある[6]。求められているのは，インフォーマリティの経済学的な分析にさまざまなレベルでの国家との関係の洞察を組み合わせた政治経済学の構築である。

　理論的なレベルでは，第1に，インフォーマリティの大きさは国家が法規を執行する能力（capacity）と反比例の関係にあり，さらに，国家の能力の低さは社会規範（遵法意識，政府の執行能力についての信念など）と相補関係にあり，すぐには高められないことが重要である（Basu 2011, Chapter 4）。第2に，インフォーマリティが国家にとって，脱税や長期的な低成長といった費用を課すだけでなく，政府支出を抑えつつ低所得層の生存維持を可能にし，それを通じて彼らによる社会・政治不安の発生を防ぐ等，一定の利益をもたらすことも忘れてはならない（Centeno and Portes 2006）。政治学者のホランド（Holland 2017）は，インフォーマリティを，一定の範囲内での法規からの逸脱の国家，とくに自治体関係者による意図的な黙認（forbearance）とする。それは，国家が低所得層の支持（投票）を必要とするものの彼らの

---

6)　都市の低所得層を扱った人類学的な研究においては，インフォーマルな活動に従事する人びとが農村からもち込んだ慣習や，取引における血縁や地縁の重要性がしばしば論じられてきた。これらの一部は，(2)式のインフォーマリティの特質 α_i に含めることも可能である。本章ではインフォーマリティの政治的側面に焦点を当てるが，それは政治環境と政治主体によるところが大きいため，α_i に含めることはできない。

住宅問題や雇用問題について制度化された支援を提供するのが難しい状況下における「次善解」（インフォーマルな補助金ないし福祉政策）的な性格を有してきた。インフォーマリティは，政治主体の戦略と低所得層の規範次第では，たとえ環境が好転しても，縮小しないことがあり得る。これらの点を考慮するならば，経済的な不確実性を無視したとしても，レヴィらの改革案が実施されるのは政治的に容易ではないこと，さらにたとえ実施されたとしてもインフォーマリティの顕著な削減につながるかは定かではないことがわかる。

インフォーマリティの政治経済学においては，これらのマクロで一般的な論点の解明がミクロなレベルでの分析により補われねばならない。ミクロな分析で鍵となるのが，従事者の組織化である。組織化の目的は，内部の紛争を減らし，かつ外部との交渉力を高めることにある。組織が大きくなり政党や地方政府が無視できないとき，あるいは小さくとも仲介者を通じてそれらと結びつくとき，インフォーマルな活動従事者の政治力は顕著に高まることになる。

インフォーマリティのなかで，露天商と不法占拠者がもっとも組織化が進んでおり，それに関する先行研究やメディアの報道が多いのは偶然ではない。両者とも，自らの所有物ではない（少なくとも確定していない）土地を有利な条件で利用できるかに左右される活動であるため，仲間で結束し政府から譲歩を引き出そうとする。人の重なりも大きい。露天商の例をみると，バリオスという露天商組合の女性リーダーは，メキシコ市でもっとも多い1万人以上の露天商を傘下に収めているとされる。敵対組織のリーダーの夫の殺害を命じた嫌疑で2年間収監された経験があるにもかかわらず，自身や家族が市会議員〔おもに制度的革命党（PRI）所属〕を務めるなど，政治力をいまだ保っている[7]。

組織化したインフォーマルな主体は，デモ行進や座り込み等の直接行動に

---

7) 露天商のインフォーマル・ポリティクスについては，Cross（1998）と Mathews, Lins Ribeiro y Alba Vega ed.（2012）等を参照のこと。

よる圧力，陳情，選挙支援（投票の約束や演説への動員等），組織リーダーの地方政治家や行政官への転身といったさまざまな手段を巧みに使い分けながら，国家から最大限の利益を得ようとしてきた（受田 2014b）。露天商や不法占拠は統計資料には現れにくく，しかも政治行動により経済的な利得を高めるという点で，レヴィらのモデルではとらえにくい。

　レヴィのモデルを修正し，インフォーマリティの効用 U_i は政治変数 P_i にも依存するものとすると，(2)式は(4)式となる。単純化のため，ならびにインフォーマル・ポリティクスの主たる交渉窓口は地方政府であるため，P_i は賃金 w_i や公的扶助 T_i を通じて U_i には影響を及ぼさないものとする。

$$U_i = w_i + \beta_i \cdot T_i + P_i + \alpha_i \quad (4)$$

　政治変数 P_i は，従事者のそれへの投資 L_p （$dP_i/dL_p>0$）のほか，社会規範，政治環境，インフォーマリティに好意的なブローカーや NGO の存在 S_i（$dL_p/dS_i>0$）など，多様な要因に依存し，不確実性を伴う。政策エリートによる操作の容易なレヴィのモデルとは異なる実世界である。個々の従事者の政治的投資 L_p は，大企業の下請けで一部製造工程を担ったり，あるいは修理に従事する小企業の場合，役人への賄賂の支払い等になるが，露天商や不法占拠者の場合，所属組織への継続的貢献等，より負担を要するものとなる。

　不法占拠など住宅のインフォーマリティの場合，(4)式の P_i は政治的に決まる家賃補助の大きさとみなすことができる。住民の就業先もインフォーマルであるならば，P_i の上昇は結果的にインフォーマルな就業の魅力を高めることになる。住宅のインフォーマリティと就業のインフォーマリティが独立であるならば，P_i が大きくなりインフォーマルな形態の不動産取得が活発化しても，それがインフォーマルな雇用を増やすわけではない。ただし，インフォーマルな住宅とインフォーマルな就業との相関が小さくても，関与する政治主体 S_i が後者にも好意的であるならば，政治過程を通じて前者は後者に影響を及ぼし得る。

後半の事例分析では都市民衆運動組織による仲介に着目する。具体例として先住民移住者のインフォーマリティを取り上げるが，メキシコ市において彼らの人的資本は最低水準にある。このため，(4)式の $\beta_i \cdot T_i$ の比重が高いほか，民衆組織などの支援を受けながら彼らは P_i を高めようと努めてきた。インフォーマル・ポリティクスの受益者となる特徴を備えた集団といえる。

2-2 レヴィの構想を阻むもの

インフォーマリティの政治経済学という観点から，レヴィの構想を批判的に論じてみたい。ここでは，先進国における技術革新の性格や貿易政策といった外生的要因は考えないものとする。

まずレヴィも言及しているように，「フォーマリティの政治経済学」[8]において改革を妨げる元凶とされる，公的部門における抵抗勢力の存在を挙げねばならない。現今の非効率な年金や医療制度から利益を得ている者は改革に抵抗するだろう。また，レヴィはCCTのおかげで人的資本の底上げはできたというが，強い政治力を誇る教員組合と政府の駆け引きが公的教育の質の改善につながらなければ，たとえ社会保険改革が導入されても労働生産性は伸びないかもしれない。

改革に抗する既得権益には頻繁に言及がなされる一方で，レヴィらの議論に足りないのは，国家についての配慮である[9]。メキシコのような民主主義

---

[8] 政治学者のエリソンドは，東アジア諸国などと比べてメキシコ経済の成長率が低いことを政治経済学の枠組みで説明しようとする（Elizondo 2009; 2011）。彼によれば，（とくに公的部門における）労組や（通信部門等で著しい）独占的大企業は，競争や技術革新の代わりにレント——政府や公的組織に対する働きかけ——を追求し，政治力と既得権を維持しようとしてきた。停滞から脱却するためには，これらの特権的集団をあぶり出し，改革推進に向けて公衆の支援を受けねばならないという。

[9] レヴィも，改革を阻むないし骨抜きにする既得権者の政治力に言及しており，ハーシュマンを援用して，改革を促すには国民がインフォーマリティへと退出（exit）するだけでなく，異議申し立てをすること（voice）も必要であり，そのためにも政治の透明性や説明責任が求められるという（Levy 2009: 236-239）。だが，彼の政治論は提起する改革のスケールに見合うものではない。

体制でラディカルな改革が受け入れられるためには，国民多数派の支持を得て，国家がそれを遂行する力と意思をもたねばならない。先述のように，インフォーマリティを「一定の範囲内での法規からの逸脱の国家による黙認」とするならば，それは，最善の制度が実現できない状況下での「次善解」的な性格を有してきた。理論的には状況が改善するとしても，メキシコの労働者階級は政府を信頼し，消費税率の引上げに同意するだろうか。

　また，レヴィの改革はもっぱら労働市場にかかわるが，脱税，不法占拠，公道の使用，知的財産権への抵触等，広義の所有権の侵犯もインフォーマリティの重要な要素をなす。改革が導入されたとしても，これらのインフォーマリティがなくならない可能性は高い。これに，先住民を含む歴史的に不利な条件におかれてきた社会集団の存在，さらにはそうした集団の組織化を促し特定の政党や政府と結びつける仲介主体の影響力を加味するならば，インフォーマリティの排除に国家と国民が積極的に乗り出すとは考えにくい。政治的に一度高くなった(4)式の変数 P_i を低くすることは難しい。

　政府はインフォーマリティ対策に取り組んでいるものの，レヴィの描く道筋とは遠く離れている。2014年に導入された連邦政府の「共に成長しよう」（Crezcamos Juntos）プログラムは，10年間にわたる減税，社会保険料の減額や低利融資等の一時的な便宜を与えることによりフォーマル化を進め，課税ベースを広げることを目指すものであるが（Rivera Huerta, López y Mendoza 2016），その複雑な仕組みを理解し受け入れるインフォーマルな就業者はごく一部にとどまるだろう[10]。

　マクロな政治に目を向けると，現与党である PRI の改革派および中道右派政党の国民行動党（PAN）は，そのイデオロギーと支持基盤から，レヴィ

---

[10]　露天商の例を挙げると，8000人の組合員を束ねるともいわれるメキシコ市の露天商組合の大物の1人であり，政治的には PRD や MORENA に近いロセテ氏（Frente Metropolitano de Organizaiones Populares A.C. 代表）は，筆者とのインタビューのなかで，Crezcamos Juntos について，徴税の手段と自分たちはとらえており，警戒していると語っている（2017年11月30日）。

らの提言を受け入れやすい。だが，中道左派の民主革命党（PRD）の一部派閥および PRD よりも急進的とされる国民刷新運動（MORENA）らの勢力は，インフォーマル・ポリティクスと相性がよいと考えられる。

「左派のポピュリスト」としばしば称されるロペス=オブラドール[11]は，メキシコ市の知事を経て，PRD の候補として 2006 年，2012 年の二度の大統領選に出馬し，いずれも次点で敗れた。PRD 穏健派との関係が悪化すると，新政党 MORENA を立ち上げ，2018 年の総選挙での勝利を狙っている。2017 年中は，世論調査によれば，もっとも大統領に近い候補者であった。彼は，「腐敗したエリートたち」と「非エリートの自分の支持者たち」とに国民を二分するが，インフォーマリティにかかわる者は後者の正義の側に属する。彼および彼に好意的な論者によれば，社会の分断を招いているのはメキシコ革命の理念を忘れ，米国や大企業の利益を優遇し格差を助長しているエリートの側にある。政治手続きにおいても，既成政党の腐敗と権威主義は深刻だという（Ackerman 2015; López Obrador 2017）。制度的な支持基盤に欠けるオブラドールにとって，イデオロギー的に共鳴するところの多い左派の運動組織を通じて，インフォーマルな経済主体を政治的に動員することは理に適った戦略でもある（受田 2017b）[12]。

既成の政治家や制度を糾弾するオブラドールが人気を博していることは，レヴィの描くような上からの改革が広範な支持を得にくいことを示唆する。また，以下でみるように，組織化を通じてインフォーマルな経済活動の従事者は，国政にも影響を及ぼし得るのである。

---

11) 現代ポピュリズムの論客ミュラーは，著書のなかで，ポピュリストの 1 人としてオブラドールに言及している（ミュラー 2017, 41）。
12) MORENA の反新自由主義，および直接的な政治参加と社会運動への高い評価は，2014 年 7 月に表明された原則（Declaración de Principios de MORENA）のなかにうかがうことができる（MORENA 2016, 97-99）。

第 3 節　都市民衆運動とインフォーマル・ポリティクス

インフォーマリティをめぐる経済と政治の関係を理解する事例として，本節と次節では，メキシコ市における都市民衆運動を介したインフォーマル・ポリティクス，具体的にはエミリアーノ・サパタ民衆革命連合（UPREZ）の介在する左翼政府と先住民移住者ら周縁的な集団との関係に焦点を当てる[13]。本事例の分析は 3 つの点で意義をもつ。第 1 に，全国 32 州のなかで舞台となるメキシコ市は，その人口[14]と政治的影響力から重要である。第 2 に，同州では PRI による実質支配を経て，20 年にわたり左翼政党による統治が続いているため，多様なインフォーマル・ポリティクスが観察される。最後に，UPREZ は，ラディカルな諸社会運動と広範なネットワークを築いている有力な運動組織である。複数の不法占拠地に住む先住民移住者が同組織等を介して政府といかなる関係を結んできたのかを説明することは，インフォーマル・ポリティクスの活力と限界とを照らし出すだろう。

3-1　メキシコ市におけるインフォーマリティと政治，都市民衆運動

首都のメキシコ市（Ciudad de México）は，2016 年まで連邦区（Distrito Federal）と位置づけられてきたように，連邦政府の特別区ということで政治的自治を認められてこなかった。だが，1987 年の改正で連邦区議会の開設等が定められ，さらに 1997 年の改正で知事が住民により選出されること等が定められた。以後，20 年間に及ぶ自治を通じて，PRI による覇権的な支配（1929〜2000 年）が溶解する時期と重なっていたこと，さらに首都は左派

---

[13] 筆者は先住民（オトミー）移住者に関する実態調査を 1998 年より継続的に行っている。UPREZ についての集中的な調査は 2011 年 8 〜 9 月，2012 年 2 月と 8 月にかけて行ったが，以降も毎年 1 度は UPREZ の幹部と会うなどして，変容を記録してきた。直近の訪問は 2018 年 3 月である。
[14] メキシコ市の人口は 2015 年に約 890 万人であり，全人口の 7.5% を占めた（INEGI 2016b）。

の根強い地域であることから，PRD や MORENA という左翼政党が優位を維持してきた（Vargas González ed. 2016）。

　メキシコ市は平均所得がもっとも高い州のひとつである。ところが，一部の行政区を除いて違法性のある占拠地や分譲地に住む者が多く，露天商が 1980 年代以降に増え続けるなど，インフォーマリティの比重は大きい。先述のようにインフォーマルな経済主体は組織化することにより政治的な交渉力を高めることができるが，彼らは民主化以前は，全国民衆組織連合（CNOP）など PRI の傘下組織に組み込まれることにより，利益を確保しようとしてきた。

　ここで，インフォーマリティと政府とを仲介する都市民衆運動（MUP）についてみてみたい。それは，大都市における住宅の過小供給やその他低所得層にのしかかる都市問題の悪化という条件に，1960 年代末から 1970 年代にかけて多くの指導層を輩出することになる学生運動などの左翼運動の隆盛が加わって生まれたものである。毛沢東主義等のラディカルな左翼の教義を掲げつつ，フォーマル部門で安定した所得を得て正規に住宅を得る見通しの乏しい人びとを組織化，動員し，政府や開発業者と闘い譲歩を引き出そうとする組織が数多く誕生した。1985 年にメキシコ市を襲った地震と政府の無策は，運動を活性化し，党派性の顕著だった組織間の横の連携を強めた（Bautista González 2015）。

　メキシコ政治の変容は，左派の運動組織を介したインフォーマル・ポリティクスの多様化をもたらした（Cadena-Roa y López Leyva ed. 2013）。右傾化する PRI を離党したカルデナスら旧 PRI の政治家が，非 PRI の左派勢力と連携して PRI の一党支配を打破しようとの機運が高まったとき，大部分の民衆運動はそれへの協力を選んだ。改ざんの疑いの濃厚な選挙で PRI が勝利し，その後左派政党 PRD が結成されると，運動組織は PRD の支持基盤のひとつとなる。政党との接近は，運動組織に属する家族に実利をもたらしやすくなった。その一方で，それまで政府と距離をとることで批判する対象だったクライアンテリズム――特定の政治家や政党の集票への貢献と引き換え

の便宜の受け取り——を自らが実践することにもなった。PRDが内部にさまざまな派閥を抱え，公認を得るための競争の激しいことも，低所得層が運動組織を介して特定の政治家のクライエントになることを促した。

　左翼の優位という政治的文脈の下での都市民衆運動を介したインフォーマル・ポリティクスは，「再分配志向の直接行動」，「（支援する左翼政党や政府との）クライエンテリズム」に加えて，「民主主義の深化への貢献」という顔もあわせもつ。民衆運動組織はPRIの一党支配に抵抗してきたほか，近年では低所得層の権利拡張を意識した参加型予算の導入や州憲法の制定にも関与している。

　受田（2014b）が論じたように，互いに矛盾する行動様式を使い分けたり組み合わせるインフォーマル・ポリティクスは，経済効率や成長を阻害する側面がある一方で，資源に乏しい社会階層にも，ブローカーを含む政治関連主体にも一定の利益をもたらし，環境の変化に柔軟に対応することを可能としてきた。レヴィがテクノクラートとして構想してきた制度改革は，ルールの簡素化や一元化，仲介者の排除により特徴づけられるが，都市民衆運動の関与するインフォーマル・ポリティクスはそれとは対照的な論理に根差している。

3-2　UPREZ——新聞記事から読みとれる都市民衆運動組織の戦略とネットワーク——

　1987年に結成されたUPREZは，不法占拠者や家賃滞納者などへの支援を中心としつつ，彼らの子弟の通う学校を創設・運営し，さらには小農や先住民への支援も掲げる左派の運動組織の連合体である。民衆住宅会議（Asamblea de Barrios）やフランシスコ・ビジャ民衆戦線（FPFV）と並んで，もっとも有名な都市民衆運動体のひとつである。

　メキシコ市では，外縁部に不法占拠地の集中するイスタパラパ（Iztapalapa）行政区や，市の中心に位置するも劣化住宅に多くの低所得層が住むクアウテモク（Cuauhtémoc）行政区においてUPREZの存在は目立っている。

隣のメキシコ州は、首都圏の拡張にともないメキシコ市以上の人口を擁する一方で、PRIの地盤とみなされてきたところだが、ネサワルコヨトル（Nezahualcóyotl）やエカテペック（Ecatepec）など複数の市で、UPREZはPRI系の体制派運動組織とインフォーマル・ポリティクスにおいて競り合ってきた。政党との関係では、おおむね他の民衆運動組織にもいえるが、UPREZはオブラドールが離党してからはPRDからMORENAへと支持対象を変えている。また、これも他の組織同様に、UPREZ Benito Juárez, UPREZ Centro, UPREZ Estado de MéxicoといったUPREZという名を冠しつつもそこから派生した組織が複数存在する。分裂は、路線対立による部分もあるが、元来ローカルな現場に根差した組織の性格ゆえ、大きくなると調整費用が高まることにもよる。

UPREZは、イスタパラパ行政区長を務めたブルガダ、下院議員ロドリゲス＝アギレ等の政治家になった者を含め、様々なリーダーを輩出してきた。そのなかで、誰からも高潔と認められ尊敬を集めてきたのがハイメ・レジョ氏である。労働運動を経て都市民衆運動にその創成期から関与してきた彼は、誰ともで分け隔てなく接する。加盟組織の代表らと毎週行われる集会で意見を述べ、デモや座り込みに参加する一方で、メキシコ市における「都市への権利」（Por el derecho a la ciudad）[15]を国内外の知識人や運動家と唱えるレジョは、オブラドールの顧問の1人でもある。彼の発言から浮かび上がる思考の前提は、PANやPRIの政治家や私企業への不信であり、都市でも農村でも国民の多数派の基本的な権利は蹂躙されていることである。そこから導かれるのは、無産者層の権利は彼ら自らが団結し、法に触れるものも含め

---

15) 広い内容を含む「都市への権利」を標語に掲げる運動は、1960年代末にフランスのマルクス主義社会学者ルファーブルが行った問題提起に起源があるとされる。今日では世界的な広がりをみせており、メキシコ市では、都市民衆運動を含む左派系の市民組織や研究者によりさまざまな場で唱えられるようになった（Icazuriaga Montes et al ed. 2017）。同市で近年PRDが政権を担ってきたことは、それを可能とした制度的背景をなす（CIESAS Tlalpan教授のClaudia Zamorano氏へのインタビュー、2017年11月24日）。

多様な手段を通じて闘いとらねばならないことである。レジョはオブラドールのすべてに賛同するわけではない。だが，PRD の穏健派に属し 2012 年よりメキシコ市の知事を務めるマンセラへの低い評価とは対照的に，もっとも民衆運動に相応しい有力政治家とみなしている[16]。

表 4-1 は，左派系の日刊紙 *La Jornada* 紙のウェブ上で 1996〜2017 年にかけて「UPREZ」という語が現れたすべての記事の内容を，「おもな分野」，「UPREZ 関係者の直接的な抗議行動（デモないし座り込み，ハンスト，路上封鎖）への言及があるか否か」，「PRD との関係への言及」および「MORENA との関係への言及」という基準で分類した結果を示している。「住宅・インフラ」および「タクシー」「ゴミ収集」というインフォーマリティに直接かかわる分野以外に，「政治」（おもに選挙にかかわる），「教育」（UPREZ が創設・運営する学校に関する要望や政府の教育改革への反対など），「人権」（抽象的な人権に関するものは少数で，ほとんどは UPREZ ないし他の左派の社会組織に対する国家や犯罪組織による暴力の行使への告発）ないし「教育と人権」の組み合わせ，「先住民・小農」〔サパティスタ民族解放軍（EZLN）への連帯，都市先住民への支援，小農支援の訴え，遺伝子組換え作物の阻止など〕，政策提言にむしろかかわる「環境，その他政策」，「労働組合など」との連帯等，さまざまな活動に関与していることがわかる。また，1970〜1980 年代のような革命志向，闘争性は弱まったといえ，依然として容易に抗議行動に訴える用意のあることが見てとれる。さらに，左翼政党との関係では，該当期間中メキシコ市で PRD が政権を握っていたこともあり，PRD との協力あるいは PRD から幹部が政治家として立候補したり選出することがよくみられるといえ，党内主流派との違いを反映して，PRD の地方政府や政治家あるいは党内選挙の結果を批判したり対立を生むことも少なくない。その一方で，MORENA への言及は 2012 年より現れるが，否定的なものはひとつもない。

---

16) 氏の発言や筆者との会話にもとづくが，公刊された彼の言説として，たとえば Rello（2017）を参照のこと。

表4-1　左派日刊紙 *La Jornada* の記事に現れた UPREZ（1996～2017年）

おもな分野 (1996～2017年)		UPREZ関係者の抗議行動の有無 (1996～2017年)		PRDとの関係への言及			MORENAとの関係への言及		
政治	50	有り	62	2011～ 2017年	立候補ないし選出	3	2011～ 2017年	立候補ないし選出	2
教育，人権	22				協力	6		協力	7
先住民・小農	20				批判・対立	5		批判・対立	0
住宅・インフラ	15				なし	36		なし	41
教育	14								
環境，その他政策	9	無し	85	1996～ 2010年	立候補ないし選出	15			
労働組合など	5				協力	34			
人権	4				批判・対立	8			
タクシー，自転車タクシー	4				なし	40			
ゴミ収集	3								
分類不能	1								

（出所）筆者作成。
（注）ウェブ上の *La Jornada* 紙における "UPREZ" ないし "Unión Popular Revolucionaria Emiliano Zapata" の語で検索をかけて，1996年5月2日～2017年12月26日の期間の記事の内容を分類した。

　これとは別に，記者を通さずに UPREZ 幹部の見解を知ることのできる *La Jornada* 紙の投書欄（Correo Ilustrado）も同様に分類した。「UPREZ」という語の現れる投書は87通あった。その主たる形態は「糾弾」が41通，「抗議行動への案内」が16通，「その他案内」が18通，「祝福，激励ないしお悔み」が8通，「他者から告発の対象となる」が4通だった。分野別（文書当たりひとつに限定）では，「人権」が29通，「住宅・インフラ」が25通，「先住民・小農」が11通，「教育」が10通，「労働組合」が3通，「政治」が2通，「分類不能」（社会運動の闘士を称えるデモや独立記念日の祝いなど）が7通であった。PRDとの関係に言及のあった投書は14通あったが，うち「批判・対立」が9通で，「協力ないし立候補・選出」は5通に過ぎなかった。これに対し，MORENA に言及のあった7通の投書はすべて「協力」であった。最後に，組織の連名となっているかそれに準ずる投書（個人の連名は除く）は42通あったが，名前の確認できるものだけを数えても連名組織数

（UPREZを含む）の平均値が12.7通，中央値が10.5通であることからは，都市民衆運動のネットワークの広がりと動員力をうかがうことができる。

　左派系日刊紙のウェブ上のデータであるため，これはUPREZのメディア掲載情報の代表的サンプルとはいえない。だが，過去20年のあいだに同組織が，不法占拠者らへの支援を核としつつも，活動の範囲を拡げ，左翼政党との連携を強め，さらには他の社会運動ともネットワークを築いてきたことがうかがえる。都市民衆運動組織を介することで，インフォーマルな経済活動に従事する人びとはその脆弱性を大いに軽減することができる。

第4節　先住民移住者の事例

　コロニア・ローマとファレス（Colonia Roma, Colonia Juárez）は，歴史ある中産階級の居住区であり，とくに前者では洒落たカフェやバーに事欠かない。だが，地元住民やクアウテモク行政区政府の関係者，運動家のあいだでは，1985年地震の罹災後に放置された廃屋も含め不法占拠地が点在し，そのなかには先住民移住者が住むものもあることが知られている。同区に住む先住民移住者の大半は，ケレタロ州サンティアゴ・メスキティトラン（Santiago Mexquititlán）出身でオトミー語を話す人びとかその子孫である。1998年秋に筆者が調査を開始したとき，同地区に住むオトミー移住者の占拠地は4つであり，総世帯数は90に満たなかった。だが，2017年には占拠地の数は9つに増え，居住世帯の合計も200を超えている。新しい占拠地の居住者のなかには，古い占拠地住民の第二，第三世代も多い。

　社会保険の加入者が皆無に近いことが示すように，オトミー移住者は，所得や教育水準からみるとおおむね最貧層を構成する。だが，住宅の質は占拠地により異なる。9つの占拠地のうち，比較的古い4つの占拠地（A〜D）では，1989年に最初の家族が住みはじめたAを皮切りに，住人は瓦礫を撤去したのち，廃材やトタンないしセメントで自ら建てた家屋——通常世帯あ

写真4-1　2015年に建てられた集合住宅の入り口で売られる民芸品

（出所）筆者撮影。

たり1部屋——に住むようになった。21世紀に入り，うち2つでは，政府の脆弱層向け住宅プロジェクトの恩恵を受けて，4階ないし5階建ての集合住宅が建設されている。占拠地Cでは2003年に47戸からなる住宅が，Bでは2015年に30戸からなる住宅（**写真4-1**）が，それぞれ完成している[17]。他の比較的新しい占拠地（E～I）は，前者とは異なりいずれも2000年代以降にできたものであり，占拠家族は自ら家を建てるのではなく，廃屋に入り込んでいる。それらは，ひとつ（G）を除いて老朽化が進んでおり，崩落の危険もある。

　占拠地BとCが受益者となった住宅プロジェクトは，メキシコ市の住宅局（INVI）が他の政府機関から資金助成を受けつつ地権者から占拠地を買い上げたうえで集合住宅を建設し，市価よりも安く占拠者に販売するというも

---

17)　2番目に集合住宅を得た占拠地Bは，インフォーマル・ポリティクスの最大の受益者とみなすことができる。同占拠地の住民は，連邦政府の先住民政策実施機関である全国先住民庁（INI）やカトリック教会の助成を受けてメキシコ州のチマルワカン（Chimalhuacán）市に宅地をすでに入手していたほか，リーダーと反目し，先住民組織に参加してきた男性が，先住民移住者向けに建設される300戸の公的集合住宅の内の4戸に親族を入居させる見込みだからである。

のである。オトミー受益世帯の場合，所得水準が低いため，市価の3分の1以下等，割引率は高くなる。いずれのプロジェクトにおいても UPREZ は，住民を組織し計画案の作成や書類の準備に協力する，左派の地方政権下にある政府機関と交渉する等，決定的な役割を果たした。その代わりに，多くの住民は自分たちの利害に直接かかわらない抗議行動や政治イベントにも参加した。オトミーの生業のなかでもっとも比重の大きい路上での商業についても，露天商組合でなく地方政府の管理する街路については，当局との交渉に UPREZ は協力を惜しまない。

　民衆運動組織にとって，住宅の獲得といった主要な目標の達成後にメンバーの活動への参加をいかにして保つかは困難な課題である。2つのオトミー占拠地の場合も，住宅が建設されて以降，内部で開催される集会の頻度は減っていき，外部のデモ等に参加する家族も減少した。それでも，先住民移住者のリーダーとして UPREZ 内で一目おかれる存在となり，互いを競争相手とみなす両占拠地のリーダーと彼らの一部親族は，継続的に UPREZ の活動に参加している。2015年に集合住宅の建設された占拠地では，その共用スペースが UPREZ 全体の集会場としても用いられるようになったため，レジョ氏を含め，UPREZ の関係者が絶えず出入りしている。

　残り7つの占拠地のうち2つ（AとD）では，部分的改善（水道や電気メーターの設置，自助建設家屋の材質改善）はみられるものの，依然として住環境は厳しい。最古の占拠地 A は，家族間の対立が続いてきたことや地下の一部を地下鉄が走っていることにより住宅プロジェクトの進展が遅れた。だが，自分たちよりも歴史の浅い2つの占拠地が住宅を得たことに刺激を受けて，反目するグループのひとつは UPREZ の支援を受け入れ，リーダーの女性は集会に定期的に参加している。占拠地 D でも，内部対立や隣人との摩擦のためプロジェクトが遅れているが，2つに分裂した家族のひとつは UPREZ Benito Juárez に，もうひとつはメキシコ住民組織連盟（AMOR）という民衆運動組織に属している。

　その他比較的新しい5つの占拠地（E～I）は，いずれも廃屋に入り込んだ

ものである。うち2つ（FとH）は主としてUPREZ Benito Juárezを、別の2つ（GとI）はUPREZを、ひとつ（E）はAMORを介して、住環境の改善を目指している。占拠地Iでは、リーダー格の若い女性が占拠地Bに両親とかつて住んでおり、UPREZと信頼関係を築きやすかった。また、Gは建設途上で放置された住宅に侵入したものだが、すべての家族がUPREZへの参加に合意しているわけではない[18]。

2017年9月19日にメキシコを襲ったマグニチュード7.1の地震は、これらの違いを際立たせると同時に、インフォーマル・ポリティクスの可能性と限界を示すことにもなった。廃屋に住む5つの占拠地のうち3つ（E, F, H）は、元来危険な状況にあった建物が衝撃を受けたため倒壊の危険があると診断され、住民はテント住まいを余儀なくされた。うちひとつ（E）は、最初は近所の公園にテントが設けられ、のちに「占拠地上に安全な住宅が建てられるまで」（期限は不確定）のあいだ、各自の努力で住宅を探すことになった。他の2つは占拠地に面する路上にテントが張られているため（**写真4-2**）、少なからぬ隣人とのあつれきを引き起こしている。とくに、60世帯が住む世帯数最大の占拠地（F）では、高級なレストランやバーが近接しているため、住民への嫌がらせがなされ、また一部の保守系メディアは彼らを場違いの侵入者のごとく扱った[19]。これに対し、左派系のメディアやオトミー移住者を支援してきた諸組織は、彼らへの差別を糾弾し、救援物資を配布したり、簡易住宅の建設プロジェクトを政府に提案した。だが、2つの占拠地に戻れる目途は立っていない。コロニア・ローマやファレスと比べ、インフォーマルな経済活動の実入りが少なく、援助も受けにくい首都圏の周縁部に移転させられる可能性もある。

---

18) PRDの有力政治家の1人で都市民衆運動との結びつきの深いベハラーノが率いる組織の支援も得ていた。

19) たとえば、Cabadas, María "Paracaidistas de Morena ocupan predio; ahora exigen casas," *La Razón*, 30 de septiembre, 2017（https://www.razon.com.mx/paracaidistas-morena-ocupan-predio-aprovechan-sismo-ahora-exigen-casas/、最終閲覧日：2018年1月10日）

写真 4-2 地震で被災した占拠者のために路上に張られたテント（支援組織の横断幕が掲げられている）

（出所）筆者撮影。

　他の占拠地については，自助建設の占拠地 D と廃屋の占拠地 I で住民が一時路上に避難したものの，地震前と変わらぬ生活を送っている。集合住宅に住む占拠地 B と C のリーダーは，UPREZ や UPREZ Benito Juárez の幹部らの支援を得ながら，被災占拠地のリーダーと話し合いの場を設ける，（クアウテモク行政区外の占拠地に住む）オトミー女性をオトミー移住者の代表として選出する，さらには被災者への支援予算の増額を要求する中央広場での座り込みに参加すること等をとおして，窮状に陥った同郷者に力を貸そうとしている。しかし，すべての占拠地が同一組織の支援を受けているわけではないこと，被災占拠地で家族間対立や援助の受入れをめぐって混乱がみられること，さらには性格の異なる 2 人のリーダー間の確執などにより，占拠地間の横断的な協力体制は築かれていない。

　左派の地方政府であっても，低所得層を末端の受益者とするインフォーマル・ポリティクスを否定する側に回り得ることを示すのが，クアウテモク行政区長モンレアルの振る舞いである。サカテカス州知事を務めるなどベテランの政治家である彼は，2015 年より，MORENA 所属のクアウテモク行政区

長である。2016 年に出版された自著『犯罪の経済学』のなかで彼は、不法占拠を促しているとして 8 つの組織を名指しで非難し、さらに 9 つの不法占拠地の所在を写真つきで明らかにしている。それらのなかには 3 つのオトミー占拠地が含まれており、うち 2 つ (D と H) は、住人が麻薬を摂取し窃盗に励み、さらに騒音やゴミ投棄で隣人に迷惑をかけているように描かれている (Monreal Ávila 2016, 169-182)。たしかに、これらの占拠地でこうした行為が時折みられ、一部隣人が苦情を訴えてきたのは事実であるものの、それを公職者が特定化できるかたちで著すことは別問題である。

PRD よりも左派の政党に属していながらモンレアルがこのような行動をとったことは、彼が社会運動に出自をもたず、高い地位を追い求める現実的な政治家であり、2018 年総選挙を前に、有権者にいいイメージを植えつけようとしたと考えれば納得がいく。2016 年 6 月、コロニア・ローマに接するコンデサ (Condesa) に位置する 3 階建ての家屋が、麻薬取引を含むさまざまな犯罪に使われているとの近隣住人の度重なる訴えを受け入れた警察により捜索され、建物は壊されることとなった。同家屋は 2013 年、自称 Asamblea de Barrios Poniente という都市民衆運動組織に属する 10 家族により占拠されたものであり、事件の後、組織のリーダーは住宅の略奪容疑で逮捕され、有罪判決を受けている。モンレアルは、本事件をめぐって多くの有力メディアが民衆運動組織やインフォーマル・ポリティクスを否定的に論じたのに同調するかのように、不法占拠に対し厳しく臨むようになる (受田 2017a)。彼は、結果的にはオブラドール等の推す別の女性候補 (Claudia Sheinbaum) に譲ったものの、次期メキシコ市の知事に MORENA から立候補することを望んでいた[20]。それを見越して、麻薬関連の犯罪や政府の汚職に疲弊した市民に広く訴えようとしたのであろう。

オブラドールのカリスマ性は評価するものの、インフォーマル・ポリティ

---

20) Muñoz, Alma E., "Buscaré a Monreal para que siga con Morena, dice AMLO," *La Jornada*, 28 de octubre de 2017 (http://www.jornada.com.mx/2017/10/28/capital/012n1pol、最終閲覧日 2018 年 12 月 20 日) などの記事を参照のこと。

クスをもともと重視していないモンレアルにとって，周囲の有権者と摩擦を起こすような貧困層は支援に値しないのであり，彼らが被災したとしてもその優先順位は低い。占拠地Bのリーダーは，UPREZのレジョ氏らと，モンレアルに会ったことがあり，彼の政治的経験を評価し，選挙の際に自分たちは彼に協力したと語る。だが，多くの政治家同様，選挙後に約束とは違う行動をとるようになったのだろうとみなしている。

　第2節(4)式の政治係数 P_i は，首都住民の底辺をなすオトミー移住者の場合，**表4-2**のような条件が揃うほど効用を高める。不法占拠の黙認から割安な集合住宅の獲得まで，インフォーマル・ポリティクスがもたらす便益には幅があるが，それは本人たちの資質や努力〔**表4-2**の(1)～(4)〕に限定されないさまざまな条件に依存する。また，UPREZ等の民衆運動組織が目標のひとつに掲げる政治的エンパワメントは，被益者のリーダー（占拠地BとC等）とその周辺には当てはまりやすい。さらに，UPREZのような組織を通じて，貧困層はさまざまな運動組織や政府関係者，NGOと知り合う機会をもつことになる。PRDやMORENAの集票目当ての動員は，クライエンテリズムとの誹りを免れない。その一方，先住民の自治を説くEZLNの関連行事への長期にわたる参加は，少なからぬ住民の権利意識の拡大を伴わずにはおかない。EZLNのミッションがメキシコ市を訪れたときの宿泊先のひとつはオトミー移住者の占拠地であり，2018年の大統領選に独立系の候補として出馬を目指した先住民女性"Marichuy"（Maria de Jesús Patricio Martínez）のキャンペーンにも多くの家族が協力している。

　このように，経済的なインフォーマリティをめぐる政治過程は，低所得層に対して，生存を保障するだけでなく，条件が揃うならば，政府補助を受けた集合住宅の獲得や政治的エンパワメントをももたらす。だが同時に，本事例はインフォーマル・ポリティクスの限界も示唆する。地震による被災は，占拠地住民の脆弱性を高め世間の耳目を集める点において支援を得やすくした〔**表4-2**の(1)の改善〕。その一方で，廃屋を追われ路上住まいとなった占拠者の場合のように，効果的な支援の費用を高める効果ももった〔同(5)の

表 4-2　不法占拠地に住む先住民移住者が政府支援を受けるための条件

分類	条件
占拠者の特徴	(1) 自助の難しい脆弱な状況下に置かれている。
	(2) 内部対立を乗り越え，支援組織の活動に継続的に参加し信頼を得る。
	(3) スペイン語が流暢，人望がある等，リーダーの能力が高い。
	(4) 周辺住民から苦情を寄せられるような行動を一定の範囲内に抑えられる。
占拠地の特徴	(5) 政府による占拠者への支援費用が相対的に低い。
支援組織の特徴	(6) 介在する運動組織や NGO が占拠者を動員し政府から譲歩を引き出す能力に優れる。
政治環境の特徴	(7) 該当政府が資源を有するないし貧困層や先住民からの支持を必要としている。

インフォーマル・ポリティクスの便益を高めリスクを減らすよう，MUP は左派政府および受益者自身と協働。

(出所) 筆者作成。

悪化〕。また，モンレアルのように，左翼政党に属しながらも不法占拠者に共感をおぼえぬ政治家も出現し得る〔同(7)の悪化〕。インフォーマル・ポリティクスはさまざまな負のリスクにさらされやすい。

　支援組織〔**表 4-2** の(6)〕は，これらのリスクを低めるため，政府関係者や占拠者自身に働きかける。UPREZ は，多様なアプローチを使い分けることで，オトミー移住者がインフォーマル・ポリティクスから利益を引き出せるよう努めてきた。とはいえ，UPREZ のような組織が経済的エンパワメントに寄与するところは少ない。それは，受益先住民の不利な初期条件に，UPREZ 等の生産よりも再分配に重きをおくイデオロギー，さらに異なる世界をつなぐ仲介者として，課題に対し即興的で弾力に富む対応を好むことがあわさったことによる。結果として，オトミー占拠者のあいだで広義の人的資本の絶対的な改善はみられるものの，就業構造をほとんど変えるに至っていない。占拠地と占拠者の数は増えており，不安定な生業に就き，さまざま

な組織から支援を受けながら劣悪な住環境に耐える「都市のオトミー」が，新たに再生産されている。政治の論理（分配の正義）に，経済の論理（効率の達成）が犠牲にされているようにみえる。それは，支援対象が首都圏で社会経済的に底辺をなす先住民移住者でなくても，当てはまるところが大きいだろう。

　最後に，インフォーマル・ポリティクスのマクロな政治への含意を考察してみたい。総選挙が近づくにつれ，UPREZをはじめ民衆運動組織は，彼らが支援する人びとに対して，オブラドールおよび他のMORENA候補者への協力をいろいろな形で求めていくだろう。他党候補者と人気が拮抗する選挙区では，こうした協力は大きな影響力をもつことになる。だが，より興味深い思考実験は，もしもオブラドールが大統領に当選したらなにをするかである。モンレアルよりは不法占拠者や左派の運動組織を尊重すると予想される一方で，それと中産階級の利害や経済成長との折り合いをどうつけていくのだろうか。

おわりに

　不法占拠や露店商に限らないが，法規に抵触した経済活動の規模がメキシコにおいてなかなか縮まらないのには，政治的理由もある。生産性の停滞と結びついた制度の複数性，「表と裏の乖離」について，経済学者のサンティアゴ・レヴィをその典型とするように，政策エリートは一流であるほど，一元的な改革によってそれを消し去ろうという誘惑に駆られるのかもしれない。だが，そうした改革がメキシコで実際に導入され成功を収めることがないのは，エリートの言説もフォーマルな制度も信頼しない国民が広範にわたるうえ，UPREZのように，多様な不満を言語化し，互いに結びつけ，さらに改革に批判的な政治勢力と連結させるような主体が存在するからである。本章では，都市民衆運動組織の介在するインフォーマル・ポリティクスの事

例研究をとおして，操作しやすい政策変数に注目するだけでは，インフォーマリティの理解としても対策としても不十分であることを示そうとした。

現在のメキシコに必要なのは，改革を否定する言説や組織を時代遅れで貧困層の無知につけこんでいると嘲笑うことでもない。逆に，改革の推進派を不正な現実に目を閉ざし格差拡大をもたらすと決めつけて，忌み嫌うことでもない。むしろ，専門知識にもとづいて明解な解決策を求める主体と，異質性や多様性を残すよう政治的，社会的に働きかける主体とが対話し，擦り合わせを促すようなメカニズムを構築することにあるのではないか。それは，分断を助長しこそすれ解決することのないポピュリズムに対抗するためでもある。

〔参考文献〕

〈日本語文献〉

受田宏之 2009.「自由を設計することの矛盾——貧困研究と制度論」下村恭民・小林誉明編『貧困問題とは何であるか——開発学への新しい道』勁草書房.

——— 2014a.「階級とインフォーマリティ——経済学が見落としがちなもの」ラテン・アメリカ政経学会編『ラテン・アメリカ社会科学ハンドブック』新評論.

——— 2014b.「現代メキシコ左翼のジレンマ——メキシコ市における左翼政党，社会運動組織，低所得層の間のインフォーマル・ポリティクス」『アジア経済』55(1): 67-96.

——— 2017a.「嫌われる露天商や不法占拠者たち——インフォーマリティの政治経済学」星野妙子編『21世紀のメキシコ——近代化する経済，分極化する政治と社会』アジア経済研究所.

——— 2017b.「ロペス＝オブラドールとは何者なのか——メキシコ2018年総選挙の展望」『ラテンアメリカ時報』1420: 32-34.

ミュラー，ヤン＝ヴェルナー 2017.『ポピュリズムとは何か』（板橋拓己訳）岩波書店.

〈外国語文献〉
Ackerman, John M. 2015. *El mito de la transición democrática*. México: Temas de Hoy.
Basu, Kaushik 2011. *Beyond the Invisible Hand: Ground Work for a New Economics*. New Jersey: Princeton University Press.
Bautista González, Raúl 2015. *Movimiento urbano popular: Bitácora de lucha 1968-2011*. México D.F.: Casa y Ciudad.
Bolio, Eduardo, Jaana Remes, Tomás Lajous, James Manyika, Eugenia Ramírez, and Morten Rossé 2014. *A Tale of Two Mexicos: Growth and Prosperity in a Two-Speed Economy*. McKinsey Global Institute.
Cadena-Roa, Jorge y Miguel Armando López Leyva eds. 2013. *El PRD: Orígenes, itinerario, retos*. México D.F: UNAM.
Centeno, Miguel Angel and Alejandro Portes 2006. "The Informal Economy in the Shadow of the State." In *Out of the Shadows: Political Action and the Informal Economy in Latin America*, edited by Fernández-Kelly, Patricia and John Shefner. Pennsylvania: Pennsylvania State University Press.
Cross, John C. 1998. *Informal Politics: Street Vendors and the State in Mexico City*. Stanford: Stanford University Press.
de Soto, Hernando 1986. *El otro sendero: La revolución informal*. Bogotá: Instituto Libertad y Democracia.
―――― 2000. *The Mystery of Capital: Why Capitalism Triumphs in the West and Fails Everywhere Else*. New York: Basic Books.
―――― 2002. "Law and Property Outside the West: A Few New Ideas about Fighting Poverty," *NUPI*, December: 349-361.
Elizondo, Carlos 2009. "Perverse Equilibria: Unsustainable but Durable Institutions," In *No Growth Without Equity? Inequality, Interests, and Competition in Mexico*, edited by Levy, Santiago and Michael Walton. Washington D.C.: World Bank.
―――― 2011. *Por eso estamos como estamos: La economía política de un crecimiento mediocre*. México D.F.: DEBATE.
Hanson, Gordon H. 2010. "Why Isn't Mexico Rich." *Journal of Economic Literature* 48(4): 987-1004.
Holland, Alisha C. 2017. *Forbearance as Redistribution: The Politics of Informal Welfare in Latin America*. Cambridge: Cambridge University Press.
Icazuriaga Montes, Carmen, Margarita Pérez, León Felipe Téllez, and Claudia Zamorano eds. 2017. *Por el derecho a la ciudad: Diálogos entre academia y organizaciones sociales de la Ciudad de México*, Ciudad de México: Casa Chata.
INEGI (Instituto Nacional de Estadística y Geografía) 2013. *Censo de Población y*

Vivienda 2010: Tabulados del Cuestionario Ampliado, México.

———— 2016a. "Actualización de la medición de la economía informal, preliminar. Año base 2008," *Boletín de Prensa* Núm.539/16, México.

———— 2016b. *Encuesta Intercensal 2015*, México.

La Porta, Rafael and Andrei Shleifer 2014. "Informality and Development." *Journal of Economic Perspectives* 28(3): 109-126.

Levy, Santiago 2008. *Good Intentions, Bad Outcomes: Social Policy, Informality and Economic Growth in Mexico*. Washington D.C: Brookings.

———— 2009. "Social Security Reform in Mexico: For Whom?" in *No Growth Without Equity? Inequality, Interests, and Competition in Mexico*, edited by Levy, Santiago and Michael Walton. Washington D.C.: World Bank.

Levy, Santiago and Norbert Schady 2013. "Latin America's Social Policy Challenge: Education, Social Insurance, Redistribution." *Journal of Economic Perspectives* 27(2): 193-218.

López Obrador, Andrés Manuel 2017. *2018 La salida*. México: PLANETA.

Maloney, William 1999. "Does Informality Imply Segmentation in Urban Labor Markets? Evidence from Sectorial Transitions in Mexico." *World Bank Economic Review* 13(2), 275-302.

———— 2004. "Informality Revisited." *World Development* 32(7), 1159–1178.

———— 2009. "Mexican Labor Markets: Protection, Productivity, and Power." In *No Growth Without Equity? Inequality, Interests, and Competition in Mexico*, edited by Levy, Santiago and Michael Walton. Washington D.C.: World Bank.

Marx, Benjamin, Thomas Stoker, and Tavneet Suri 2013. "The Economics of Slums in the Developing World." *Journal of Economic Perspectives* 27(4): 187-210.

Mathews, Gordon, Gustavo Lins Ribeiro, and Carlos Alba Vega eds. 2012. *Globalization from Below: The World's Other Economy*. London and New York: Routledge.

Monreal Ávila, Ricardo 2016. *La economía del delito*. Ciudad de México: L.D. Books.

MORENA (Movimiento Regeneración Nacional) 2016. *Documentos básicos*, Ciudad de México: Tribunal Electoral del Poder Judicial de la Federación.

Ochoa Torres, Juan Manuel 1999. *El comercio ambulante*. México: EDAMEX.

Rello, Jaime 2017. "La carta por el derecho a la ciudad desde los movimientos sociales." en Icazuriaga Montes et al ed., 111-118.

Rivera Huerta René, Nidia López y Alejandra Mendoza 2016. "Políticas de apoyo a la productividad de la microempresa informal ¿Dónde está México?" *Revista Problemas del Desarrollo* (184): 87-109.

Tokman, Victor E. 2011. "Employment: The Dominance of the Informal Economy."

In *The Oxford Handbook of Latin American Economics*, edited by Ocampo, José Antonio and Jaime Ros. Oxford.

Vargas González, Pablo ed. 2016. *Ciudad de México: quince años de políticas públicas en gobiernos de izquierda*. México: Universidad Autónoma de la Ciudad de México.

第5章

メキシコのエネルギー改革

——資源ナショナリズム,地質的・技術的制約と政治の変化——

坂口　安紀

はじめに

　メキシコは,世界でもっとも早く,20世紀前半に資源ナショナリズムの高揚と石油産業の国有化を経験した国である。メキシコ革命に始まる長い歴史を通して強固な資源ナショナリズムが醸成され,石油はメキシコ国民のアイデンティティの源泉にもなっている。また石油産業は,メキシコの財政や外貨獲得,国内産業の育成においても重要な役割を担ってきたため,石油産業の国家支配については21世紀に入るまで国内でその修正を求める声は聞かれなかった。1980年代後半よりメキシコでは新自由主義経済改革が進められ,銀行や通信など多くの産業において国営企業の民営化と外資導入が進んだが,石油部門は経済改革の波から守られた「改革の聖域」として残された。

　このような状況に対して2013年8月,ペニャ＝ニエト大統領は,石油部門に海外企業や国内民間企業の参入を認める憲法改正案を提出した。これに対しては,即座に強い政治的反発が起こった。同改憲案に反対する左派政治リーダーの呼びかけに呼応して多くの市民団体や市民が集結して大規模な抗議行動が幾度も発生した。左派の民主革命党（PRD）は主要3政党間で結ばれていた改革のためのパクト,「メキシコのための同盟」（Pacto por México）

からの離脱にふみきり，攻勢を強めた。

　長年「改革の聖域」であった石油部門改革は，このように議会の内外で強い政治的抵抗にあったにもかかわらず，議会審議を経てわずか4カ月後の12月に成立し，メキシコの石油産業に海外企業や国内民間企業の参入を許すことになった。

　石油部門は，序章で指摘されたメキシコの旧体制の遺制，すなわち長期に及ぶ一党支配型権威主義体制および国家介入型経済の特徴をもっとも色濃く残す産業部門である。財政の要である国営石油会社 Pemex の人事は長年政権を担っていた制度的革命党（PRI）が握っていた。石油労組はさまざまな経済的恩恵を認められる一方で，与党（PRI）の政治的動員ツールとしても機能してきた。一方，一般国民も安価な国内燃料価格という恩恵を広く享受できたこと，石油は国富であるという認識にもとづく資源ナショナリズムから，エネルギー改革への抵抗は強かった。にもかかわらず，なぜ2013年にはエネルギー改革はわずか4カ月で実現したのだろうか。本章は，それを可能にした政治的背景を明らかにすることを目的とする。メキシコ石油産業が直面する技術的・経済的制約を前提としながらも，長年「改革の聖域」として残されたエネルギー改革を可能にした国内政治の変化に注目する。

　本章ではまず，メキシコのエネルギー改革の進展具合について確認する。次にエネルギー改革に対する強い抵抗の根拠となるメキシコの資源ナショナリズムついて概説し，なぜそのような強い抵抗を抑えてエネルギー改革がわずか4カ月で達成できたのかについて，技術的要因および国内政治の両方から考察を進める。

　なお2013年のエネルギー革命は石油部門に加えて天然ガス，電力部門も対象となっているが，本稿では石油部門のみを取り上げる。ただし石油と天然ガスは同じ炭化水素資源であり産業として共通項が多いため，以下の議論では必ずしも天然ガスについて排除しない。

第1節　エネルギー改革の進展

　本論に入る前に，まずはエネルギー改革の進展具合について概説したい。2013年8月ペニャ＝ニエト大統領は石油産業の上流部門への外資参入を可能にする憲法改正案を発表した。連邦議会での審議・承認，憲法改正に必要となる州議会の同意もとりつけて，同年12月に地下の炭化水素資源の国家所有を定める憲法25条，27条，28条の改正が成立した。その結果，地下に存在する炭化水素資源は引き続き国家に帰属するものの，採掘されて地上に取り出された生産物については，私的所有が認められることになった。すなわち掘り出され地上に出た原油の処分権を国家（またはPemex）以外の企業がもつことが可能となったのである。また，それまではサービス契約（後述）でしか認められなかった民間（外資も含む）企業との契約が，企業にとってもっとも自由度の高いコンセッション（ライセンス）も含めて認められることになった。そして，Pemexの経営評議会から，石油労組の代表が排除された。

　憲法改正を受け2014年にはそれを具体化するための二次法案が議会において成立した。そして2015年以降ふたつのスキームを通してすでに多くの企業がメキシコの石油部門への参入を決めている。ひとつはPemexが優先的に確保した鉱区において，外部企業（Pemex以外の企業。国内民間企業，海外の国営・民間企業を含む）がパートナーとして参画するスキームである。2014年にはPemexが希望する鉱区を優先的に確保すべく申請する「ラウンド・ゼロ」が実施された。その結果PemexはPemexが希望していた鉱区の大半（確認・推定埋蔵量の83％）を承認された。そしてそれらの鉱区の開発において外部企業とパートナー契約を結ぶための入札が3つの鉱区に対して実施され，いずれも外資企業が落札している。

　もうひとつは，Pemexは優先権をもたずあくまでも他企業と同様に一事業者として参加しながら，国内外の企業も上流部門の探鉱・開発・生産に関

する入札に参加するスキームである。2015年7月より第1ラウンド（ラウンド・ワン）が開始され，第1ラウンドの4回，第2ラウンドの4回と，2018年1月末までにあわせて8回の入札が実施された（**表5-1**）。その結果70社以上が単独あるいはコンソーシアムを組んで契約を結び，2017年9月時点で約3億ドルの投資がすでに実施されている。欧米メジャーも参加しているが，中国やブラジルなどの国営石油会社，世界各地の中堅企業，そしてメキシコの民間企業が数多く参入している[1]。

　ここで石油や天然ガスの上流部門（探鉱，開発，生産）における国家と企業のあいだの契約形態について簡単に説明しておこう。一般的に産油国政府は資源に対する国家支配を確保しようとするとき，外部企業の参入を認める際には，その経営の自由度および生産された原油の処分権を制限しようとする。一方企業側にとっては，収益拡大のためには経営の自由度は不可欠であり，また生産物（原油）の処分権も重要な点となる。そのため，産油国政府と企業のあいだの契約においては，それらをどこまで認めるかが攻防のかぎとなる。想定される埋蔵量が大きいなど油田の状況が魅力的な場合はその攻防ラインは国家支配側に寄るが，リスクが高い場合などは，企業側に譲歩しないと入札を行っても期待しただけの企業の参加が見込めない。

　メキシコでは1958年以降は，国家（あるいはPemex）が決めた作業を定額現金払いで請け負うサービス契約のみが外部企業に許されてきた。外部企業はあくまでもPemexの下請け企業と位置づけられ，たとえば地震探鉱や掘削作業といった特定の作業を行い，その代金を受け取るという契約内容であったため，石油企業にとって参入インセンティブは低かった。参入インセンティブを上げるには，①報酬を定額ではなく生産量や収益に応じたものにする，②報酬を現金ではなく生産物（原油やガス）にする，③自由なオペレーションを許可する，といったことが重要になる。もっとも国家支配が

1）　CNH（国家炭化水素委員会）ウェブページより（https://rondasmexico.gob.mx/，最終閲覧日：2018年1月28日）。投資額は2017年9月までの実行額。

表5-1 エネルギー改革の結果

ラウンド	1.1	1.2	1.3	1.4
入札日	2015年7月15日	2015年9月30日	2015年12月15日	2016年12月5日
エリア，活動内容	浅海，探鉱	浅海，生産	陸上，生産	深海，探鉱
契約形態	生産物分与	生産物分与	ライセンス	ライセンス
入札対象鉱区数	14	5	25	10
落札鉱区数	2	3	25	8
落札者	メキシコと米英の中堅企業の1コンソーシアムが2鉱区とも落札。	ENI（伊）単独落札，およびメキシコ企業のコンソーシアムが落札。	カナダ，メキシコなどの中堅企業のコンソーシアムが落札。	メキシコ，米国などの中堅企業に加え，Exxon Mobil, Chevron, CNOOC（中），BP（英），Statoil（ノルウェー），Total（仏）などが形成するコンソーシアムが落札。PemexもChevron, Inpex（日）と組み1鉱区を落札。

ラウンド	2.1	2.2	2.3	2.4
入札日	2017年6月19日	2017年7月12日	2017年7月12日	2018年1月31日
エリア，活動内容	浅海，探鉱	陸上，探鉱	陸上，探鉱	深海，探鉱
契約形態	生産物分与	ライセンス	ライセンス	ライセンス
入札対象鉱区数	15	10	14	29
落札鉱区数	10	7	14	19
落札者	PemexとEcopetrol（コロンビア）のコンソーシアム，Total, Chevronなどのコンソーシアムが落札，ENIやLukeoil（露）が単独落札。	カナダとメキシコの中堅企業の同一のコンソーシアムがすべての鉱区を落札。	メキシコ企業のコンソーシアムがほとんどすべてを落札。	Pemexが単独あるいはShellやChevron, Inpexとのコンソーシアムで落札，ENI, Repsol（スペイン），カタール石油などもコンソーシアムで落札。

（出所）舩木（2016, 4 表2），CNH（国家炭素委員会）ウェブページの入札情報等より筆者作成。
（注）石油と天然ガスは同じ炭化水素資源であり，同じ鉱区内に併存することも多く，上記は「炭化水素の探鉱，生産」のための入札とされており，石油，天然ガスには分けられていない。

強い契約形態が，上述のようなサービス契約であり，国家支配がもっとも弱く企業に対してより多くの自由度を与えるのがコンセッション（ライセンス）契約である。後者では企業は30年など長期にわたり自由なオペレーションが認められ，また生産した原油の処分権も獲得する一方，国に対しては利権

料や各種税金を支払う。これらふたつの契約形態のあいだに，企業が自らリスクをとって自由にオペレーションし，その利益や生産物を企業と産油国とのあいだで分けあう利益分与（profit sharing）や生産物分与（product sharing）といった契約がある。前者は生産物を売却した後の利益を入札で決められた割合で企業と産油国側が分け合うもので，報酬は現金で支払われ企業は原油を受け取ることができない。一方後者では企業は生産物を産油国と分け合う，つまり報酬を原油で受け取ることができるため，企業にとっては好ましい。

ここで今回のエネルギー改革での契約形態をみてみよう（表5-1）。今回の改革では，生産物分与とコンセッションの契約しかみられない。当初2回は生産物分与契約での入札となったが，対象鉱区数に対して落札鉱区数は少ないうえ，地元企業や中堅石油企業のみの参加となり，高い技術力と資金力をもつ欧米の大手企業をひきつけることはできなかった。3回目以降は1回を除いてすべてライセンス契約での入札としたところ，ほぼすべての鉱区において落札されるようになっており，また欧米メジャーも参加するようになった。国家介入を抑え企業に自由な操業を認める契約形態が民間資本をひきつけるためには重要であることが見てとれる。

第2節　強固な資源ナショナリズムとエネルギー改革への抵抗

2-1　メキシコ革命と資源ナショナリズム

このようにエネルギー改革は，2013年末の憲法改正以降短期間に多くの外部企業の参入を実現させた。とくに30～40年と長期にわたって外部企業に自由な操業を認めるライセンス契約が主流となっていることは，資源ナショナリズムが強固だったメキシコの石油産業にとっては歴史的転換であったといえる。

メキシコの資源ナショナリズムと石油の国家支配は，メキシコ革命にルー

ツをもつ。メキシコの石油開発は，20世紀初頭にポルフィリオ・ディアス独裁政権が欧米の石油メジャーにライセンスを譲渡し，自由な操業を認めていたことに始まる。独裁政権の保護を受けた外資石油メジャーが国富を搾取し海外にもち出しているという認識とそれに対する強い民族的反発が，メキシコ革命の核となった。1917年の革命憲法は，地下の炭化水素資源の国家帰属を確立し，それにもとづき1938年には石油産業が国有化され，石油生産の唯一の担い手として国営石油会社Pemexが設立された。それ以降もサービス契約の枠組みで一部外資企業が参加していたが，1958年には定額支払い以外のサービス契約も排除され，実質上外資は完全に排斥された。

　石油産業の国家独占が確立されるのにともない，Pemexは生産企業でありながら，国家財政を支え，安価なエネルギー供給により工業化を後押しし，国民生活を支えるという役割を担うようになった。Pemexは税引き前利益と同等あるいはそれを上回る額の各種税金を支払い，長年財政収入の3〜4割を担っていた（詳細は後述）。石油が国家財政や国内製造業部門を支え，そして安価な燃料で国民生活に直接恩恵を与えるという構造であるため，石油産業においては他産業以上に国家支配を緩めることへの抵抗が強いといえる。

2-2　PRI政権下の密接な政労使関係

　さらに，長期政権化したPRI体制下で，PRIとPemex，石油労組をめぐる密接な関係が石油部門改革を困難にした。Pemexの経営陣は大統領によって任命されるため，歴代PRI党員あるいは同党に関係が深い人物が社長を務めてきた（**表5-2**）。石油労組STPRMもPRI長期政権下で，伝統的コーポラティズム体制の一翼を担い，PRI候補支持のための強力な動員，集票マシンとして機能する一方で，手厚い福祉制度や経済的恩恵を受けてきた。さらにはSTPRMリーダーらが関与する企業がPemexの各種作業の下請けや調達を入札なしに獲得するなどの既得権をもっていた（Rousseau 2017, 371-372）。加えて2013年まではPemexの取締役会には労組代表の割り当てが確

表5-2 歴代のPemex社長

任期	政権与党	氏名	背景	所属政党
1970～76年	PRI	Antonio Dovalí Jaime	エンジニア，大学教授，官僚	
1976～81年	PRI	Jorge Díaz Serrano	技術学校出身の技術者，Pemex下請け企業を経営	PRI
1981～82年	PRI	Julio Rodolfo Moctezuma	法律専門，政治家，財務大臣	PRI
1982～87年	PRI	Mario Ramón Beteta	エコノミスト，財務大臣，銀行（SOMEX）頭取，Pemexの後はPRI選出州知事	PRI
1987～94年	PRI	Francisco Rojas Gutiérrez	会計検査院トップ	PRI
1994年	PRI	Carlos Ruiz Sacristán	企業家，銀行，財務省，通信運輸大臣	PRI
1994～99年	PRI	Adrián Lajous Vargas	エコノミスト，大学，官庁を経由し，1982年以降Pemexで貿易局や生産計画副局長，Pemex Refinación社長などを務める	PRI
1999～2000年	PRI	Rogelio Montemayor	エコノミスト，開発計画副大臣，Banamexその他銀行の執行役員，統計局長，国会議員	PRI
2000～04年	PAN	Raúl Muñoz Leos	化学者，DuPont内部昇進の社長	
2004～06年	PAN	Luis Ramírez Corzo	石油エンジニア，ITAM出身	
2006～09年	PAN	Jesús Reyes Heroles	エコノミスト，エネルギー大臣，ITAM出身MIT博士号，企業家。PRIメンバーだが，2006年の大統領選挙ではPRI候補ではなくPANのカルデロンを支持，カルデロン政権でPemex総裁に	PRI
2009～12年	PAN	Juan José Suárez Coppel	エコノミスト，ITAM出身，シカゴ大学博士号	
2012～16年	PRI	Emilio Lozoya Austin	ITAM，UNAM，ハーバードで修士課程	PRI
2016～17年	PRI	José Antonio González Anaya	エコノミスト，エンジニア，MIT，ハーバード，Pemexの後は財務大臣	PRI
2017年	PRI	Carlos Alberto Treviño Medina	エンジニア，元Pemex財務担当取締役，財務省や社会保険庁のポストを歴任	

（出所）各種資料より筆者作成。

保されており，組合は経営に直接参加することも可能であった。石油産業に外部企業が参画するようになると，このような政労使間の関係は維持が困難になり，変革を求められることが予想される。そのため石油労組は石油部門改革の最大の抵抗勢力であった。

2-3 エネルギー改革への批判

エネルギー改革を推進したのは，改革派のPRIと国民行動党（PAN）であり，それらに対して左派のPRDや国家刷新運動（MORENA）が連邦議会の

内外でさまざまな反対運動を展開した。PRD のカルデナスと MORENA のロペス＝オブラドールは，エネルギー改革の是非を国民に問う国民投票の実施を求める署名活動を展開した。左派政党と連携して数多くの市民社会組織もエネルギー改革に対する反対運動を街頭で繰り広げた。8月には約 100 の労働組合や草の根組織がエネルギー改革反対を訴えて集結し，10 月までに 3 度の大規模なデモ行進を実施した（Alonso 2014, 33）。

エネルギー改革への反対には 3 つの主張がある。ひとつは上述したようなメキシコ革命以来の資源ナショナリズムにもとづくものである（Alonso 2014）。また，ペニャ＝ニエト政権は石油利権を外国企業に譲渡し，米国や米国企業に便宜を図っているという，伝統的従属論の復古的主張もみられる（Merchand 2015）。

2つめは，石油政策の目的を輸出拡大およびそれによる外貨獲得に設定することに対する批判である。MORENA のロペス＝オブラドールは，石油は有限資源であり原油生産量の急激な拡大は可採年数の縮小を招くとし，国内需要の充足と国内経済と連関を深めた石油開発のあり方を主張する（Lopez Obrador 2008）。

3つめは，メキシコの石油産業の低迷は Pemex の資金不足にあり，それは Pemex に課された過剰な財政負担の大幅な軽減と Pemex 組織改革によって解決できるものであり，外資導入にふみきる必要はないというものである。Clavellina Miller（2014）は，Petrobras（ブラジル）や PDVSA（ベネズエラ）など南米の国営石油会社との比較から，税引き前利益率では Pemex はそれら 2 社よりも高く，むしろ財政負担や年金も含めた労働コストの負担が大きいことを指摘する。すなわち，Pemex に競争力や資金力がないために外資を導入することが必要という議論に対して，Pemex そのものの競争力は決して低くなく，むしろ財政負担の大幅軽減や Pemex 改革，労使関係の抜本的見直しこそが必要であると主張する。

第3節　メキシコの石油産業が直面する技術的問題

3-1　先行研究と本章の問い

　メキシコのエネルギー改革に関する先行研究では，時系列にその推移を叙述するもの（Garreon=Rodríguez and Rossellón 2012），ナショナリスト的見地からエネルギー改革を批判するもの（Alonso 2014; López Obrador 2008; Merchard 2015）などがある。一方モナルディ（Monaldi 2017）は，ブラジル，コロンビア，ベネズエラなど近隣諸国の経験と比較しながら，各国ともに石油政策が技術的要件と国内政治の影響を受けながら，ナショナリスト的なものと外資導入など開放的なものとのあいだで振り子のように揺れ動いてきたことを示している。ルソー（Rosseau 2017）は，メキシコとベネズエラについて，20世紀初頭以来100年以上の石油開発の歴史をたどりながら，とくに石油開発における国家介入や国営企業のあり方について詳細に記述している。またエネルギー改革の技術的側面については，日本のJOGMEC（石油天然ガス・金属鉱物資源機構）や国際的な石油関連のシンクタンクやジャーナルも，多くの技術的レビューや論文を発表している。

　しかしこれらの研究では，強固な資源ナショナリズムをもつメキシコにおいて，なぜ2013年にわずか4カ月で外資参入を広く認め，さらに彼らにほぼフリーハンドでの石油開発を認めるライセンス契約をも可能にするエネルギー改革が実現したのかという問いについて，十分な説明がされていない。本章では，この問いに対して，2000年代以降メキシコの石油産業が直面してきた厳しい技術的状況，Pemexの慢性的赤字による投資能力の欠如，そして2000年以降の政治的変化，とくに政権交代とそれが政党間協力や労組との関係に与えた影響に注目して考察する。

3-2　地質学的，技術的要件

　石油産業は以下のような特徴をもつ。第1に，油田は生産期間が長くなる

ほど地層内の圧力低下などにより生産性が低下する。その場合ガスを地層内に注入するなど追加作業・技術をかけるメンテナンス投資を行えば生産性を回復させることは可能だが，その分コストがかかる。適切なメンテナンス投資ができなければ，生産性は急速に低下する。第2に，探鉱・開発・生産の諸段階において，いずれも高度な技術を要する産業である。とくにメキシコのように石油開発の歴史が長い国の場合，開発しやすい油田はすでに開発しつくされていて既存油田の多くは生産性が低下している。そのため今後の新たな埋蔵量発掘や油田開発は，深海部など技術的に困難なものに依存せざるをえない。第3に，石油開発は油田が発見できれば大きな収益を得られるが，高いコストをかけても石油を発見できない可能性も高い。その場合その企業は大きな財務リスクを抱えることになる。そのため世界各地の石油開発では多くの場合，複数の企業がコンソーシアムを組織して単独のリスク・テイクを避ける，あるいは開発地域を分散して地理的にリスクを分散するということが行われる。

　石油産業にとって重要な指標が，埋蔵量の規模，産油量，そしてそれらから計算される可採年数（埋蔵量÷年間産油量）である。メキシコは1970年代末から埋蔵量が少しずつ縮小していたが，その当時から政治的思惑によって過大評価されているといわれていた。それが1990年代末に世界基準（SPE/WPC）で再評価したところ埋蔵量が約半減したのである（図5-1）[2]。その結果，1990年代末にメキシコは可採年数が近いうちに10年を切るという衝撃的な状況に直面し，実際に2015年には8.5年となった[3]。

　一方産油量も，国全体の産油量の7割以上を占める最大油田カンタレル

---

2) SPE/WPC (Society of Petroleum Engineers / World Petroleum Council) 基準にもとづく再評価による。1990年代末に過大評価を是正し国際標準にもとづく埋蔵量の発表にふみきった理由としてPemexは，今後石油開発の中心となるメキシコ湾深海部の探鉱には外資導入が不可欠であるがそのためには信頼性の高い数値を公表し外資の不信を払拭する必要があること，また国内全域の石油およびガスの埋蔵量を統一手法で評価することで長期事業計画が可能になるためとしている（阿久津・村田1999）。

3) BP (2017) より筆者計算。

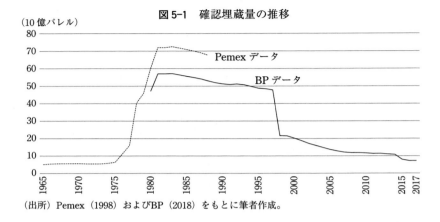

図 5-1　確認埋蔵量の推移

(出所) Pemex (1998) およびBP (2018) をもとに筆者作成。

表 5-3　メキシコ主要油田の日産量と確認埋蔵量

	2000	2004	2008	2012	2016	2016/2004	2017 確認埋蔵量 (100万バレル)	確認埋蔵量の分布 (％)
(1000bdp)								
北東海洋部	1,763	2,441	1,746	1,309	1,082	0.44	4,515	52.7
Cantarell	1,471	2,136	1,040	454	216	0.10		
Ku-Maloob-Zaap	292	304	706	855	867	2.85		
南西海洋部	622	388	500	586	619	1.59	1,234	14.4
南部	550	473	459	508	344	0.73	1,513	17.7
北部	78	81	87	145	109	1.34	1,300	15.2
合計	3,012	3,383	2,792	2,548	2,154	0.72	8,562	100

(出所) Pemex (2006, 16; 2015, 18; 2017, 22) より筆者作成。

(Cantarell) の生産が，2004年の1日当たり213.6万バレルをピークに急速に落ちこみはじめ，わずか12年で21.6万バレルとほぼ1割に縮小した (**表5-3**)。それ以外の油田での増産が急がれたがいずれも油田規模はカンタレルには及ばず，その結果メキシコ全体の産油量はわずか10年余で約3割縮小し，1日当たり215万バレルほどとなった (**図5-2**)。ベネズエラとともにラ

図 5-2　ラテンアメリカ 4 カ国の産油量の推移

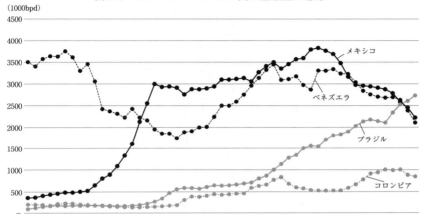

(出所) BP (2018) より筆者作成。

テンアメリカ域内では最大の産油国であったメキシコは，2015 年には，産油量が拡大を続けるブラジルに抜かれた。

　可採年数を回復し持続可能性を高めるには，新規の埋蔵量発見が急務である。陸上やメキシコ湾浅海部では今のところ大型の埋蔵量発見の見通しはないが，メキシコ湾の深海部において大規模埋蔵量が存在し，今後のメキシコの石油開発の主要部分となっていくことが予想されている。それには高い技術力と深海油田開発の経験，資金力が必要で，リスクも高い。Pemex は浅海油田に関しては経験をもつが，深海油田開発の技術はもたない。また長年外資石油企業を排斥してきたため，彼らからの技術移転もないままであった。このような状況から，メキシコ湾深海部油田の開発のためには，高い技術力と経験をもつ先進国石油会社の参加が不可欠であるという認識が生まれた。

3-3　Pemex の過剰な財政負担と財務リスク

　新たな石油埋蔵量の探鉱・開発，とくに高度技術が必要な深海部での探

表 5-4　Pemex　損益計算書（100万ペソ）

	2004年	2006年	2008年	2010年
売上げ高①	773,587	1,062,495	1,328,950	1,282,064
国内販売	449,013	546,738	679,754	683,853
輸出	324,574	515,757	644,418	592,908
サービス収入			4,778	5,303
営業費用②	264,106	403,106	654,032	631,355
純営業利益③＝①-②	509,481	659,389	674,918	650,709
諸営業費用④	54,280	78,041	103,806	104,253
経常利益⑤＝③-④	455,201	581,348	571,112	546,457
その他収入⑥	11,154	69,742	197,991	71,586
金融費用等⑦	7,048	22,983	107,512	11,969
非連結子会社からの配当等⑧			−1,965	1,541
税引き前利益⑨＝⑤+⑥-⑦+⑧	459,308	628,107	659,625	607,613
石油採掘税など⑩	419,629	582,855	771,702	654,141
生産サービス特別税⑪	54,705			
新会計基準への対応⑫	−10,469			
純益⑬＝⑨-⑩-⑪+⑫	−25,495	45,252	−112,076	−46,527

	2012年	2014年 (100万ドル)	2015年 (100万ドル)
売上げ高①	1,646,912	107,809	67,786
国内販売	867,037	64,207	43,369
輸出	772,699	42,825	23,666
サービス収入	7,176	777	750
営業費用②	832,491	58,791	74,439
純営業利益③＝①−②	814,422	49,018	−6,653
営業外費用④	118,101	9,751	2,182
営業外収入⑤	209,019	2,551	−138
経常利益⑥＝③−④+⑤	905,339	41,818	−8,973
金融費用⑦	4,891	9,171	13,309
非連結子会社からの配当など⑧	4,798	2	135
税引き前利益⑨＝⑥−⑦+⑧	905,246	32,649	−22,147
石油採掘税など⑩	902,646	50,691	19,266
純益⑪＝⑨−⑩	2,600	−18,042	−41,413

（出所）Pemex（2015, 6）より筆者作成．
（注）　2004〜2011年と2012〜2015年では，表の構成が若干異なる．
　　　Pemexのオリジナル表では金融費用は2004〜14年は−記号がついていたが，他とあわせるために−記号をとった．

鉱・開発には多額の資金が必要になる。しかし Pemex は歴史をとおして政府から過剰な財政負担を強いられてきた。**表 5-4** が示すとおり，Pemex は税引き前では大きい利益を上げているが，税引き前利益を上回る金額が課税されるため，最終的にはほぼ毎年赤字を累積している。Pemex の税負担率は，国際メジャーの平均税負担率のみならず，ラテンアメリカ域内の国営石油会社と比べても高い。Shell が約 30％，ブラジル国営石油 (Petrobras) が 30％弱，ベネズエラ国営石油 (PDVSA) が約 70％であるのに対して，Pemex は 80％となっている (Samples 2016, 615, Figure 1)。すなわち Pemex の組織改革を進めて経営効率を改善しても，過剰な財政負担が減らないかぎり Pemex は探鉱のための投資資金をもち得ない。

　Pemex の財務立て直しのために 2000 年代には，Pemex の財政負担の軽減や透明性を高める政策が段階的にとられた。Pemex の取り分を拡大すること，価格変動時のバッファとなる安定化基金を設置すること，予算策定時よりも石油価格が高かった場合の追加収入の分配方式 (Pemex，連邦政府，州政府，安定化基金) の明確化により政治的操作の余地をなくし透明性を確保すること，などである。

　しかしこれらは Pemex の財務再建には焼け石に水であった。ひとつには産油量の低下と国内需要の高まりから輸出量が減少している (表 5-5)。1 日当たりの石油輸出量 (原油および石油製品) は 2007 年の 186.6 万バレルから 2013 年には 136.5 万バレルを切る水準にまで縮小した (Pemex 2016)。国際石油価格が高い時期には，それが輸出量の低下を相殺することが可能だが，価格下落時には輸出量の低下は輸出収入をさらに低下させてきた。もうひとつは国民生活を支援するために，国内ガソリン価格を政府が低い水準に設定していることである。そのため Pemex は国内販売で収益を上げることができない。国内ガソリン価格の引き上げは，広く国民の生活に影響を与えるため，政治コストがきわめて高い。エネルギー改革後の 2017 年には Pemex は国内ガソリン価格の引き上げを発表したが，直後に国内各地で大規模な抗議行動が頻発している。

表 5-5 原油および石油製品の輸出入

	2007	2009	2011	2013	2015	2017	2017/2007
貿易量（1000bpd）							
石油輸出（原油＋石油精製品）	1,866	1,465	1,522	1,365	1,366	1,332	0.71
原油	1,686	1,222	1,338	1,189	1,172	1,174	0.70
石油精製品	180	243	184	176	194	158	0.88
石油精製品輸入	495	519	678	603	740	935	1.89
貿易額（100万ドル）							
石油輸出額	42,582	30,514	55,858	48,582	21,117	22,465	0.53
原油	37,937	25,605	49,379	42,712	18,451	20,023	0.53
石油精製品	4,052	4,657	6,194	5,527	2,588	2,402	0.59
石油輸入額	16,938	14,109	30,805	28,330	20,854	26,420	1.56
純輸出額	25,643	16,405	25,054	20,252	263	−3,955	

（出所）　Pemex（2018, 92）より筆者作成。
（注）　貿易額の石油輸出，石油輸入には，ほかにコンデンセート，ドライガス，石油化学製品も含まれる。

　このように Pemex は慢性的な赤字状態にあるため，投資余力をもたない。そのため可採年数が10年を切った状況で速やかに新たな埋蔵量を発見してメキシコの石油産業を立て直すためには，Pemex の財政負担を大きく減らす，あるいは外部からの資金に依存するしか選択肢はない。外部資金の取り入れ方には，ひとつには一部株式を売却すること（民営化），2つには社債発行や銀行などから資金を借り入れること，そして3つには先述のようなさまざまな形態の契約を通して外部企業の事業参入を認めることが考えられよう。ブラジルをはじめ世界の産油国の国営企業では一部株式を民営化しているものもあるが，資源ナショナリズムの強いメキシコでは，それは外資の事業参加以上にハードルが高い。社債発行については PAN 政権下でそれが可能になる制度変更が加えられた。しかし埋蔵量が激減している状況では，有利な条件での社債発行や借入れは困難である。とすると，外部企業の事業参加を拒否し続ければ，今後メキシコの石油産業の中心となることが予想されているメキシコ湾深海部の探鉱・開発が遠のくということになる。

最後に，もしPemexの財務が健全であったとしても，Pemex一社による独占体制を継続することはリスク管理上きわめて危ない選択であることを指摘したい。他社とリスクをシェアすることなくPemex単体で深海油田開発のようなハイリスクのプロジェクトを実施すると，もし商業規模の油田開発に至らなかった場合，Pemexの財務に甚大なダメージを与えることになる。加えて，Pemexはメキシコの財政収入の約3～4割を担ってきたため[4]，ハイリスクな石油開発コストをPemexが単体で担うのはメキシコの国家財政を大きなリスクにさらすことにもなる。

第4節　エネルギー改革を可能にした背景要因

　メキシコは1990年代末に確認埋蔵量が再評価の結果半分に縮小し，可採年数が近いうちに10年を切るという切迫した状況に直面した。また同国産油量の7割を占めるカンタレル油田が急激に産油量を減らし，わずか10年余でメキシコの総産油量は3分の2に縮小した。速やかに大規模投資を行わないと，メキシコの産油量低下と埋蔵量，可採年数の縮小は加速していく状況にあった。これが，エネルギー改革実現の最大の理由である。
　しかしながら，技術的に危機的状況にあるということだけでは，必ずしも改革に結びつくわけではない。歴史をふりかえると，1960年代にはメキシコは産油量の長期低迷と国内消費の拡大で石油輸出を停止せざるを得なくなり，原油や石油製品の純輸入国となった。20世紀初めには世界最大の石油輸出国であったメキシコが石油輸出を停止し純輸入国に転落したというのは大きな衝撃であったことは想像に難くないが，それでも当時石油産業の国家支配やPemexの独占体制は堅持された。
　技術的な危機のみではエネルギー改革につながらないとすれば，2013年

---

[4]　2013年以降は，税制改革および国際石油価格の下落によって財政の石油依存度は低下し，2016年には9％になっている（財務省SHCPウェブページより計算）。

エネルギー改革が議会審議わずか4カ月で実現したのはなぜか。この問いに対して本節では，以下の2点をその背景要因として考察していく。第1に2013年の石油上流部門の開放というエネルギー改革の「本丸」の前に，1980年代以降石油産業またはその周辺領域で改革が進められており，それが2013年改革の序奏となったということ，そして第2にエネルギー改革を議会で通過させるにあたり，2000年の民主化以降の改革推進派のPRI，PAN両政党間の共闘，そしてそれら政権政党と，最大の抵抗勢力ともいえる石油労組の関係の変化が重要であった，ということである。

4-1 エネルギー改革の序奏
(1) Pemex改革

メキシコの石油産業を強化するための政策として，1980～90年代のPRI政権下および2000年代のPAN政権下でまず取り組まれたのがPemex改革であった。PRI長期政権下でPemexの経営は政治利害に取り込まれ，経営合理性を著しく欠いていた。Pemexが効率的に経営され石油生産，輸出を増やすことをめざして，PRI，PAN両政権期においてPemexの人事と組織改革が行われた。

1980年代に政権を担ったPRIのデラマドリー政権は，生産性と収益性にもとづく経営をめざして「新Pemex」（El Nuevo Pemex）と銘打つ組織改革を打ち出し，メキシコ銀行副頭取や財務大臣を務めたベテタをPemex社長に任命した。それ以前の時期にはPemex社長にはエンジニアや弁護士出身者が任命されていたが，1982年以降，経済改革を推進するPRIの3政権下は，いずれもPemex社長にエコノミストを任命し，組織改革を進めた（**表5-2**）。

1986年に就任したサリナス大統領は，対外債務危機からの脱却をめざして新自由主義経済改革を断行した。公企業については，「公企業近代化計画」（Programa Nacional de Modernización de la Empresa Pública 1990-94）を発表し，公企業であっても経営合理性にもとづいて経営されることを求めた。その

一環として 1992 年には米国の大手コンサルタント企業に依頼し，Pemex の組織改革を実施した。改革の内容は，第 1 に Pemex の持株会社化と機能別の 4 つの子会社設立，およびそれらが独自の予算権限をもつことによる権力分散，第 2 に人材のプロフェッショナル化と社内に競争意識の導入，第 3 に 11 人による経営評議会の設立などである。以前 Pemex はすべての意思決定をエネルギー省，財務省，議会などと個別に交渉しなければならず非効率であった。それを効率化するために意思決定をこの経営評議会に一元化し，そこに政府代表，労組代表に加えて，専門経営者を招き入れ，彼らの経営合理性や経験を Pemex 経営に反映させようとした。

2000 年に就任した PAN のフォックス大統領は，PRI 政権期の Pemex 改革の基本路線，すなわち効率性重視や Pemex の経営の自立性強化をさらに進めた。そして，経営の現場を知る有能な「企業経営者による Pemex 経営」をかかげ，Pemex 社長にデュポン・メキシコのムニョス・レオスを任命した。そして経営評議会に，カルロス・スリムやロレンソ・サンブラノ[5]といった同国の重要な企業家 4 名を招き入れた。従来はすべて政府の役人と労組代表で占められていた Pemex の経営評議会は，現閣僚 2 名（エネルギー大臣，財務大臣），企業家 4 名，労組代表 5 名という構成になった。しかしながら大手民間企業の経営者を Pemex 経営陣に任命したことについて議会から強い反発を受け，フォックス大統領は彼らを解任せざるを得なくなった[6]。政権交代直後のフォックス政権の政治運営の難しさと，Pemex 経営陣はひきつづき政治ポストであるいう従来の認識の強さが見てとれる。

PRI 期（1980～90 年代）と PAN 期（2000 年代）の Pemex 改革は，上述のように類似した内容の連続した改革であった。とはいえそれらは異なる切迫

---

5) スリムはラテンアメリカ各国で通信事業を手広く展開し，米国フォーブス誌の個人資産ランキングで世界一となるなど世界的富豪としても知られる。一方サンブラノはメキシコ最大のセメント企業 Cemex の社長であり，IBM や Citigroup など米国大企業の経営陣にも名前を連ねる国際的ビジネスマンであった。
6) 企業家 4 人に代わって新たに任命されたのは，経済大臣，通信運輸大臣，および貿易銀行（Bancomex）社長，社会保険庁（IMSS）会長である（早川 2001, 109; 119）。

した問題への対応として Pemex の生産性向上をめざしていたということは指摘しておこう。PRI 期，とくにデラマドリー期の改革は，当時国が直面していた対外債務危機への対応として，外貨獲得源である Pemex により多くの外貨収入を獲得させるために取り組まれたものであった。一方 2000 年代以降の PAN 期の改革は，埋蔵量と生産量，可採年数の急減といった石油産業そのものの困難な状況を打開しようとしたものであった。しかし Pemex 改革が進展する一方で，埋蔵量，産油量の低下はとまらず，さらにふみこんだ改革が不可避であることは明らかだった。

(2) 天然ガス部門改革

　天然ガスは石油と同じ炭化水素資源であり，開発や生産においても多くの共通項をもつ。メキシコでは，石油と同じ憲法規定によって Pemex による独占が規定されてきた。とはいえ財政や国家経済への寄与度からいってもメキシコの炭化水素資源の中心はあくまでも石油であり，天然ガスはその周辺に位置づけられる。

　石油および天然ガス産業は，探鉱・開発・生産までの上流部門と，運輸・貯蔵・精製・販売といった下流部門に分けられる。資源の国家帰属と Pemex による独占を規定するメキシコ憲法および諸法は，上流・下流双方をその対象とするが，資源ナショナリズムは上流部門において下流部門より強い傾向が一般的にみられる。

　メキシコでは，1990 年代に産業用ガスの需要が拡大し輸入依存が高まり，上流・下流ともに天然ガス部門の拡大が急務であった。そのような状況でまずは 1995 年に，政府は天然ガスの下流部門（流通や小売りなど）の民間への開放（Pemex 独占の終了）にふみきり，その結果米国やスペインの企業が参入した。そして 2003 年にはガス上流部門においても，マルチプル・サービス契約（MSC）の枠組みのもと外資を含む外部企業の参入が認められた。MSC とは，特定の作業委託にかかるサービス契約を多数束ねる形式をとるもので，探鉱開発をまとめて受注できる。第 1 回の MSC 入札では Repsol-

YPF,（スペイン－アルゼンチン），Petrobras/D&S（ブラジル），帝国石油（日本）が落札し，2004年から操業を開始している。このように天然ガス部門において石油に先行して漸進的に進められたこれらの改革が，のちにエネルギー改革の本丸ともいえる石油の上流部門における民間開放の伏線となったと考えられる。

　この天然ガスのMSCの経験は，2つの意味でその後のエネルギー改革にとって示唆的であった。ひとつには，あくまでも下請けという位置づけであり，自由なオペレーションや生産物の処分権を伴わないMSCは，外資，とくに欧米の大手メジャーにとっては参入インセンティブが低いことを示した。第1回の入札は成功し操業開始につながったが，第2回以降の入札は低調で投資をひきつけられなかったのである。この経験からは，外資，とくに高い技術力と資本力をもつメジャーを呼び込むためには，MSCなど自由度の低い契約形態では不十分であり，外資にとって魅力的な契約形態を検討する必要があることが明らかになった（伊原2009）。これは，2013年のエネルギー改革において，数十年の長期にわたるライセンス契約が認められたことにつながっていると考えられよう。

　もうひとつは，天然ガス部門におけるMSCをめぐる事前の諸政党の議論である。MSCをとおしたガス部門への民間参入を主導していたのはPemexであり，与党PANもそれを支持していた。しかしそれに対して野党のPRIとPRDは，外資参入に反対であった。PRIはMSCをとおして外資が天然ガス部門に参入するのを阻止すべく，2002年12月にMSCの対案として，Pemex株式の10％を国内限定で公開する法案を提出していた（国内個人および年金基金のみ対象，経営権は100％国のまま，配当のみ）（佐々木2003）。最終的には2003年にMSCによって外資が参入することになったものの，事前の議論において，当時の野党PRIとPRDが国内に限定したとはいえPemexの民営化を提案したことの意味は大きい。すなわち，地下の炭化水素資源（この場合は天然ガス）は国家に帰属すると規定する憲法第27条に対して，PRIとPRDが天然ガス部門の部分的民営化を提案したということである。

2005年9月にフォックス政権はさらにふみこみ，ガスの上流部門への外資参入を可能にする憲法改正案を提出している（齊藤2005）。しかしこれは議会での反対を受けて成立しなかった。とはいえ，1995年のガス下流部門の開放，2003年の上流部門のMSC契約による外資導入は，本丸である石油部門の民間開放に向けて資源ナショナリズムの外堀を少しずつ埋める重要なステップとなったといえる。

4-2　エネルギー改革を可能にした政治的要因
(1)政権交代とPRI-PANの共闘
　エネルギー改革の実現を可能にした政治面での最大の要因は，PRIとPANが議会において共闘したことである。2000年の民主化以降，議会においてはPAN，PRIいずれの政権下でも与党が単独過半数を獲得しておらず，政策遂行には他政党との連携が不可欠な状況が続いている。そして石油産業への外資参入の道をひらくエネルギー改革に対しては，PRDやMORENAなど左派政党が強硬に反対しており，議会で過半数をもたないPRIにとってはPANとの連携は改革実現にはきわめて重要であった。
　新自由主義経済改革が開始された1980年代以降，労働組合などを支持基盤にもち中道左派といわれてきたPRI内部には改革推進派が存在感を増していた。彼らは企業家層に支持基盤をもつ中道右派のPANとのあいだで，経済政策や石油政策において政策の方向性が近い。PRI改革派とPANが近いことは，2008年PANのカルデロン大統領が，Pemex社長にPRI党員でもある企業家レジェス・エロレスを任命したことからもうかがい知ることができる（表5-2）。
　2013年にPRIのペニャ＝ニエト政権が提案したエネルギー改革に対してPANが共闘した背景には，それに先立つPANカルデロン政権期に，同政権が提案した石油関連の財政改革およびPemexの組織改革に対してPRIが協力してそれらを成立させたことがある。2007年6月にカルデロン政権はPemexの財政負担を軽減するための財政改革法案を提出し，議会審議を

経て9月に成立させた。それには，Pemexに対する炭化水素税率の引下げ（79％から徐々に引き下げ，最終的には71.5％にする），国家財政の石油依存の低下，州政府への徴税権限（ガソリンやたばこ）譲渡による州財政の石油依存の低減，などがもりこまれていた。この税制改革において注目されるのは，州政府の独自財源の確保など野党PRIの要求の多くが反映されたことである（大川2007）。

カルデロン政権は続いて2008年にはPemexの組織改革にも着手した。第1に，経営評議会のメンバーを11人から15人（連邦政府から6人，外部専門家4人，労組代表5人）に拡大した。外部専門家を入れ，全体の人数を増やすことで，経営評議会における石油労組の影響力を低下させることができた。第2に，予算の自立性の確保である。それまではPemexの予算には財務省の承認が必要であったが，それが不要になった。第3に，Pemexが国内外の資本市場において，社債発行などにより資金調達が可能になった。第4に，Pemex子会社が外資を含む民間企業と新しいサービス契約を結ぶことを可能にした。第5に，石油政策を技術面で強化するために，国家炭化水素委員会（CNH）を設置した。

2008年のPemex改革は，議会審議をとおして主要3政党のいずれもが最終的には大筋に反対しなかったこと，そしてPAN, PRI双方にとっては翌2009年の国会議員選挙を前に，同改革の実現が自党にとって政治的成功とみなせたということが重要であった。PANにとっては自らの政権下で改革を実現できたこと，そしてPRIにとっては，自らの草案が尊重される形での改革となったことで（Rousseau 2017, 519），両党がPemex改革について「両者勝ち」（win-win）の経験となった。これは，エネルギー改革の実現という共通の目標に向けて，2政党が政治的功績を争い合わずに共闘できる下地となったと考えられる。

2012年に再び政権がPRIの手に戻ると，ペニャ＝ニエト大統領は，エネルギーに限らず広範な政治経済改革を実現するための政治基盤として，主要3政党間で「メキシコのための同盟」の締結にこぎつけた。しかし政府がエ

表5-6 各政党のエネルギー改革案の比較

項目	PAN	PRI	PRD
Pemex改革（税負担軽減，財務改善，経営の自立性の拡大など）	○	○	○
Pemex経営委員会から労組代表の排除	○	×	×
エネルギー改革（民間企業への開放）	○	○	×
契約形態（利益分配などによる民間企業の参加）	○	○	×
契約形態（ライセンス契約や生産物分与契約）	○	×	×
憲法の修正	○	○	×

（出所）佐藤（2014, 4）に一部加筆。

ネルギー改革を提案するやいなや左派PRDは同合意から脱退し，左派有力政治リーダーのロペス・オブラドールとともに反対に回った。そのため「メキシコのための同盟」は，PRI-PANの共闘の枠組みとなり，PRI改革派とPANが連携することで，エネルギー改革を実現させていったのである。

これら2政党が連携を維持しながら改革実現にこぎつけることができた背景には，PANカルデロン政権下で両党が連携しながら，しかも野党PRIの意向を尊重した改革案にすることで政策を実現していったウィンウィンの経験があった。実際，2013年に実現したエネルギー改革の中身は，与党PRI案ではなく野党のPAN案に近いものであった（表5-6）。両党の改革案は，憲法改正を含め多くの点で意見が一致していたが，2つの点において意見が対立していた。PRIは当初，経営評議会からの労組代表の排除と，生産物分与契約やライセンス契約など，参入企業の自由度が高い契約形態を含めることには反対であった。しかし最終的にはそれらを含めてすべてを認めるPANの改正案がほぼそのとおりにPRI政権下でとおったということがいえる。労組代表の経営評議会からの排除については，PANがペニャ＝ニエト政権に対してエネルギー改革に同意する条件として求めたものである[7]。

---

7) "PAN y PRI chocan por sindicato de Pemex." *El Economista*, 9 de diciembre de 2013 (https://www.eleconomista.com.mx/politica/PAN-y-PRI-chocan-por-sindicato-de-Pemex-20131209-0030.html).

(2) 石油労組の影響力の低下

　エネルギー改革が実現したもうひとつの理由は，石油労組 STPRM の政治的影響力の低下であろう。1935 年に設立された STPRM は Pemex よりも歴史が古く，PRI 一党支配を支えたコーポラティスト体制においてもっとも重要な労組のひとつであった。長期にわたって PRI 政権下で同党と密接な関係にあった STPRM は，石油労働者に対して，給与，諸手当，年金などにおいて多くのベネフィットを獲得してきたが，それが労働コストを肥大化させ，Pemex の財務を圧迫した。また，STPRM リーダーやその関係者が所有する企業に対して入札なく優先的に Pemex の下請け業務や調達契約を発注することが恒常化していた（Roussau 2017, 371-2）。そのため，Pemex 改革，とりわけ経営効率や財務の改善のためには，STPRM との関係を変えることが不可欠であり，1980 年代から 2000 年代にかけて Pemex の効率的経営をめざす改革のなかで，STPRM は徐々に経済的恩恵や政治的影響力をそがれていった。デラマドリー，サリナスという PRI のなかでも新自由主義改革推進派の大統領のもとで PRI と STPRM の関係は以前のパトロン＝クライアント的なものから対立的なものへとすでに変化していたが[8]，2000 年の PAN への政権交代で，STPRM の政府への影響力は大きくそがれることになった。

　2013 年のエネルギー改革では，Pemex の経営評議会から STPRM 代表が排除されるという，大きな決定がされている。これには，1980 年代以降新自由主義経済改革が推進され Pemex 改革が進められるなかで，STPRM と PRI および Pemex の関係が対立的なものへと変化していったことが伏線としてある。STPRM はもはや「改革の聖域」ではなくなり，彼らの既得権益は少しずつはく奪され，違法行為が黙認されることもなくなっていった。そ

---

[8] STPRM 関連企業への優先的受注斡旋の停止，STPRM の影の支配者とよばれ，脱税や不正蓄財をはじめ犯罪に手を染めていたエルナンデス・ガリシア（"La Quina"）の逮捕などにより，1990 年代までには PRI 政権と STPRM の関係は対立的なものへと変化していた（Rousseau 2017, Maza 2013）。

の一方で，STPRM のリーダーらの贅沢な生活ぶりや彼らが関与する汚職や殺人事件などが報道されるなかで，国民のあいだで石油労組に対するネガティブな認識が広がった[9]。

では STPRM はなぜ自らに不利なエネルギー改革に対して抵抗しきれなかったのだろうか。ひとつには，産油量の縮小や Pemex の財政難に歯止めがかからない状況では，Pemex 自体を立て直さないと雇用維持や労働債務の支払いなども困難になることが容易に推測される状況で，労組も従来のように既得権益を強く主張できなくなっていたことが考えられる。年金未払いなどの労働債務は，Pemex の収益にほぼ匹敵する 1.3 兆ペソにものぼっていたが，エネルギー改革の議論のなかで，これを国が肩代わりすることになった。ペニャ＝ニエト政権と STPRM のあいだでなんらかの取引があった可能性も考えられる（Muciño 2014）。

長年 PRI 一党支配を支えたコーポラティスト体制は，2000 年の政権交代で崩壊し，石油に限らず各種労組の PRI に対する影響力は弱まった。「メキシコのための同盟」のもと，2012 年には石油改革に先行して，教育部門改革が実施されている。全国教職員組合（SNTE）は石油労組と並んで強い政治力をもつ組織だが，ペニャ＝ニエト政権は彼らの利害に反する項目を含む教育改革に成功した。またエネルギー改革が実現する直前の 2013 年には，SNTE のゴルディージョ書記長が不正蓄財の疑惑で逮捕されている。彼女は石油労組 STPRM のロメロ＝デシャンプス書記長と並んで，贅沢な生活を送り汚職疑惑が根強い人物であった。彼女の逮捕は STPRM 書記長を追い詰めたと考えられる。SNTE は教育改革に対して強く抵抗していたが，STPRM のロメロ＝デシャンプス書記長は，「エネルギー改革に対して STPRM は教

---

9) *Forbes* 誌はメキシコでもっとも汚職にまみれた人物 10 人に，STPRM のロメロ＝デシャンプス書記長，そして後述する全国教職員組合 SNTE のゴルディージョ書記長を挙げている（"Los 10 mexicanos más corruptos de 2013." *Forbes*, 22 de diciembre, 2013. https://www.forbes.com.mx/los-10-mexicanos-mas-corruptos-de-2013/）。政治的に強力な労組リーダーらの汚職・不正疑惑や贅沢な生活実態に関しては国内でも多くの批判があり，『労組マフィアの主人』という本も出版されている（Cruz 2013）。

職員組合のように反対はしない。対話を通じて自らの権利を守る」と発言し，徹底抗戦をしないと強調していた（Rosas 2013）。実際 STPRM のロメロ＝デシャンプス書記長は，PRI 選出の上院議員でもあり連邦議会のエネルギー委員会の委員長であるにもかかわらず，上院での議論において労組が経営評議会のポストを失うという内容に対してなんらの条件もつけなかったのである（Rubi 2013）。

　過去 20 年余のあいだに政権交代やコーポラティスト体制の崩壊によって石油労組が政府や PRI に対して政治的影響力を大きく低下させたこと，そしてメディアが次々とあばく石油労組幹部の汚職や労組メンバーへの手厚い保護に対して STPRM に対する世論の見方も厳しくなっていることなどから，ペニャ＝ニエト大統領によって STPRM 幹部が追い詰められ，懐柔策に妥協せざるを得なかったことが推察される。ペニャ＝ニエトがまだ PRI の大統領候補である 2012 年 3 月にロメロ＝デシャンプス書記長はペニャ＝ニエト候補に対してエネルギー改革への支持を表明し，産油州における PRI ペニャ＝ニエト候補の集会には Pemex 労働者が多く動員されていた（Rubí 2013）。政治勢力内においても世論においても追い詰められた STPRM に対して，ペニャ＝ニエトが事前に（改革案発表よりも 1 年以上前の大統領選挙前にすでに）懐柔し合意をとりつけていたことが，エネルギー改革案が短期のうちに結実した大きな理由のひとつであるといえよう。

おわりに

　石油産業は，本書の共通の枠組みとして序章で提示された 3 つの基底的条件のうち，PRI の一党支配体制と国家介入型経済を対とする政治経済体制に長年しばられ，その結果経済合理性を失って弱体化した産業である。その体制を支えていたのはイデオロギーとしてのナショナリズムと，PRI と石油労組のあいだのパトロン＝クライアント的関係であった。その意味で，2013

年のエネルギー改革は，この歴史的遺制を克服した事例であったともいえよう。

　2013年のエネルギー改革は，大統領の改憲提案からわずか4カ月で，しかももっとも自由度の高いライセンス契約も可能にする形で実現した。それを可能にした背景要因として本章が指摘したのは，第1に地質的・技術的要件の悪化である。産油量が急速に縮小したこと，埋蔵量の半減により可採年数が近いうちに10年を切ることが予想される状況であったこと，今後開発可能な埋蔵量が深海油田に集中しており，その探鉱・開発には高度な技術と多くの資金が必要であること，一方でPemexが慢性的に赤字であり投資余力がないことなどが指摘された。

　第2に，2013年のエネルギー改革の前には，それに向けての序奏となるようなPemex改革や天然ガス部門の開放政策があった。1980年代から2000年代にかけてPRI, PAN両政権下でPemexの効率経営をめざした人材配置や組織再編が継続して実施されたが，埋蔵量や生産量の減少にはまったく歯止めがかからず，より抜本的な改革が必要であることが浮き彫りとなった。また石油に先行して天然ガス部門では，まず下流部門が，次に上流部門が外資に開放された。エネルギー改革の「周辺」部門から徐々に開放していくことで，改革の「本丸」である石油上流部門の改革に対する準備が進んだとみることができる。

　第3に，エネルギー改革に先立つ時期に，PANカルデロン政権が下野していたPRIと連携して税制改革やPemex改革を実現させたことで，両政党間がウィンウィンの経験を共有していた。改革を提案した与党PANは，自らの政策案に固執せずに野党PRIの政策案を尊重することで野党の協力を得ることができた。2013年のエネルギー改革のプロセスにおいては反対に，PRI政権は，野党PANの改革案を全面的に受け入れる形で合意をとりつけ改革実現にこぎつけた。

　第4に，エネルギー改革にとって最大の抵抗勢力となることが想定された石油労組が以前のような政治的影響力をもはや発揮できなくなっていた。長

年PRI政権下で政府と密接な関係をもち，保護され，多くの経済的恩恵を受けてきたSTPRMだったが，1980年代以降のPRI政権下の新自由主義経済改革やPemex改革，そして2000年の政権交代によって，政府とSTPRMの特別な関係は根本から崩れた。

　最後に，ブラジルとベネズエラの経験から，エネルギー政策には揺り戻しの可能性があるということを指摘しておこう（Monaldi 2017）。ベネズエラでは，1990年代に参入した外資によって開発されたオリノコの超重質油プロジェクトの生産が軌道に乗りはじめたこと，国際石油価格の上昇によって石油輸出収入が拡大したこと，そしてそれがちょうど資源ナショナリズムをかかげる急進左派政権下で起こったことが，石油政策の揺り戻しにつながった（坂口 2007，2010）。ブラジルでも左派の労働者党（PT）政権下で大規模なプレソルトの埋蔵量が発見されたことが，再び国益や政治利害を反映させる石油政策がとられる契機となった（岸本 2017）。そのため，メキシコでも今後左派政権の誕生や大規模な埋蔵量の発見や開発が進むと，エネルギー改革になんらかの修正がかかる可能性を否定できない。

〔参考文献〕

〈日本語文献〉

阿久津亨・村田修平 1999.「メキシコ――原油埋蔵量評価の変更による大幅下方修正」『石油・天然ガスレビュー』1999年10月号：14-39.

齊藤晃 2005.「メキシコ――ガス開発の外資導入を可能とする憲法改正案を提出」『石油・天然ガスレビュー』2005年11月号：98-101.

坂口安紀 2007.「ベネズエラの石油産業――超重質油依存とチャベス政権の政策」星野妙子編『ラテンアメリカ新一次産品輸出経済論――構造と戦略』アジア経済研究所.

――― 2010.『途上国石油産業の政治経済分析』岩波書店.

佐藤陽介 2014.「メキシコオイルセクター改革の動向」『石油・天然ガスレビュー』2014年7月号：1-14.

早川秀樹 2001.「Fox新政権下におけるメキシコ上流分野変革の現状と見通し――

国営石油会社 Pemex の改革と上流分野開放のシナリオ」『石油・天然ガスレビュー』2001 年 5 月号：104-121.

〈外国語文献〉

Alonso, Jorge 2014. "The Energy Reform: A Great Loss and a Betrayal." *Envío* January-February: 31-37.

BP 各年版. *Statistical Review of World Energy*. London: BP.（https://www.bp.com/en/global /corporate/energy-economics/statistical-review-of-world-energy.html，最終閲覧日：2018 年 8 月 8 日）

Clavellina Miller, José Luis 2014. "¿Reforma energética era realmente necesaria?" *Economía Informa* (385) marzo-abril: 3-45.

Cruz, Francisco 2013. *Los amos de la mafia sindical*. México DF: Grupo Planeta.

Garreon=Rodríguez, Víctor G. and Juan Rosellón 2012. "Mexico." In *Oil and Gas in Federal Systems*, edited by George Anderson. Ontario: Oxford University Press.

López Obrador, Andrés Manuel 2008. *La gran tentación: el petróleo de México*. México D.F.: Grijalbo.

Merchand, Marco A. 2015. "Estado y reforma energética en México." *Revista Probelams de Desarrollo*, 183(46), octubre-diciembre: 117-139.

Mayer-Serra, Carlos Elizondo 2011. "The Future of Oil in Mexico: Stuck in the Mud: The Politics of Constitutional Reform in the Oil Sector in Mexico." James A. Baker III Institute for Public Policy, Rice University, April 29.（https://www.bakerinstitute.org/media/files/Research/705e68da/stuck-in-the-mud-the-politics-of-constitutional-reform-in-the-oil-sector-in-mexico.pdf）

Maza, Enrique 2013. " 'La Quina' un imperio construido a golpes de corrupción." *Proceso*, 11 de noviembre.（http://www.proceso.com.mx/357614/la-quina-un-imperio-construido-a-golpes-de-corrupcion）

Monaldi, Francisco 2017. "The Rule of Law and Mexico's Energy Reform." James A. Baker III Institute for Public Policy of Rice University.（http://www.bakerinstitute.org/media/files/research_document/3fd5c555/MEX-pub-RuleofLaw_Monaldi-012417.pdf）

Muciño, Francisco 2014. "¿Qué privilegios (no) perdió el sindicato de Pemex?" *Forbes* 26 de agosto.（https://www.forbes.com.mx/que-privilegios-no-perdio-el-sindicato-de-pemex/#gs.=zeDzvE）

Pemex 各年版. *Anuario estadístico*. México DF: Pemex.（http://www.pemex.com/ri/Publi caciones/Anuario%20Estadistico%20Archivos/anuario-estadistico_2017_es.pdf，最終閲覧日：2018 年 8 月 8 日）

Proceso, 28 de febrero, 2013. "Romero Deschamps, del Pemexgate al Ferrari de su hija." (http://www.proceso.com.mx/334952/romero-deschamps-del-pemexgate-al-ferrari-de-su-hijo)

Rosas, Tania 2012. "Millonarios con salarios de clase media." *El Economista*, 21 de junio. (http://eleconomista.com.mx/sociedad/2012/06/21/millonarios-salarios-clase-media)

―――― 2013. "Petroleros no actuaran contra reforma energética." *El Economista*, 21 de agosto. (http://eleconomista.com.mx/sociedad/2013/08/21/petroleros-no-actuaran-contra-reforma-energetica)

Rousseau, Isabelle 2017. *Tribulaciones de dos empresas petroleras estatales 1900-2014 (Trayectorias comparadas de Pemex y PdVSA)*. México D.F.: El Colegio de México.

Rubi, Mauricio 2013. "Adopto al candidato y su propuesta energética." *El Economista*, 14 de diciembre. (http://eleconomista.com.mx/sociedad/2013/12/11/adopto-candidato-su-propuesta-energetica)

Samples, Tim 2016. "A New Era for Energy in Mexico? The 2013-14 Energy Reform." *Texas International Law Journal* (50) Special Issue: 603-644.

〈ウェブサイト〉
BP（ブリティッシュ・ペトロレウム）(http://www.bp.com)
CNH (Comisión Nacional de Hidrocarburo) 国家炭化水素委員会 (http://www.gob.mx/cnh)
JOGMEC 石油天然ガス・金属鉱物資源機構の「石油・天然ガス資源情報」(https://oilgas-info.jogmec.go.jp)
Pemex ペメックス（国営石油会社）(http://www.pemex.com)
SENER (Secretaria de Energía) エネルギー省 (http://www.gob.mx/sener)
SHCP (Secretaria de Hacienda y Crédito Público) 財務省 (http://www.shcp.gob.mx)

第 6 章

輸出産業は地域の雇用をどう変えるか

――グアナファト州の自動車産業の事例――

星野　妙子

はじめに

　輸出産業の成長は雇用をどう変えるのか。とくにメキシコの積年の課題である所得格差改善の切り札となるのか。本章はこの点を，近年成長めざましいグアナファト州の自動車産業を事例にとりながら考察することをねらいとしている。

　新自由主義経済改革後，一次産品輸出に回帰した国が多いラテンアメリカにあって，メキシコは輸出製造業を成長させた数少ない国のひとつである。しかし先行研究によれば，輸出製造業の成長はメキシコの雇用創出，所得格差改善の切り札とはなっていない。

　経済改革に伴うインフォーマル就業者の増加に着目する先行研究は，経済改革が近代部門の雇用を十分に生み出していないこと（Romero 2014, 194），経済改革により成長した輸出産業が，中国製品との競争や 2000 年代初頭の米国の不況により低迷したこと（Moreno-Brid and Ros 2009, 229-230）を指摘している。

　インフォーマル部門の拡大に並行して観察されたのが，高技能労働者と低技能労働者の賃金格差の拡大である（星野 2017b, 10-13）。格差拡大のメカニズムとして，フィーンストラらは，保税加工制度を用い進出した米系多国籍

企業が，垂直統合された生産工程のうち，米国にとり低技能労働集約的であるが，技能水準の低いメキシコにとっては高技能労働集約的な工程を移転したため，相対的に高技能の労働力需要が増加し賃金が上昇したと指摘する（Feenstra and Hanson 1997, 372）。

経済自由化後には地域間の賃金格差も拡大した。それは貿易自由化により製造業の最適立地がメキシコ市周辺から米国国境沿いへと変化したことによる。北部国境地帯が，市場である米国に隣接し輸送コストが低いことに加え，相対的に高い水準の物的・人的資本，通信・輸送インフラを備えていたためである（Chiquier 2005, 258; Hanson 2004, 530）。

以上のような先行研究の議論を前提としたとき，2010年代半ばに始まるグアナファト州の自動車産業の成長は次の2つの点で興味深い。

第1に，2000年代までの自動車産業の主要な輸出生産拠点である北部国境地帯と比較して，グアナファト州の教育水準は低く，インフォーマル部門の規模も大きい点である[1]。先行研究が指摘するように輸出企業で高技能労働力の需要が大きいとすれば，グアナファト州では企業が需要する労働力と，労働市場が供給できる労働力のあいだの，質の面でのギャップが北部国境地帯より大きいことになる。

第2に，2010年代に自動車産業は進化している点である。2010年から2016年のあいだにメキシコの乗用車・小型トラックの生産台数は226万台から347万台に伸びた。生産台数の増加により規模の経済が働くようになり，資本集約的工程への投資が採算にあうようになった。そのため生産される自動車部品がより多様になり，サプライチェーンは厚みを増した。資本集約的工程が増えたということは，機械操作の作業が増え，労働者に要求され

---

[1] たとえば2015年の15歳以上人口の平均教育年数は，北部国境地帯のフォードの工場があるソノラ州が10年，GMとクライスラーの工場があるコアウィラ州が9.8年であるのに対し，グアナファト州のそれは8.3年と低く中学校修了に満たない（INEGI 2015, 36）。一方，2017年第2四半期の全就業者に占める農業を含むインフォーマル就業者の比率は，コアウィラ州が37％，ソノラ州が45％であるのに対しグアナファト州は56％にも達した（INEGI 2017）。

る技能がより高度化したことを意味する。つまり，第1に述べた企業が需要する労働力と労働市場が供給できる労働力の質の面でのギャップが，さらに拡大したことになる。

　以上のような労働力需要の量的な拡大と質の面での需要と供給のギャップの存在が，輸出製造業の雇用にどのような影響を及ぼすのか。本章ではそれをグアナファト州の事例について明らかにし，雇用と所得格差改善のために輸出製造業にどのような役割を期待できるか，あるいは改善の切り札としてはどのような限界をもつのかを考察したい。

　以下ではまず，2010年代の自動車産業の急成長の概要を述べる。さらに，メキシコ国内で製造される自動車部品が多様化し，サプライチェーンの階層の厚みが増したという意味で，メキシコ自動車産業の進化が起きていることを明らかにする。次にグアナファト州に焦点を当て，企業レベルと州レベルで自動車産業の成長が雇用の創出と質の改善にどの程度貢献しているのか，さらに，労働力の質の面での需要と供給のギャップに企業がどう対応しているのかを明らかにする。最後に，輸出製造業は雇用と所得格差の改善の切り札となるかという問いに対し，本章の考察からなにがいえるかを整理することで，結びにかえたい。

第1節　2010年代の自動車産業の急成長

1-1　バヒオ地方における産業集積の形成

　メキシコ自動車産業の成長の歴史は大きく3期に分けられる。

　第1期が政策的保護の下に米国ビッグスリー，フォルクスワーゲン，日産の5社体制で国内向け生産を行った1960年代初頭から1980年代初頭までの時期である。この時期に首都圏周辺部に自動車メーカーと自動車部品メーカーの最初の集積が形成された。

　第2期が1980年代中ごろ以降の，同じ5社が輸出向け生産に転換して成

図6-1　自動車会社の工場所在地

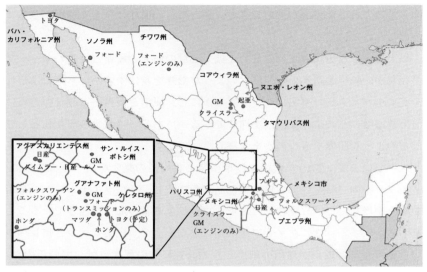

(出所) メキシコ自動車工業会の資料をもとに作成。

長軌道に乗った時期である。この時期に北部国境地帯とバヒオ地方で新工場の建設が進んだ。この時期の特徴は，自動車メーカーが互いに離れた場所に生産拠点を構えたことであった（図6-1参照）。

そして第3期が，本章が分析対象とする2010年代以降である。特徴は，グアナファト州を中心とするバヒオ地方に，複数の自動車メーカーと数多くの自動車部品メーカーが高い密度で集積しつつあることである。

表6-1に最新の経済センサスによる2004年と2014年の州別自動車産業就業者数を示した。州は2014年の就業者数の多い順に並べてある。上位に並ぶ4州は北部国境地帯の州であり，第2期に形成された産業集積がいまだに産業全体のなかで大きな比重を占めていることを示している。しかし就業者の絶対数よりもここで注目したいのは，2004年から2014年の増加率である。就業者数で6位に位置するグアナファト州が，増加率では1位に躍り出る。さらに，バヒオ地方に含まれるアグアスカリエンテス，ケレタロ，バヒオ地

表6-1 州別自動車産業就業者数（2004年，2014年）

州名	2004年（人）	2014年（人）	2014年/2004年 増加率（％）
全国合計	498,975	722,024	45
コアウィラ	70,553	124,634	77
チワワ	159,646	123,283	−23
ヌエボ・レオン	39,378	58,290	48
タマウリパス	43,159	57,186	33
メキシコ	38,354	44,418	16
グアナファト	14,406	40,343	180
プエブラ	25,394	40,049	58
ソノラ	18,778	39,523	110
ケレタロ	15,891	33,784	113
サン・ルイス・ポトシ	11,594	31,005	167
アグアスカリエンテス	10,208	23,660	132
バハ・カリフォルニア	14,619	21,497	47

（出所）　INEGI, *Censos Económicos* 2014（http://www.inegi.org.mx，最終閲覧日：2015年9月9日）
（注）　リストにある州は2014年に自動車産業の就業者数が2万人以上の州。州の位置は図6-1参照のこと。

方に隣接するサン・ルイス・ポトシが増加率で上位4州を占めている。

　バヒオ地方で2010年代に自動車産業が急成長を遂げたのは，既存の企業と新たに進出した自動車メーカー・部品メーカーによる投資が急増したためである。

　表6-2に2010年代に新工場を開設した自動車メーカーを示した。表にある9社のうち新規進出企業はマツダ，起亜，日産・ルノーと合弁を組むダイムラーの3社である。ホンダは1995年，トヨタは2004年に第1工場を稼働しているが，生産規模は小さく部品も大半を輸入しているので，第2工場が初の量産工場といえる。表から，予定を含め新設9工場のうち7工場がバヒオ地方に，このうち5工場がグアナファト州に開設されたことがわかる。9工場のうち5工場が日本の自動車メーカーの工場である。

　なぜ2010年代に日本をはじめとする世界の自動車メーカーのメキシコへ

表6-2　2010年代の自動車会社による新工場建設

自動車会社名	操業開始年	製品	場所
マツダ	2013	完成車（新規参入）	グアナファト州サラマンカ
日産	2013	完成車（第3工場）	アグアスカリエンテス州アグアスカリエンテス
フォルクスワーゲン	2013	完成車（第2工場）	グアナファト州シラオ
ホンダ	2014	完成車（第2工場）	グアナファト州セラヤ
起亜	2016	完成車（新規参入）	ヌエボ・レオン州モンテレイ
フォード	2017	トランスミッション（新規）	グアナファト州イラプアト
ダイムラー・日産・ルノー	2017	完成車（新規参入）	アグアスカリエンテス州アグアスカリエンテス
フォード	2017	エンジン（第3工場）	チワワ州チワワ
トヨタ	2019（予定）	完成車（第2工場）	グアナファト州アパセオ・エル・グランデ

（出所）新聞，企業ホームページなどをもとに筆者作成。

の投資が増加し，なかでもグアナファト州に集中したのか。

　メキシコへの投資増加の要因として，2008年のリーマンショック後，自動車産業の国際競争が激化し生産拠点の見直しが行われ，投資先としてメキシコが選ばれたことが挙げられる。とくに日本の自動車産業は，円高で価格競争力が低下したことから，海外生産拠点の確保の必要に迫られた。北米大陸では同じ時期に，米国からメキシコへの生産集積地の移動が起きたとメディナとカリリョは指摘している（Medina and Carrillo 2014, 116）。

　メキシコが投資先に選ばれた理由としては，①米国のおよそ6分の1（2012年）という労働コストの低さ（U.S.Bureau of Labor Statistics, *International Labor Comparisons*, August 2013），②巨大な自動車市場を擁する米国の隣国であるという地の利，③世界の主要国・地域と締結する自由貿易協定により，無税あるいは低い関税率で自動車・自動車部品の輸出入が可能であることが指摘できる。

　メキシコの31州1連邦区のなかでグアナファト州に投資が集中した理由としては，第1に州政府の誘致策を挙げることができる。グアナファト州は

1990年代に企業誘致，州の物産販売のために海外に事務所を構えた唯一の州であり，メキシコのなかでも企業誘致に積極的な州であった。州政府は自動車メーカーを誘致すればサプライヤーも後を追って進出するとの見通しのもとに，土地の提供，税の優遇，サプライヤーのための工業団地の造成など好条件を提示し，1994年にGMとそのサプライヤーの誘致に成功した実績をもつ（Rothstein 2005, 62-63）。その経験を活かし，2010年代にも同様に土地の提供，税の優遇，工業団地やインフラの建設などの条件を提示し，自動車メーカーに積極的に働きかけた。

第2に，第1の点とも関連するが，すでにGMとそのサプライヤー，隣のアグアスカリエンテス州には日産とそのサプライヤーが進出していたことも，とくに日系企業がグアナファト州を選ぶ要因となったと考えられる。

第3に物流の便のよさがある。米国まで続く鉄道が州内を通る上，太平洋岸と大西洋岸の港へのアクセスもよい。2016年に自動車の66％が鉄道，30％が船舶，4％が道路輸送で輸出された（Global Trade Atlasデータをもとに筆者算出）。

第4に，2010年頃に治安が極度に悪化した北部国境地帯に比べ，グアナファト州は治安がよいと考えられていたことがある。ただしこの条件は2015年以降急速に失われつつある。

2010年代には図6-1の地図上の四角の拡大図内に企業が集積した。四角の枠内でもっとも北に位置するアグアスカリエンテス州の日産工場から，もっとも東の端に位置するグアナファト州のトヨタの工場建設予定地のあいだの距離はおよそ220キロメートルで，この間は高速道路で結ばれており，道路沿いには多数の自動車部品メーカーが拠点を構える工場団地が点在する。この四角の枠内に複雑に交差するサプライチェーンが高い密度で形成されているのである。

自動車メーカーを誘致すれば自動車部品メーカーも後を追って進出するとのグアナファト州政府の読みどおり，自動車メーカーの投資発表後，自動車部品メーカーが大挙してグアナファト州に進出した。グアナファト州で産業

集積の形成を主導するのは日系企業である（星野 2017a, 51）[2]。

日産の第3工場は2013年11月，マツダの第1工場が2014年1月，ホンダの第2工場が2014年2月に本格稼働を開始した。その結果，メキシコの自動車生産における日系企業の比重は急速に高まりつつあり，日系企業の乗用車・小型トラックの生産台数合計は2010年にメキシコの総生産台数226万台の27％，61万台であったのが，2016年には総生産台数347万台の40％，139万台までに増えた[3]。

1-2　自動車産業の輸出構造の変化

投資の拡大によって，メキシコ自動車産業の輸出は増加した。2011～2015年にメキシコは台数で世界第4位の自動車輸出国であったが，2016年には韓国を抜いて第3位に順位を上げている（藤井 2018, 5）。乗用車の輸出は伸びているが，実は乗用車以上に輸出が伸びているのは自動車部品である。

図6-2に2011年と2016年の乗用車（1000～1500cc，1500～3000ccと3000cc以上）と自動車部品の輸出額と輸入額を示した。図は，乗用車の輸出よりも自動車部品の輸出が大きく伸びていることを示している。メキシコが特化する中小型車（1500～3000cc）の輸出額は2011年189億ドルから2016年204億ドルに増加したのに対し，自動車部品の輸出額は同じ時期に273億ドルから462億ドルに増加した。生産台数の増加により自動車部品の輸入額も228億ドルから314億ドルに増えているが，黒字幅は46億ドルから148億ドルへと拡大している。

表6-3に自動車部品のなかでとくに輸出額が大きい品目と，2016年のお

---

[2]　聞き取り調査によれば，高速道路沿いで最大のプエルト・インテリオール工業団地に進出する508社のうちおよそ半分が日系企業，カストロ・デル・リオ工業団地では進出企業68社中30社が日系企業とのことである（2016年8月25日に企業番号10，同8月26日に企業番号19への聞き取り調査。聞き取り対象企業の企業番号は表6-4, 6-5に対応)。

[3]　出所はメキシコ自動車工業会（Asociación Mexicana de la Industria Automotriz, AMIA）が毎月発行する月報（Boletín Mensual）の各年12月号より筆者算出。

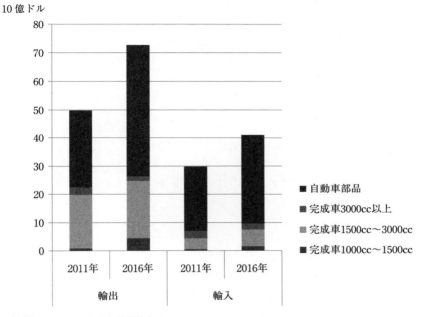

図6-2 メキシコの乗用車・自動車部品の輸出入額（2011年，2016年）

（出所）UNComtradeより筆者作成。
（注）産業分類（HSコード）は以下のとおり。
　　完成車：870322, 870323, 870324,
　　自動車部品：401110, 700711, 700721, 700910, 830120, 840734,
　　　　　　　851220, 851230, 851240, 851290, 852721, 852729,
　　　　　　　854420, 854430, 8706, 870710, 8708, 910400, 940120.

もな輸出先を示した。表にある品目のうちエンジンは，自動車産業の成長の第1期に輸出が始まった品目，ワイヤーハーネスは第2期に輸出が急増した品目である（星野2014, 66; 113）。いずれも2011年以降も引き続き輸出が伸びている。駆動軸・非駆動軸とその部品，およびトランスミッションとその部品は，2011年以降に輸出が急増した品目である。注目されるのは，いずれも主要輸出先が米国であるのに対し，トランスミッションとその部品の場合はNAFTA域外の中国，日本も輸出先に含まれている点である。メキシコが，重要部品であるトランスミッションで米国のみならず世界に向けた生産

表6-3　輸出額とその伸びが大きい自動車部品

部品名	輸出額 (100万USドル)		2011～2016年 の伸び率（％）		2016年の主要輸出先
	2011年	2016年	輸出	輸入	
ワイヤーハーネス	4,807	7,702	60	87	米国98％
駆動軸（差動装置を有するもの）・非駆動軸とその部品	2,511	4,140	65	12	米国77％，カナダ9％，英国4％，日本3％
エンジン1000cc以上	2,243	4,116	84	3	米国88％，イタリア4％
トランスミッションとその部品	1,082	2,818	160	43	米国66％，中国14％，カナダ6％，日本3％
自動車部品合計	27,371	46,192	69	47	米国90％，カナダ3％，ドイツ1％，日本1％

（出所）UN Comtradeより筆者作成。

輸出拠点となりつつあることがうかがえる。

　以上の事実は，2010年代に自動車部品産業の構造に変化が起きつつあることを示唆している。そこで次に，2010年代の自動車部品産業の構造変化の特徴を，筆者が実施した日系企業への聞き取り調査の結果をもとに探りたい[4]。

---

4)　聞き取り調査は2015年9月に3社，2016年2月に2社，5月1社，8月に10社，2017年8月〜9月に11社の延べ27社に実施し，このうち3社は年をまたいで2回実施しているので，対象企業数は24社となる。内訳は，自動車メーカー3社（乗用車2社とトラック1社），自動車部品メーカー19社（サプライチェーンの第1層にあたるティア1が9社，ティア1／ティア2が4社，ティア2が5社，ティア3が1社），素材メーカーが1社，工具メーカーが1社，所在地はグアナファト州が14社，アグアスカリエンテス州が5社，メキシコ州が2社，ケレタロ州，ヌエボ・レオン州，ハリスコ州が各1社である。筆者は2011年から2012年にも日系自動車関連企業45社に聞き取り調査を実施しているが，このときの聞き取り対象企業が9社含まれている。

第2節　自動車産業のサプライチェーンの成長

2-1　日系自動車部品メーカーにみる2010年代の変化

　ここで用いるのは筆者による日系の自動車部品メーカー19社、素材メーカーと工具メーカー各1社への聞き取り調査の結果である。21社のうち8社が2011年より前にメキシコに進出した企業、13社が2011年以降に進出した企業であり、以下ではふたつのグループ（**表6-4**、**表6-5**）に分け、変化の特徴を検討したい。

　最初に表の用語について説明したい。企業名を伏すことが条件の聞き取り調査であるため、企業番号のみを示している。「サプライチェーン上の位置」でティアは階層を意味し、ティア1は自動車メーカーと取引する最上層の自動車部品メーカーを指す。ティア1／ティア2は自動車メーカーとティア1自動車部品メーカーを顧客とする企業、以下同様に、ティア2はティア1を、ティア3はティア2を顧客とする企業を指す。

　カッコ内の部品分類は筆者が便宜上用いるものである。日本自動車部品工業会が作成する統計は、部品を機能ごとに細かく分類している。この細かな分類に該当する部品を、ある機能を割り当てられた部品とみなし、本稿では機能部品とよんでいる。機能部品はそれ1個では機能をもたない複数の部品から構成される。そのような部品を構成部品とよんでいる。構成部品は素材を加工して作られる。一方、複数の機能部品からなる、まとまりのより大きい部品を、システムコンポーネントとよんでいる。自動車部品メーカー19社の製品とその分類は注に示した[5]。自動車部品の製造は、一説に1万5000

---

[5]　聞き取り対象の自動車部品メーカー19社が製造する部品は以下のとおり：
　　システムコンポーネント：シート・システム
　　機能部品：ワイヤーハーネス、コントロール・ケーブル、ウィンドウ・レギュレーター、ドアウィンドウ・レギュレーター、排ガス浄化用セラミック、内装・エンジンルーム用プラスチック部品、シートベルト、エアバック、トランクカバー、軸受け、トランスミッション用オイルポンプ、ショックアブソーバー

表6-4 2011年より前に進出した聞き取り調査企業8社の2011年以降の変化

企業番号	サプライチェーン上の位置	工場所在州	2011年以降の変化			輸出の有無
			生産拡大	部品内製化	製品多様化	
1	ティア1（システムコンポーネント）	アグアスカリエンテス	○	○		○
2	ティア1（機能部品）	ケレタロ	○	○		
3	工具	メキシコ	○		○	○
4	ティア1/ティア2（機能部品）	アグアスカリエンテス	○	○		○
5	ティア1（機能部品）	グアナファト	○		○（予定）	○
6	ティア1（機能部品）	メキシコ	○			
7	ティア1（機能部品）	グアナファト	○	○		○
8	ティア3（構成部品）	ヌエボレオン	○			○

（出所）聞き取り調査をもとに筆者作成。

といわれる構成部品を成形し，それらを機能部品，さらにはシステムコンポーネントへと組み上げていく作業であり，この過程の後工程ほど組立作業が多く労働集約的となり，前工程ほど機械加工が多く資本集約的となる特徴をもつ。

表6-4に2011年より前にメキシコに進出した8社の2011年以降の変化を示した。8社は筆者が前著（星野2014）執筆のために2011～2012年に聞き取り調査を行った企業でもある。2011年以降の変化のうちの生産拡大とは，前の調査時点と比較して生産規模が拡大したか否かであるが，すべての企業が同じ製品で生産規模を大きく拡大した。さらに7社が製品の種類を増やしており，うち4社が部品の内製化（企業番号1が機能部品，企業番号2，4，7が構成部品の内製）を進め，3社が生産設備や技術ノウハウを活用して製品

構成部品：金属プレス成形品，金属ファスナー，懸架巻きばね，スタビライザー，車体骨格プレス部品，トランスミッション用精密部品，CVT用プーリー，プラスチック成形品，ガスケット，ヤーン
素材：鉄パイプ

表6-5 2011年以降進出した聞き取り調査企業13社の進出の動機

企業番号	サプライチェーン上の位置	工場所在州	進出の理由 顧客対応	進出の理由 採算見通し	輸出の有無
9	ティア1（機能部品）	グアナファト	○	○	
10	ティア1/ティア2（機能部品）	グアナファト	○	○	○
11	ティア1（構成部品）	グアナファト	○	○	○
12	ティア1（構成部品）	グアナファト	○	○	○
13	ティア1（機能部品）	グアナファト			○
14	ティア1/ティア2（構成部品）	アグアスカリエンテス	○	○	
15	ティア1/ティア2（構成部品）	グアナファト	○		○
16	素材	アグアスカリエンテス		○	○
17	ティア2（機能部品）	グアナファト	○		○
18	ティア2（構成部品）	グアナファト		○	○
19	ティア2（構成部品）	グアナファト	○	○	
20	ティア2（熱処理）	アグアスカリエンテス	○		
21	ティア2（構成部品）	ハリスコ	○	○	○

（出所）聞き取り調査をもとに筆者作成。

（工具メーカーの場合はサービス）を多様化している。生産規模拡大と部品内製化は連動した動きである。すなわち，内製化とは部品製造の前工程の，より資本集約的な工程への進出であり，採算にのせるには一定以上の生産規模が必要となる。後工程の生産規模が拡大したことで資本集約的な前工程への投資が採算にあうようになったといえる。

次に2011年以降に進出した企業についてであるが，表6-5に該当する13社のサプライチェーン上の位置，工場所在州，進出の理由，輸出の有無を示した。13社の構成はティア1が4社，ティア1/ティア2が3社，ティア2が5社，素材メーカーが1社である。製品分類では機能部品が4社，構成部品7社，素材1社，熱処理1社となり，表6-4の企業と比較して，素材を機械加工する資本集約的な企業が多い。所在地はグアナファト州が9社，アグアスカリエンテス州が3社，ハリスコ州が1社であった。

進出の理由にある「顧客対応」とは，取引のある顧客の要請，あるいは顧

客がメキシコでの生産を拡大または新たに進出したことから顧客の後を追って進出したことを意味する。進出の理由として顧客対応は重要であるが，同様に重要なのが採算見通しであった。これまで顧客から要請があったが採算上の理由から進出を断念していたのが，顧客の生産拡大や進出企業の増加により採算の見通しが開け進出した場合（企業番号9，11，12，14，17）や，顧客の要請がなくても日系企業の増加による需要の拡大を見込んで進出した場合（企業番号15，16，18，19，21）などである。

表6-5に挙げた企業は，企業番号10を除きいずれも鋳造，鍛造，金属プレス，切削加工，プラスチック射出成形，溶接などにより鉄，非鉄金属，樹脂などの素材を構成部品に成形し，一部はそれを組み立て機能部品にする企業である。大型機械設備を用いるため投資額が大きく，場合によっては億単位の投資規模となり，財務上の減価償却費の負担は非常に重い。一方で，製品単体の価格は低いために，生産規模が大きくないと採算がとれない。その意味で，日系完成車メーカーの合計生産台数の61万台から139万台への増加と，進出する日系自動車部品メーカー数の増加は連動した動きである。

いずれの企業も販路拡張に積極的であり，表6-5にある企業のメキシコ国内の顧客は，複数の日系企業を顧客とする企業が10社（企業番号9～11，14～20），日系企業のみならず外資系企業も顧客とする企業が3社（企業番号12，13，21）となる。ちなみに表6-4の2011年以前に進出した企業も販路拡大に積極的であり，表の8社のうちティア1自動車部品メーカー6社はいずれも前回の調査時点以降，顧客の日系完成車メーカーの数を増やしている。一方，2011年以降に進出した企業のなかにもすでに，北部国境地帯に工場開設（企業番号9），製品多様化（企業番号13），素材の内製（企業番号12），素材から自動車部品製造へ進出（企業番号16）などの事業拡大の動きが出ている。さらに，表6-4，表6-5の合計21社中16社が製品を輸出している。

次に，以上のような日系自動車部品メーカーにみられる変化を，サプライチェーン成長のダイナミズムという観点から考察したい。

2-2　サプライチェーン成長のダイナミズム

　自動車産業のサプライチェーンは産業発展の歴史的経緯の違いを反映して，国により異なった特徴をもつ。

　日本にあるサプライチェーンは，完成車メーカー・自動車部品メーカーともに内製化率が低く，長期取引関係にあるメーカーに部品を外注するために，階層の数が多く下方に広いピラミッド型のサプライチェーンを形成した。

　それとは反対に，メキシコのサプライチェーンは，階層の数が少ない，頭でっかちの逆ピラミッド形である。メキシコの全国自動車部品工業会（INA）が2010年に作成した自動車部品メーカーの名簿（INA2010）によれば，この年の階層別の自動車部品メーカーの数は，ティア1が383社，ティア1/ティア2が269社，ティア2が218社，ティア3が15社であった[6]。逆ピラミッド形となったのは，1962年から1980年代中頃まで続いた自動車産業育成策により成長したメキシコ系自動車部品メーカーの大半が，貿易と投資の自由化後，国際競争力の欠如により淘汰される一方で，労働集約的な工程の多いサプライチェーンの上層に日米欧の自動車部品メーカーが進出したことによる（星野2014）。

　しかしこれまでみてきた2010年代の完成車・自動車部品の輸出増加と日系自動車部品メーカーの生産拡大から，そのようなサプライチェーンの特徴に変化が生じていることがうかがわれる。

　自動車産業のサプライチェーンの変化のダイナミズムを，図6-3に示した概念図を用いて説明したい。図の小さい四角にサプライチェーンに参加する主要アクターの動きを既存，新規に分けて示した。大きな四角のなかは狭義のサプライチェーン，すなわち完成車メーカーを頂点とする自動車部品メー

---

[6]　2010年を最後に同種の名簿が公開されていないため，2011年以降の階層別のメーカー数を筆者は把握できていない。

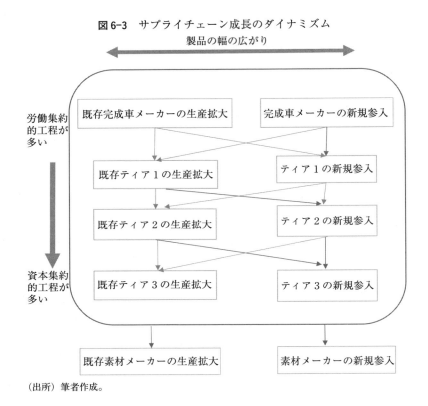

図6-3 サプライチェーン成長のダイナミズム

(出所) 筆者作成。

カーの階層化された取引関係を示す。素材メーカーはサプライチェーンのアクター全体と取引関係をもつことから，大きな四角の外に示した。矢印は変化の力が働く方向を示している。筆者が考える2010年代の変化は次のようなものである。

　変化の始点は完成車の既存メーカーの生産拡大と新規メーカーの参入であった。完成車の生産台数と車種が増加したことにより，採算見通しが改善し，既存ティア1メーカーと新規参入ティア1メーカーが投資を拡大した。それによってティア1層のメーカーが生産する自動車部品の生産規模と品目が増加した。今度はそのことが採算見通しを改善し，既存のティア2

メーカーと新規参入ティア 2 メーカーの投資の拡大を可能にし，ティア 2 層のメーカーが生産する自動車部品の生産規模と品目の増加をもたらした。以下ティア 3 メーカーについても同様のことがいえる。サプライチェーンが下方にどの程度伸びるかは，投資に見合う規模の市場を確保できるか否かにかかっているといえる。以上のようなダイナミズムにより生じた 2010 年代のサプライチェーンの変化とは，端的にいえば，製品の幅の広がりと階層の深まり，逆ピラミッド形の修正の動きであった。

2010 年代のサプライチェーンの変化において，雇用創出との関連でとくに注目されるのは，下層，すなわち資本集約的工程への投資が増加したことである。このことは当然，労働力需要の質の面での変化をもたらしたと考えられる。次に 2010 年代のサプライチェーンの成長が雇用に与えた影響を検討する。

第 3 節　2010 年代の自動車産業の成長と雇用の変化

3-1　グアナファト州におけるフォーマルな雇用の増大

自動車産業の雇用が大きく伸びたことは，すでに**表 6-1** で就業者数の増加を検討した際に示したとおりである。最初に，この雇用増加が労働者のインフォーマル就労からフォーマル就労への移動を伴うものであったのかを，メキシコ社会保険庁（IMSS）の社会保険加入者数の推移により検討したい。州別産業別加入者数統計が公開されていないため，ここでは公開されている全産業合計の州別加入者数統計を用いて，おおよその動きを探る。

図 6-4 は 2007 年 1 月を 100 とした場合の社会保険加入者数の毎月の推移を，自動車産業の 3 大集積州であるコアウィラ州，ソノラ州，グアナファト州および全国について示したものである。注目されるのは，グアナファト州の加入者が，他 2 州および全国と比較して，とくに 2013 年以降，大きく伸びていることである。社会保険の新規加入者を労働市場へ新規参入した若年

図6-4 自動車生産3州のIMSS加入者数の伸び（2007年1月＝100）

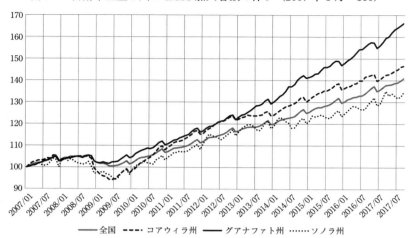

（出所）INEGI, *Banco de Información Económica*（http://www.inegi.org.mx, 最終閲覧日：2017年11月24日）．

労働者とそれまでインフォーマル就労であった労働者と考え，若年労働者数の伸びが州ごとに大きく変わらないと仮定すれば，伸びの違いはインフォーマル就労の加入者数の違いによると考えられる。つまり他2州と比較してグアナファト州の伸びが大きいのは，インフォーマルからフォーマルへの就労先の移動が大きかったためと解釈できる。ただしこの図は自動車産業を含む全産業の社会保険加入者数の変化なので，この変化に自動車産業がどの程度貢献しているのかは，今後の検討課題である。

　IMSSの統計の利点は加入者の平均賃金が明らかになることである。**図6-5**に，コアウィラ州北部，グアナファト州東部，ソノラ州と全国のIMSS加入者の，2007年1月を100とした場合の各月平均実質日額賃金の伸びを示した。注目されるのは，コアウィラ州北部ならびにソノラ州と，グアナファト州東部の平均実質賃金の伸びが大きく異なることである。社会保険加入者数の伸びとは反対に平均実質賃金の伸びではグアナファト州東部は他2州を大きく下回っている。グアナファト州東部の平均実質賃金は，2014

図6-5 自動車生産3州のIMSS加入者各月平均実質日額賃金の伸び
（2007年1月＝100）

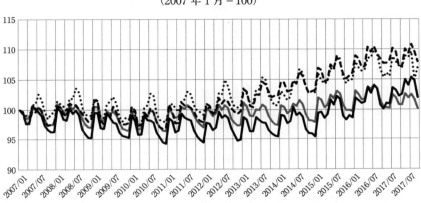

――全国　---- コアウィラ州北部　――グアナファト州東部　‥‥ソノラ州

（出所）INEGI, *Banco de Información Económica*（http://www.inegi.org.mx，最終閲覧日：2017年11月24日）．

年頃まではほとんど変化せず，しかも全国平均の伸びを下回った。しかし2015年以降は上昇を始めている。自動車産業では全国的に2010年代に労働力の需要が供給を上回る状況が続いている。本論の冒頭で紹介したロメロは，インフォーマル就業者の存在が実質賃金上昇を阻む要因となっていると指摘するが（Romero 2014, 194），インフォーマル就業者比率が低いソノラ州とコアウィラ州では平均実質賃金が上昇し，高いグアナファト州で，それがなかなか上昇しないという事実は，ロメロの指摘と整合的である。

　自動車産業の労働力需要が高まるグアナファト州で，なぜ平均実質賃金がなかなか上昇しないのか。グアナファト州内の地域間の所得格差の存在が，説明要因のひとつとなりうる。

　2014年経済センサスによれば，2013年時点において，州内の自治体（municipio）間で，各自治体に所在する事業所が従業員に支払う平均報酬額に極端な格差がみられた。すなわち，センサスはグアナファト州の46自治体を，自治体ごとの事業所の平均年間報酬支払額で①3万5000ペソ〜5万

ペソ，②5万100ペソ～6万ペソ，③6万100ペソ～8万ペソ，④8万100ペソ～25万ペソの4カテゴリー（2013年1月平均のドル相場は1ドル12.35ペソ）に分類しているが，このうち④に該当する自治体が11あり，そのうち8自治体が，自動車産業が発展し，数多くの日系完成車メーカー，自動車部品メーカーが工場を構えるレオン，シラオ，イラプアト，サラマンカ，セラヤ，アパセオ・エル・グランデなどの幹線道路沿いの自治体にあたる（INEGI 2014, 32）。他のカテゴリーの自治体数を挙げれば，①が12自治体，②が12自治体，③が11自治体であった。つまり所得水準の低い貧しい地域が広がるなかに，高報酬の仕事がある豊かな地域が幹線道路に沿って帯状に形成されているのである。

それではこの地域に進出した日系完成車メーカー，自動車部品メーカーは雇用にどのように貢献しているのだろうか。聞き取り調査の結果をもとに検討したい。

3-2　日系完成車メーカー・自動車部品メーカーにみる雇用創出の規模と質

まず雇用創出の規模について述べたい。完成車メーカーは完成車の組み立て以外に，車体，エンジンを内製し，メーカーによっては大型プラスチック射出成形部品，トランスミッションも内製するために，1社当たりの雇用創出規模は非常に大きい。日系完成車メーカー4社は2010年代初頭にメキシコでの新工場建設を発表した。その際に示した雇用創出の規模は4社合わせて1万1200人であった[7]。しかし聞き取り調査結果では，このうちのグアナファト州に所在する2社のみで雇用創出の規模はすでにあわせて1万200人に達している[8]。

次に自動車部品メーカーについて述べれば，**表6-4**の2011年より前に進

---

[7]　メキシコ新工場建設のプレスリリースはマツダが2011年6月17日，ホンダが2011年8月13日，日産が2012年1月25日，トヨタが2015年4月15日。詳細は各社のホームページ参照。

[8]　聞き取り調査の日付は2016年8月22日と2017年8月3日。

出した8社の2011年時点での従業員数は合計6600人（10人以下四捨五入）であった。それが2016～2017年には8400人となり，この間に1800人の雇用が新たに創出された。グアナファト州所在の2社に限っていえば，同じく900人から1900人へと1000人増加している。一方，**表6-5**の2011年以降に進出した13社の2016～2017年の従業員数はあわせて2100人で，グアナファト州所在の9社に限っていえば1900人であった。つまり21社で2011～2017年のあいだに3900人の雇用が創出され，このうち2900人はグアナファト州の11社によるものだった。

　表6-4の企業と**表6-5**の企業の違いとして注目されるのは，1社平均でみた場合の雇用創出規模が減少していることである。2016～2017年において，2011年より前に進出した8社の平均雇用規模は1050人であるのに，2011年以降に進出した13社の平均は160人である。労働集約的から資本集約的へと，進出企業の性格が変化しつつあることを反映していると考えられる。

　表6-1によれば，グアナファト州の自動車産業の就業者数は2004～2014年に2万6000人増加した。この数字と比較して，完成車メーカー2社と自動車部品メーカー11社がグアナファト州に創出した雇用1万3100人という数字は決して小さい数字ではない。この数字に加えて，11社は間接的に雇用を創出している。たとえば，自動車部品・完成車の輸送サービス，工場の食堂運営，従業員の送迎バスの運行，清掃業務，警備業務などが挙げられる。

　次に雇用の質として，工場の工員の給与・福利厚生面での待遇について検討したい。作業現場で働く従業員には一般に，工員とスタッフの2つのカテゴリーがある。労働組合が組織されている場合，前者が組合員で後者は非組合員，給与形態は前者が日給制であるのに対し，後者は月給制である。聞き取り調査で筆者は，試用期間中（最初の3カ月）の工員に支払われる初任給（日給）と，給与の他に企業が負担する福利厚生関連費用（prestaciones）の給与に対する比率の2点を質問した。ちなみに，福利厚生関連費用とは，最低年1回のボーナス〔アギナルド（aguinaldo）とよばれ12月に支給〕，買い

物券，食堂の食費補助，無料送迎バスの運行，社会保険料（健康保険，年金基金など）・社内預金などに企業が支払う費用である。この2つの数字から，新規採用の工員の福利厚生を含む報酬額の概算を試みた[9]。

図6-6はメキシコの全家計の階層別所得分布を法定最低賃金の何倍かを基準に示したものである。日系自動車部品メーカーの新規採用の工員の福利厚生を含む報酬額が，所得階層中どのあたりに位置するのかを把握するために，**表6-4**, **表6-5**にある企業のうち給与情報を得られた18社について，概算額が法定最低賃金の何倍となるかを算出し，図のなかに示した。企業番号は**表6-4**, **表6-5**と同一でありグアナファト州所在企業は企業番号を丸で囲んだ。

この図から次の点が読み取れる。メキシコ全体の家計所得の分布では，最低賃金の8倍以上の所得を得る豊かな家計が存在し，この層は全家計のおよそ4分の1を占める。その下の4分の3の家計のなかでもっとも多いのが，最低賃金の2.01～3.00倍の家計，次に多いのが3.01～4.00倍の家計であった。グアナファト州の聞き取り調査企業の新規採用の工員の報酬額は，これらもっとも層の厚い家計の所得に重なる。筆者はグアナファト州の雇用環境を前提とすれば，この報酬額は次のような理由から低くはないと考える。

第1に，図に示すのは新規採用者の報酬額であり，給与は毎年改定され，一般的には成績に応じ昇給があるためである。工員の平均給与が入手できた9社について同様の方法で工員の平均報酬額を**図6-6**の階層分布上に位置づけたところ，その位置は大きく上方に移行した[10]。

第2に，**図6-6**の階層分布は家計単位の分布であり，家計に複数の稼得者が存在することも考えられ，仮に所得分布を稼得者単位で作り直せば，新規

---

9) なお，従業員にはこの他に毎年1回，総額で各年の企業の課税所得の10%にあたる額が利益分配金（PTU）として支払われる。
10) 平均給与で試算した9社の福利厚生を含む工員の報酬額は，最低賃金の2.01～3.00倍が1社，3.01～4.00倍が3社（内グアナファト州3社），4.01～5.00倍が1社（同1社），5.01～6.00倍が2社（同1社），6.01～7.00倍が2社であった。

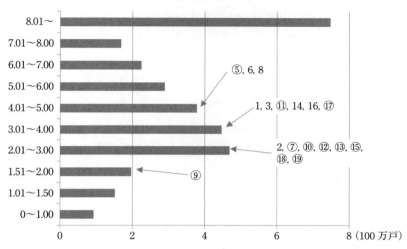

図6-6 メキシコの家計収入の分布（2015年）

（出所）INEGI, Nueva construcción de variables de la encuesta nacional de ingresos y gastos de los hogares 2014，筆者の聞き取り調査結果。

採用者の報酬額は家計単位の場合より上方に位置づけられると考えられるためである。

雇用の質に関連して，筆者が報酬以上に重要と考えるのが，就労が工員の技能習得の機会を提供しているという点である。

第4節　OJTと労働力の需給ギャップの解消

4-1　高い技能をもつ労働者の需要増加とOJTによる技能の引き上げ

2010年代に自動車産業において労働力需要は急増したが，とくに需要が増加したのが高い技能をもつ労働力だった。理由として次の2点が挙げられる。

第1に，これまでも存在した機械設備のメンテナンス・修理，金型交換や

修理，段取りなど，高い技能が必要とされる職種で，完成車の生産規模の拡大に比例して，労働力需要が増えたことがある。

第2に，サプライチェーンの成長により，コンピュータ制御により自動ライン化された機械設備を備えた職場が増えたことがある。**表6-5**に示した13社は1社を除きいずれもそのような職場である。自動ライン化された職場では，工員の仕事はモニターの監視，段取り，簡単なトラブル解除となり，組み立てよりもより高度な能力が必要とされるようになった[11]。

機械設備の操作を行う工員の技能育成は，現場で作業しながら，すなわちOJTで行われている。その理由として，技能を，多くの持ち場をこなす能力ならびに変化や異常に対応する能力と考えると（小池・猪木 1987, 7-17），本来技能は，作業現場において，教え手の例示に従い，時間をかけ経験を積んで習得されるものであるためである。グアナファト州では，教育水準が低いうえ，高校レベルの技能教育課程が不足している。そのため通常は学校教育が受けもつ基本的な技能教育も，企業のOJTが担っているといえる。

聞き取り対象企業に共通する技能訓練の特徴としては次のような点がある。第1に，座学での新人研修の期間は短く，採用後早期に作業現場に配属

---

11) 日本の国際協力機構（JICA）は，自動車産業の技能工育成を支援するために，メキシコで工業高校の教員を養成するプロジェクトを実施している。そのプロジェクトを総括する日本人技術者は，筆者の，中卒工員に大型機械操作は可能かとの問いに対し，次のように説明している。すなわち，機械操作には標準指示書があり，工員は一定範囲内の操作をこなし，それを超える部分は上長の支援をあおぐことになっている。ただし工員に任された範囲でも，操作内容は機械の条件を変えたり，調整したりと簡単ではない。工業高校で使用するのは小型機械であり，その機械を使い，機械が動く原理と，温度・時間・材料のあいだの関係を教える。工業高校が担うのは基礎能力の底上げであり，大型機械の操作はOJTにより体得するしかない（2017年6月29日JICAにおける聞き取り調査）。企業への聞き取り調査でも同様の説明を得ている。すなわち，自動ラインで人が行うのは機械の調整，数値制御となる。トラブル発生時の原因分析のために，機械のことがわかっている必要がある。たとえば3直の夜勤時のように，大卒スタッフがいつもいるわけではないので，工員にある程度対処できる人が必要となる。最低条件として計算ができる，数値をいじる必要があるため比例の概念がわかる，形状をみる，測る，グラフ表示されるのでグラフが理解できる，などの能力が必要となる（2016年8月23日，表6-5の企業番号12への聞き取り調査）。

され，作業しながら技能の習得が図られていること。

　第2に，技能マップが用意され，ひとつの作業の技能習得を4段階（教える人がついて作業できる，一人で作業できる，時間内に作業できる，人に教えられる）で評価し，ひとつの作業が終われば次の作業へと，できる作業を徐々に増やし多能工の育成をめざしていること[12]。

　第3に，教育役はすでに技能を習得した作業班の班長あるいは教育係が務めること。新規に工場を立ち上げた企業の場合は，稼働開始までに2段階で工具の技能を育成した。すなわち，最初に職長レベルの人材を採用し，彼らを日本に派遣して，あるいは日本から派遣された指導員が技能教育を施し，次に稼働開始までに，彼らが教育係となって新規採用の工具の技能を育成した。

　第4に，工具の技能習得の励みとなるように，さらに，時間をかけて育成した工具が辞めないように，給与・昇進の制度作りが行われていること。

　聞き取り対象企業が創出した雇用は，先に述べた報酬水準に加えて，労働者にOJTによる技能習得の機会を提供しているという意味でも，質のいい雇用と評価できるのだが，労働者は必ずしもそう評価していないように見受けられる。そう判断するのは，離職率が高いためである。

　月間平均離職率は，**表6-4**の8社中バヒオ所在の5社が3.3％，**表6-5**の13社中離職率が入手できた8社では8.1％にも上る。新しく進出した企業ほど離職率が高い。月間8.1％とは，1年で工具がすべて入れ替わることを意味する。

　離職率が高い理由として，2つの点を指摘できる。いずれも「はじめに」で述べた労働力の質の面での需要と供給のギャップの問題が関係している。

---

12) 技能マップは工場内に掲示され，技能習得の進展度が作業者全員にわかるようになっている。技能マップの形式には，ILUO式と⊕式の2つが観察できた。ILUO式は四角形を想定し，Iから技能が上がるごとに1辺ずつ増えて（L，U）4段階で□（O）となり，⊕式では技能があるごとに右上から順に色づけされ，いずれも4段階の要件をすべて満たせば作業に必要な技能が習得されたことになる。

第1に，新規採用者のなかに工場労働に不慣れな労働者の比率が高いことがある。そのため試用期間の最初の3カ月間はとくに離職率が高い。定時出社，週48時間労働，集中力を要求される長時間の作業，夜勤，就業規則などについていけず自発的に辞める場合と，就業規則違反や勤務態度不良などで本採用されない場合の両方が含まれている。グアナファト州のインフォーマル就労比率が高いために，工場労働に不慣れな求職者の比率も当然高くなると考えられ，試用期間中の高い離職率は，インフォーマルからフォーマルへの就労先の転換が，単にフォーマルな雇用が増えれば自動的に進むものではないことを示している。

　第2に，短期間に狭い地域に多数の企業が進出したために，労働力の需給バランスが崩れ，企業間で労働者を奪い合う状況が生じていることである。労働者は賃金や労働条件の違いに敏感であり，近辺に少しでも条件のよい求人があれば転職する。これまでと同じ条件では労働力の補充が難しいため，企業は賃金や労働条件を見直さざるを得ず，そのために賃金相場が徐々に上昇している（星野2017a, 53-54）。

　企業にとってとくに離職してほしくないのは，育成に時間をかけた作業現場の統括役となる班長や職長，保全部門の技能工である。新規に進出した企業は，彼らを引き留めるために，どのような昇給・昇進制度を導入すればいいのか，試行錯誤の最中にあるといえる。

4-2　労働力の需給ギャップ解消の展望

　離職率が高い理由として第2に挙げた点，すなわち労働力の需給バランスが崩れたことによる離職率，賃金の上昇に関しては，時間の経過により徐々に解消されると考えられる。それは第1に，企業が労働者を雇用し，OJTにより技能育成を行うことで，高い技能を備えた労働力の供給が増えると考えられること，第2に，企業の昇給・昇進制度が整備され，労働者が将来の待遇を展望できるようになれば，労働者の定着率は改善すると考えられることがある。それを裏づける聞き取り調査結果としては，前述のように，同じ

グアナファト州の企業でも，2011 年より前から操業する**表 6-4** の企業のほうが，新規に進出した**表 6-5** の企業より離職率が低いこと，さらに，メキシコ自動車産業史の第 1 期に集積が形成されたメキシコ州に所在する企業（**表 6-4 の企業番号 3，6**）では，離職率に変化がないことが挙げられる。

離職率の上昇は GM が 1994 年にグアナファト州に進出した際にも起きている。当時の状況についてはロシュテンの興味深い研究がある（Rothstein 2004）。それによれば，GM は自社の労働力の安定を図るために次の方策をとった。ひとつは選抜を厳しくし地域の相場より高い賃金で中卒者を採用したこと，もうひとつがティア 1 サプライヤーと労務政策を調整し，サプライチェーンの階梯にそった賃金ヒエラルキーを設定し，GM より低く賃金を抑えるよう要求したことである。その結果，GM と一部のサプライヤーを除き，多くのサプライヤーが，離職率の上昇に悩まされた。あるティア 1 サプライヤーは月間離職率が 30 ～ 40％にも上り，人事担当者が解雇されたと報告している（Rothstein 2004, 214-216）。

筆者は 2011 年にこの同じ企業に聞き取り調査を行う機会を得た。そこでの説明では，設立から 7 年間は離職率が非常に高かったが，その後定着率が上がったとのことで，2011 年の離職率は月間 1 ％に下がっていた。離職率が下がった理由として指摘されたのは，福利厚生の充実や従業員・組合との意思疎通をよくするなど企業の日常的な取り組みと，勤続年数に応じて賃金は上がり，勤続年数が長いと転職すれば年功分を失うので辞めにくくなるという事情であった[13]。

ただし 2010 年代のグアナファト州の自動車産業の労働現場の環境は，これまで述べてきたとおり，GM が進出した創生期から大きく変化している。第 1 に 1990 年代後半には労働現場の数は少なく，労働者を質で選ぶことが可能であり，離職率は年率で測る水準だった。第 2 に高い技能が要求される

---

[13] この事例では平均勤続年数である勤続 7.5 年の工員の平均給与は，一番給料の安い新入工員の給与の 2.5 倍であった。

作業現場は少なく，ティア1サプライヤーの仕事は，一部に金属プレス，鍛造，ブランキングなどの機械操作作業はあったが，主流はワイヤーハーネスの組み立て，シート部品の縫製，シートの組み立て，自動車部品の荷積み・配送・荷下ろし・分類，自動車部品の完成車組み立てラインへの配分などであった。変化の大きさを考えると，需給ギャップの解消は，個々の企業の労働現場における労働者の技能育成の取り組みと，労働者を定着させるための制度づくりの試行錯誤を経て，徐々に，これまで以上に長い時間をかけて進むと考えられる。

おわりに

　輸出産業の成長は雇用をどう変えるか。輸出産業の成長はメキシコの所得格差解消の切り札となるのか。本章では，この2つの問いに答えるべく，近年自動車産業の成長がめざましいグアナファト州の事例を検証した。その結果を，次の3つの論点に整理して示したい。第1に，2010年代のメキシコ自動車産業の成長の特徴についてである。成長の特徴をふまえたうえで，第2に，自動車産業の成長が雇用に及ぼす影響，第3に，自動車産業の成長が所得格差解消の切り札となるのかについて，本章の結論を述べたい。

　第1に，2010年代のメキシコ自動車産業の成長の特徴について。メキシコ自動車産業は2010年代に急成長した。急成長の特徴は，北米大陸規模で形成されている自動車産業の北米サプライチェーンが南下し，北米サプライチェーン内のメキシコの役割が，これまでの労働集約的部門中心から資本集約的部門も含むものへと変化したことにある。変化を促した要因は，完成車メーカーのあいだの厳しいグローバル競争であった。メキシコの競争優位にひかれ，世界の主要完成車メーカーがメキシコを完成車の生産輸出拠点に選び，完成車メーカーの後を追って自動車部品メーカーが進出したことで，これまで採算上生産できなかった大型機械設備を用いる自動車部品の生産が可

能になったのである。その結果，サプライチェーンの製品の幅が広がり，階層は厚みを増し，自動車部品の輸出は増加した。

　第2に，自動車産業の成長が雇用に及ぼす影響であるが，自動車産業の変化，すなわち，完成車の生産規模の拡大と，大型機械設備を用いる自動車部品メーカーの増加は，労働力需要の増加，とくに技能の高い労働力の需要急増をもたらした。2010年代に自動車産業の成長がとくに著しかったのは，グアナファト州を中心とするバヒオ地方である。グアナファト州の労働市場は，インフォーマル就労比率が高いこと，教育水準が反映するところの労働者の技能水準が低いことを特徴とする。短期間に，地理的に狭く，しかも供給能力の乏しい地域で，技能の高い労働力の需要が急増したことで，雇用にどのような変化が生じたのか。本章が明らかにした雇用の変化は次の2点である。第1に，グアナファト州の雇用環境を前提とすれば報酬面，技能習得面で良質と評価できる雇用が創出されたことである。第2に，グローバル競争が要求する技能の高い労働力が，OJTにより育成されていることである。労働者の技能習得には時間がかかり，労働力の需給ギャップが大きい現時点では，高い離職率，賃金の上昇が起き，技能育成は個々の企業にとって重い負担となっている。しかし産業全体でみれば，メキシコの労働者の技能水準の高度化が実現しており，メキシコ経済の今後の成長にとって，これらの変化は重要な意味をもつ。

　第3に，自動車産業の成長は所得格差改善の切り札となるのかという点についてである。本章の検討からいえることは，改善の一助にはなるが，切り札となるには限界があるというものである。その理由として3つの点を指摘できる。第1に，自動車産業自体の雇用創出規模はそれほど大きくないということである。事業所の悉皆調査である2014年経済センサスで把握されたグアナファト州の全産業の就業人口は138万人，これに対し自動車産業の就業者数は4万人強（表6-1）にとどまる。一方，サンプル調査である家計調査は2017年第2四半期のグアナファト州の農業を含むインフォーマル就業者を136万人，うち65万人をインフォーマル部門（家計と事業が未分離の事

業）就業者，71万人をフォーマル部門に就労するが社会保険など制度から外れた労働者と報告している（INEGI 2017）。自動車産業は経済波及効果が大きいとはいえ，膨大なインフォーマル就業者を吸収する規模はもたない。第2に，自動車産業の労働現場の労働規範や技能水準はグローバル競争の試練を経て定型化され，外からもち込まれたものであり，メキシコの標準的な労働規範，技能水準とは異なる。両者のギャップは企業と労働者双方の適応の困難と，労働者の拒否反応を生み出している。そのことが高い離職率を生み，企業の技能訓練の負担を引き上げている。企業と労働者双方の適応と労働者の技能習得には，長い時間が必要とされよう。第3に，雇用機会へのアクセスの壁が存在することである。ひとつはこれまでに述べてきた教育が反映する技能の壁であるが，もうひとつの壁として距離の壁がある。グアナファト州内に広範囲の貧しい地域と帯状の繁栄する地域が形成されているのは，貧しい地域から繁栄する帯への公共交通のアクセスがないことがある。

　以上の分析から引き出される政策的課題は，教育と公共輸送インフラの改善である。さらにグアナファト州の事例からは，州政府の企業誘致政策も雇用の創出と質の改善に重要であることが理解できる。

〔参考文献〕

〈日本語文献〉
外務省領事局政策課『海外在留邦人数調査統計要約版』各年.
小池和男・猪木武徳 1987.『人材形成の国際比較――東南アジアと日本』東洋経済新報社.
藤井嘉祥 2018.「NAFTA改定を控えるメキシコの輸出製造業――トラスカラ州の事例」『ラテンアメリカ・レポート』34 (2):2-12.
星野妙子 2014『メキシコ自動車産業のサプライチェーン――メキシコ企業の参入は可能か』アジア経済研究所.
――― 2017a.「メキシコ――日系企業の進出が労働市場の及ぼすインパクト」『ラテンアメリカ・レポート』33(2):51-58.

――― 2017b.「新自由主義経済改革後のメキシコ経済の成長と分配――先行研究サーベイ」星野妙子編『21世紀のメキシコ――近代化する経済，分極化する政治と社会』アジア経済研究所.

〈外国語文献〉

Chiquiar, Daniel 2005. "Why Mexico's Regional Income Convergence Broke Down." *Journal of Development Economics* 77: 257-275.

Feenstra, Robert C. and Gordon H. Hanson 1997. "Foreign Direct Investment and Relative Wages: Evidence from Mexico's Maquiladoras." *Journal of International Economics* 42: 371-393.

Hanson, Gordon H. 2004. "What Has Happened to Wages in Mexico since NAFTA? Implications for Hemispheric Free Trade." In *Integrating the Americas: FTAA and Beyond*, edited by Antoni Estevadeordal et al. Cambridge: Harvard University.

Industria Nacional de Autopartes (INA) 2010. *Directorio de la industria nacional de autopartes*. Mexico: INA.

Medina, Álvarez and Jorge Carrillo 2014. "Restructuración productiva de Estados Unidos y México después de la crisis económica de 2008." In *El auge de la industria automotriz en México en el siglo XXI: Restructuración y catching up*, edited by Lourdes Álvarez Medina, Jorge Carrillo y María Luis González Marín. México: Universidad Nacional Autónoma de México.

Moreno-Brid, Juan Carlos and Jaime Ros 2009. *Development and Growth in the Mexican Economy: A Historical Perspective*. New York: Oxford University Press.

Romero, José 2014. *Los límites al crecimiento económico de México*. México: El Colegio de México.

Rothstein, Jeffrey S. 2005. "Economic Development Policymaking down the Global Commodity Chain: Attraction an Auto Industry to Silao, Mexico," *Social Forces*, 84(1) September: 49-69.

〈ウェブサイト〉

在メキシコ日本大使館「日本企業によるメキシコへの投資案件（製造工場・プラント等/2011.6-2014.1)」(https://www.mx.emb-japan.go.jp/keizai/kigyo1.pdf，最終閲覧日：2016年10月17日)

Global Trade Atlas（http://www.gtis.com/gta）

Instituto Nacional de Estadística y Geografía (INEGI) 2014. *Censos Económicos 2014 Guanajuato*. Aguascalientes: INEGI.（http://www.inegi.org.mx）

Instituto Nacional de Estadística y Geografía (INEGI) 2015. *Principales resultados de la encuesta intercensal.* Aguascalientes:INEGI. (http://www.inegi.org.mx)

Instituto Nacional de Estadística y Geografía (INEGI) 2017. *Encuesta Nacional de Ocupación y Empleo. Informalidad laboral. Indicadores básicos. Segundo trimestre de 2017.* Aguascalientes:INEGI. (http://www.inegi.org.mx)

終　章

メキシコの 21 世紀

星 野 妙 子

はじめに

　本章のねらいは，第1〜6章の分析をふまえて，1980年代以降に進んだメキシコの民主化と新自由主義経済改革がねらいどおりの成果を上げていない理由を，政治・社会・経済の総体としての国のあり方に探り，メキシコの21世紀を展望することにある。その際に，序章に示した，政治の安定・経済の成長・所得格差の関係図（p7，**図序-1**）を手掛かりに考察を進めることとしたい。

　序章でも述べたように，民主化により民主主義が定着し政治が安定し，グローバル化が投資と貿易を拡大させることで経済が成長し，それが所得格差の改善をもたらし，政治をさらに安定させるという好循環は，論理的にはありえよう。しかしメキシコではそのような好循環は生じなかった。

　本章の結論をあらかじめ述べれば，改革の成果が乏しいのは，政治の安定・経済の成長・所得格差の改善の好循環が断絶したり，悪循環が生じたりしているためであり，そのような好循環の断絶や悪循環の発生に，本書を貫く分析枠組みである政治・社会・経済の3つの基底的条件がかかわっているというものである。3つの基底的条件とは，①一党支配型権威主義体制の遺制，②インフォーマル就業者，③国家の統治能力である。

　一党支配型権威主義体制の遺制とは，第1に，政治を，非人格的組織をと

おしてではなく，パトロン＝クライアントの個人的関係によって運営しようとするクライアンテリズム。第2に，政治的支持と引き換えに経済的実利を分配するポピュリズムと，それを補強するイデオロギーとしてのナショナリズム。第3に，経済的実利の分配の原資を石油輸出収入に依存する財政の構造。第4に，旧体制下の非効率と腐敗ならびに力による抑圧の体験により育まれた，市民の国家制度への不信。以上の4つである。

　以下では，なぜ，あるいはどのように好循環が断絶し，悪循環が発生しているのかを論じる。まず民主化後に政治が不安定化している状況を示し，その要因として，麻薬紛争の拡大と選挙をめぐる政党間の競争激化を挙げ，2つの要因に基底的条件がどのように影響を及ぼしているかを述べる。次に所得格差が政治を不安定にする経路について述べる。ここでは3つの基底的条件のうち，とくにインフォーマル就業者の存在に焦点を当てる。続いて，一党支配型権威主義体制の遺制克服の条件について述べる。さらに，グローバル化が牽引する経済成長が所得格差を改善するかという点について，その両者をつなぐ経路に横たわる困難について述べる。最後に，20世紀と21世紀でなにが変わったのか，そして，メキシコが抱える課題はなにかを総括することで，終章のむすびとしたい。

第1節　民主化が政治を不安定にする経路

1-1　麻薬紛争の拡大

　本書の分析から明らかとなるメキシコの民主化の成果として，次の3つを指摘することができる。第1に選挙民主主義の実現，第2に，第1の成果の帰結として政権交代の実現，第3に地方分権化である。しかしその過程において21世紀に入り観察されたのは，民主主義の質の低下であった。

　2006年第2期PAN政権の発足以降，公職者による汚職事件，地方選挙における選挙不正，法の支配の欠如と治安の悪化が顕著となり，政府に対する

国民の信頼は低下した。

　第1章において高橋は，メキシコの30州とメキシコ市を対象に，6つの指標，すなわち，①選挙の公正性認識，②有権者登録の正確さ，③地方選挙管理機関への信頼，④州知事への信頼，⑤犯罪組織の選挙資金への影響，⑥犯罪組織の候補者擁立への影響の6つについて，2015～2016年の民主主義の質の測定を試みている。その結果，④，⑤，⑥の指標でおしなべて評価が低いこと，ただしどの指標においても評価の州間格差が大きいという結果を導き出している。

　なぜ民主主義の質が低下したのか。要因として2つのものを指摘できる。第1に，選挙への麻薬犯罪組織の影響である。

　麻薬犯罪組織の国家による統制が効かなくなったのは民主化以降である。メキシコの麻薬犯罪組織の活動活発化には外生要因と内生要因がかかわっている。外生要因とは，コロンビア・カルテルの弱体化，米国での麻薬価格の上昇と銃規制改正によるメキシコ向け銃密輸の急増である。一方，内生要因として重要であったのが，州レベルの政権交代によるPRI体制下の非公式の保護ネットワークの断絶であった。それが麻薬犯罪組織間の抗争の引き金を引いた（Trejo and Ley 2017, 3-4）。

　麻薬密輸ルート上に限定されていた組織間抗争を全国レベルに拡散させたのは，PANカルデロン政権による麻薬犯罪組織の大規模な武力制圧であった。それを契機とする組織の分裂や，組織内部での主導権争い，組織間の縄張り争いにより，組織間抗争は激化し，市民を巻き込む麻薬紛争に発展した（馬場 2018, 15; 22）。

　麻薬紛争の深刻化は，国家の統治能力の低下の最大の要因である。その実態を第3章において馬場が明らかにしている。

　麻薬紛争が深刻化するなか，2010年代にメキシコ各地でみられるようになったのが，市民が武装してコミュニティの治安維持と麻薬犯罪組織の掃討を目指す自警団運動であった。馬場が焦点を当てるのは，2010年代に麻薬紛争が深刻化したミチョアカン州の自警団運動の事例である。

馬場は自警団運動が組織された背景を次のように説明する。メキシコにおける麻薬密輸は，20世紀以来脈々と続いてきた。麻薬犯罪組織を保護する非公式ネットワークが存在する状況において，市民の国家行政機構に対する信頼度は低く，麻薬密輸ルート上に暮らす一般の市民が長いあいだ示してきた反応は，無関心，政府への非協力，麻薬犯罪組織への服従であった。しかし，腐敗や蔓延する不処罰が続く一方で，殺人，誘拐，恐喝，税の徴収などの被害の拡大に直面した結果，市民は戦略を転換させ，服従ではなく，自ら武装して治安維持や麻薬犯罪組織の掃討をめざすようになった。

　第3章の叙述は，自警団運動の発生と展開に基底的条件のうちの2つがかかわっていることを示している。

　ひとつ目は国家の統治能力の低下である。ミチョアカンの事例は国家が州の一部地域で領域支配の能力を失い，麻薬犯罪組織が軍事力，徴税力を高めたこと，それにより国家が，独力で統治できないほどに統治能力を低下させたことを示している。

　2つ目は，旧体制の政治的遺制である市民の国家制度への不信である。麻薬紛争の激化と腐敗や蔓延する不処罰によって，市民の国家制度への不信はこれまで以上に強まった。

　麻薬紛争の深刻化は経済成長にマイナス要因となる。

　第1に投資を抑制させるためである。第6章で星野が2010年代に急増する日系自動車関連企業の投資を分析しているが，日系企業がメキシコ国内のどこに投資するか決定する際の重要基準が治安であった。

　第2に生産活動への人的・物理的被害を生じさせるためである。ミチョアカン州では麻薬犯罪組織の拡大が輸出農業に深刻な被害をもたらした。メキシコは世界の輸出量の57％（2015年）を占めるアボカド輸出国であり（https://comtrade.un.org），ミチョアカン州は国内生産量の79％を生産するアボカド産地である（www.gob.mx/siap/articulos/el-cultivo-del-aguacate）。麻薬紛争ではアボカド生産者も麻薬犯罪組織の標的となり，誘拐，殺人，人頭税の徴収，強制立ち退きなどの被害を被った（2013年11月18日付 *Reforma* 記事）。

1-2　選挙における政党間競争の激化

民主主義の質が低下した第2の要因として選挙における政党間競争の激化を挙げることができる。選挙民主主義の実現，政権交代の可能性が生じたことで，選挙における競争が激化し，それが過去から引き継いだ2つの基底的条件と結びつくことで，腐敗が深刻化し，民主主義の質の低下をもたらしたと考えられるためである。

2つの基底的条件とは，①旧体制の遺制であるクライアンテリズム，ポピュリズム，そして市民の国家制度への不信，②膨大な規模のインフォーマル就業者の存在である。高橋の考察では，2006年第2期PAN政権発足以降に地方選挙における選挙不正が顕著となったとの指摘や，民主主義の質の6つの指標のなかで，とくに州知事への信頼が低いとの分析結果が，そのことを示唆している。

選挙における政党間の競争激化は，第2章の和田による民衆闘争の分析からもうかがえる。和田の分析は，民衆闘争のなかで，選挙闘争（選挙結果に対する抗議）が，1970年代以降ゆるやかに増加した通常闘争とともに，民主化移行過程の1990年代に大きく増加したことを示している。

選挙闘争のアクターを政党ごとにみると，1990年代までは主として野党のPANとPRDであったのが，2000年以降は，PAN，PRD，PRIが等しくアクターとなっている。政権交代が実現して以降，3党三つ巴で選挙闘争が組織されるようになったといえる。

一方，通常闘争においては，階級的な要素の強い労働者，農民，都市民衆の組織が，政治と経済の自由化のなかで活動を活発化させ，物質経済的要求が一貫して高い頻度で主張されてきたと指摘する。旧体制においてPRIが市民を支持基盤に取り込む際の組織的基盤は階級であったが，民衆闘争においても動員されたのは，階級を基盤に組織化された人々であった。

このような民衆闘争のアクターと要求の特徴，ならびに序章で述べた票を売ることに抵抗のない選挙民とイデオロギーではなく実利で動く政治家とい

う特徴は，選挙においてクライエンテリズムやポピュリズムと結びつきやすい（Langston 2017, 118-119）。その結果，選挙不正や腐敗が顕著となり，民主主義が劣化するといえる。

権威主義体制を支えた腐敗した労働組合が，いまだに一定の政治的影響力と特権を保持しているのも，全国的な組織をもつ労働組合の集票力が，3党が互角で選挙を戦う民主化後の状況において，勝敗を分ける重要ファクターとなっていることによる。その典型が，全国教職員組合（SNTE）の事例であった。

E. ゴルディージョ書記長率いるSNTEは2006年の大統領選で従来のPRIからPANへと支持を変え，カルデロン政権誕生に貢献した。その功績によりカルデロン政権ではゴルディージョ書記長の娘婿が公教育省の局長ポストを得，SNTE代表の連邦議員ポストを増やし，SNTEは教育行政への影響力を強めた（米村2012, 62-64）。PRIが政権に復帰した2013年に，ゴルディージョ書記長は不正蓄財の容疑で逮捕された。

第2節　所得格差が政治を不安定にする経路

メキシコの所得格差構造は，次の2つの経路で政治を不安定にしているといえる。

第1に政治の不安定化の第1の要因である麻薬犯罪組織が，メキシコ各地で貧困層の若者をリクルートして拡大していることがある。リーマンショック後，輸出不振で若者の就業機会が縮小する一方，麻薬犯罪組織の戦闘員需要が増すという状況が生まれた。とくに北部国境地帯の産業地帯で殺人率が上昇したが，学校に行かず働きもしないニニとよばれる若者ニート層の存在と，殺人率上昇との関係が指摘されている（馬場2017, 120; 134）。

第2に所得格差構造の下層を占めるインフォーマル就業者がクライエンテリズムやポピュリズムの受け皿となることで，民主主義の質を低下させてい

ることがある。

　膨大な規模のインフォーマル就業者が下層を形成する格差構造は，メキシコのみならず，ラテンアメリカ諸国に共通するものである。オクスホーンとデュカテンシーラーは所得格差に代表される不平等な社会構造が，ラテンアメリカの市民社会を脆弱にしていると指摘する。すなわち，不平等な社会構造により市民社会が分断，核化しているため，市民は自らの利益を代表する自律的組織を作れず，従属的，個人的にコーポラティズムやクライアンテリズムによる動員の対象となってきたと述べる（Ducatenzeiler and Oxhorn 1994, 37; Oxhorn and Ducatenzeiler 1989, 223）。

　和田の分析では，民衆闘争の重要アクターとして都市民衆の存在が指摘されるが，都市民衆がどのようなメカニズムで政治に動員されるかについては，第4章で受田がインフォーマル・ポリティクスと名づけて，メキシコ市の露天商の事例を分析している。

　受田が事例で取り上げたのは，地方からメキシコ市へ移住したオトミー語族の先住民集団である。彼らは路上で商売し不法占拠地に住むことから，経済活動と居住空間の二重の意味でインフォーマルな存在である。

　受田によれば彼らの政治活動には，彼らのほかに3政党と彼らを支援する運動組織（UPREZ）がかかわる。3政党とは，PRIとPRD，そしてPRDから分裂してできたMORENAである。UPREZは無産層の権利擁護を目的に活動する左派の運動組織の連合体である。メキシコ市では1997年にPRIからPRDへの政権交代が実現した。PRDと関係の深いUPREZは，居住空間を求める先住民と，PRD下のメキシコ市行政当局との交渉の仲介役となり，不法占拠地の正規化や容認などで一定の成果を上げてきた。

　メキシコ市ではPRI,PRD,MORENAが政治的影響力を競い，各政党内部でも主導権をめぐる政治家間の競争がし烈である。都市民衆を支援する運動組織はUPREZに限らず，PRD以外の党につながる運動組織も存在する。そのような政治状況を背景に，支援の対価として先住民集団に期待されたのが，運動組織や政党への協力，集会やデモへの参加であった。制度や組織ではな

く個人的つながりにもとづき，経済的便益が政治的支持との交換に提供される点で，旧体制のクライアンテリズムを踏襲しているといえる。

彼らの政治活動は次のような脆弱性を抱えている。第1に，関係の脆弱性がある。インフォーマル・セクターと，運動組織や政党・政治家との関係が，制度や組織のつながりではなく個人と個人のつながりにもとづくという不安定性や，動員される側は経済的便益を得た後は，協力の誘因を失うという不安定性を抱えている。

第2に，インフォーマルゆえの脆弱性がある。政党間の支持獲得競争はインフォーマル・セクターばかりでなくフォーマル・セクターに対しても行われている。さらに，政権を獲得すれば，政党はフォーマルな制度に縛られる。そのためにインフォーマル・セクターは支援を失うリスクを常に抱えているといえる。

このような限界をもつにもかかわらずインフォーマル・ポリティクスが幅を利かせるのは，それを求める社会の論理と政治の論理が存在するためである。社会の論理とは，不平等な社会構造のもとでインフォーマル・セクターが自らの生存空間を要求していることである。政治の論理とは，パトロン＝クライアント関係にもとづき経済的実利と政治的支持を交換するクライアンテリズムが存続し，民主化により政党間の競争が激化するなかで，支持獲得に有効性を発揮していることである。

インフォーマル・セクターと政党・政治家の両者の利益を実現するのがインフォーマル・ポリティクスであり，その前提は，フォーマル・ポリティクスではインフォーマル・セクターの問題解決が難しいことだった。インフォーマル・ポリティクスを介して，インフォーマル・セクターとクライアンテリズムが相互に補強しあう関係が成立しているといえる。

第3節　一党支配型権威主義体制の遺制克服の条件

　本章の冒頭で一党支配型権威主義体制の遺制として，①クライアンテリズム，②ポピュリズムとそれを補強するナショナリズム，③石油輸出収入に依存する財政の構造，④市民の国家制度への不信の4つを挙げた。このうち①と②のポピュリズムは，選挙をめぐる政党間の競争激化とインフォーマル就業者の存在に大きく規定されており，これらの条件が変化しないならば克服は難しいといえる。一方，④は麻薬紛争の深刻化に大きく規定され，紛争解決の見通しがつかないかぎり，克服は難しいといえる。

　これに対し②のナショナリズムと③は，克服が展望できる状況が生まれている。その条件となっているのは，経済的必要性と，政権交代と民主化後の政治の3党分立状態であった。この点を第5章で坂口が，2013年のエネルギー制度改革の経緯の分析により明らかにしている。

　坂口の問いは，資源ナショナリズムの強いメキシコで，そのシンボル的存在である石油産業への外資の参入を可能にする制度改革が，なぜ可能になったのかというものである。

　坂口の分析をもとに，改革の経済的必要を整理すると次のとおりとなる。メキシコの石油産業は，主力油田の枯渇のために衰退の瀬戸際にある。再生のためには投資拡大が必要であり，石油産業を独占する国営会社Pemexが資金的，技術的能力を欠いているため，外資の参入は必要不可欠であった。Pemexが資金的余裕をもたないのは，国家へ事業利益のほとんどを上納してきたためである。さらに，Pemexは深海油田開発の技術をもたず，加えて油田開発は投資リスクがきわめて高いため，技術的にもリスク分散のためにも，外資の協力が必要不可欠であった。主力油田の枯渇が迫るため，改革を怠れば，財政収入や輸出収入はおろか，国内のエネルギー需要も満たせず，メキシコは石油輸入国へ転落する可能性が高いのである。

　一方，石油産業はメキシコのナショナリズムのシンボル的存在であり，

石油産業への外資の参入は憲法と石油法により禁止されていた。そのため 1990 年前後に実施された公企業民営化においても，Pemex は対象外とされた。改革の抵抗勢力は，ナショナリズムを煽り選挙で支持を集める PRD と MORENA，ならびに一党支配型権威主義体制のもとで特権を享受しつつ PRI の集票マシーンとして機能してきた Pemex 労組であった。

坂口の分析は，エネルギー改革が実施された背景として，次のような民主化の経緯が重要であることを示している。

第 1 に，改革過程は 2013 年以前から始まっていたことである。新自由主義改革を推進した PRI 政権のもとで，対外債務返済の財源確保のための経営効率化を目的に Pemex 改革が行われた。その結果，Pemex の組織改革と石油労組の権益削減が実現した。1990 年代末以降は埋蔵量と生産量の減少が明らかとなり，PAN 政権により Pemex 改革が実施され，財政の石油依存の引き下げ，経営への石油労組の影響力削減が実現した。政策審議の過程で PRI，PAN 間の政策すりあわせが行われ，そのことが 2013 年の改革での合意を容易にした。

第 2 に，2013 年の連邦議会における 3 党分立状態が法制改革に有利に働いたことである。2012 年に少数与党として政権復帰した PRI は 2013 年に，石油産業への外資参入を可能にする憲法改正案を発表した。PAN 政権下での Pemex 改革をめぐる政策すりあわせの経験が，改正案の議会通過のために政党間で連携し，PRD の反対を抑えることを可能にした。議会審議を経て，憲法改正に必要となる州政府の同意も取りつけて，4 カ月後には憲法改正が実現した。改革の結果，地下資源は引き続き国家に帰属するものの，外資を含む民間企業の原油の処分権とコンセッション契約が認められるようになった。あわせて Pemex の経営から労組代表が排除された。

2013 年のエネルギー改革において，石油産業の再生の必要という経済の論理を前に，改革を阻止する政治の論理，すなわち国民のあいだの根強い資源ナショナリズムと，それを根拠に改革案に反対する PRD の主張は退けられた。改革を阻むもうひとつの政治アクターである Pemex 労組は，新自由

主義改革と民主化に舵を切った PRI 政権のもとで，すでに影響力を失っていた。

　ただし，エネルギー制度改革によって石油産業への外資の参入が可能になったとしても，この状況が今後も長期にわたり安定的に維持されるかは，不透明である。それは第 1 に，国民のナショナリズム感情は依然として強いことがある。政治・経済状況の変化や挑発によって，溜まった地下のマグマのように国民感情が噴出することは，十分考えられる。第 2 に外資の排斥を主張する政治アクター，具体的には PRD や MORENA が存在し，一定の政治影響力をもつことである。その意味では，石油産業をめぐる経済の論理と政治の論理のせめぎ合いは，時と所を変えて今後も続くと考えられる。

第 4 節　グローバル化がけん引する経済成長による所得格差改善の困難

　経済自由化の所得格差への影響について，先行研究は 1980 年代から 1990 年代半ばに所得分配が悪化したとする点で一致している。それらの研究が指摘するのは，貿易自由化後，非熟練労働力に対する熟練労働力の需要と賃金が相対的に上昇したことで，スキルプレミアム（熟練労働力と非熟練労働力の賃金の差）が拡大し，それにより所得分配が悪化したという点である。

　熟練労働力の需要・賃金の上昇要因としては，20 世紀の普遍的な潮流である熟練偏向の技術変化（Acemoglou 2002）を背景として，貿易自由化後の資本財・中間財の調達コストの低下により新技術の導入が進んだこと（Cragg and Epelbaum 1996, 110-111），熟練労働力を求める外国直接投資が増加したこと（Feenstra and Hanson 1997, 372; Verhoogen 2008, 491）などがある。

　一方，非熟練労働力の需要と賃金を引き下げた，あるいは停滞させた要因としては，貿易自由化による中国との競争や（Blecker 2010, 191; 208），これまで享受していた産業保護の利得の喪失，労働組合の弱体化により，非熟

練労働集約的で労働組合の強い産業が打撃を受けたことが指摘されている (Revenga 1997, S42; Cortez 2001, 1915-1916; Fairris 2003, 494-495)。

ただし所得分配は，1990年代に悪化傾向に歯止めがかかり，安定あるいは改善に転じたとみられている (Koujinau and Pavenik 2007, 48-50)。その要因として指摘されるのは，教育水準の上昇によるスキルプレミアムの縮小 (Angeles-Castro 2011, 208; Campos-Vazquez 2013, 272; 275)，時間の経過による市場の安定と新しい市場環境に対する人々の適応 (Angeles-Castro 2011, 215-216)，政府の貧困削減政策 (Esquival, Lustig and Scott 2010, 182; 190; 196) などである。これらの見方に立てば，所得分配の悪化は経済自由化の過渡期の現象とみることもできよう。果たしてそうなのだろうか。

メキシコの北米経済統合の2010年代の成果は，輸出産業としての自動車産業の急成長であった。第6章で星野が分析の俎上にのせたのは，自動車産業の急成長が地域の雇用に及ぼした影響である。星野の問いは，自動車産業の成長が所得格差の改善の切り札となるかというものであり，2010年代のグアナファト州を中心とするバヒオ地方における自動車産業の急成長過程を事例に取り上げた。

メキシコは新自由主義経済改革の過程において，米国市場向けの製造拠点として，自動車産業の世界的な生産ネットワークに組み込まれた。世界の主要自動車製造拠点と比較して相対的に労働力が安価であることが，メキシコが製造拠点に選ばれた理由のひとつであった。リーマンショック以降，企業間競争が激化し，世界的な生産拠点の再編が進み，その結果2010年代にメキシコで自動車産業への投資ブームが起き，バヒオ地方はその舞台となった (星野 2014, 25-28)。投資ブームにより自動車産業の労働力需要が短期間に急拡大した。

以上の変化は雇用の創出による所得格差の改善を期待させるものであるが，その期待は現実のものにはなっていない。その理由として指摘されるのは，第1に労働力の質の面で需要側と供給側に大きなギャップが存在することである。グローバルに競争する企業において求められる労働力は，グロー

バル標準の労働規範と技能水準を備えた労働力である。メキシコの標準的な労働規範や技能水準とは異なり，とくに膨大な規模で存在するインフォーマル就業者の労働規範と技能水準との差は大きい。そのため，求職者の規模は膨大でも，自動車産業の条件に適った求職者の規模は小さい。雇用の質をめぐる需要と供給のミスマッチは，高い離職率と賃金相場の上昇という問題を引き起こしている。

一方，インフォーマル就業者からからみれば，輸出製造業の雇用はそれほど魅力的ではないかもしれない。インフォーマルからフォーマルへの就業者の移動に関連して，マロニーは，労働市場がインフォーマルとフォーマルに二分されているわけではないと指摘する。低技能労働者にとってはどちらも選択可能であるという意味で労働市場はひとつであり，彼らがフォーマルの賃金労働を選ばない場合もありうると述べる。その理由として次の2つを挙げる。

第1に，彼らが重視するのは手取り賃金であり，名目賃金から差し引かれる年金基金などへの支払いは，彼らにとって課税に等しい。これらの課税を回避するためにインフォーマル就業を選択する場合がある。第2に，インフォーマル就業にはフォーマル就業にはない自由さや仕事の柔軟性，低技能者にあった訓練機会などの特有の便益が存在することである（Maloney 1999, 276-277）。

低技能者がインフォーマル就業を選ぶ背景には，フォーマルな制度への不信と不適応があるといえよう。

輸出産業は良質な雇用を創出しているが，その規模は膨大なインフォーマル就業者の規模に比して小さい。そのため，輸出産業は良質な雇用を創出するが，所得格差改善の切り札の役割を期待するのは難しいというのが星野の結論である。

おわりに――20世紀と21世紀でなにが変わったのか――

　以上において，所得格差と政治の安定をつなぐ経路，政治の安定と経済成長をつなぐ経路，そして経済成長と所得格差をつなぐ経路に，どのような問題があり，それらの問題が3つの基底的条件とどうかかわるのか，どのように好循環を断絶させ，悪循環を発生させてきたかを示した。しかし最後に強調しておきたい点は，その状況は全国一律ではなく，州ごとに大きく異なるという点である。

　グアナファト州の自動車産業の成長過程において注目されるのは，企業誘致に州政府が積極的な役割を果たしたことである。その先駆けは1994年のシラオへのGMの誘致であった。グアナファト州は民主化過程の早期にあたる1991年に，PRIからPANへの政権移管を果たした州である。企業誘致で中心的役割を果たしたのは，州の持続的経済開発局（SDES）の下に1992年に設立された貿易育成調整部（COFOCE）であった。ロシュテンは，企業に対しさまざまな優遇措置を提示することで，他州を抑えてグアナファト州に自動車産業を誘致したCOFECEの手腕を，高く評価している（Rothstein 2005, 63-64）。

　GM誘致当時，グアナファト州は農業が主要産業の州であり，製造業の発展基盤を欠いていた。いまだ2010年代においても，教育水準や労働力の質の面で，その特徴を克服できていない。それでも州の政策次第では，輸出産業の育成が可能であることを示す点で，グアナファト州の事例は興味深い。企業寄りの右派政党であるPANへの政権移管によってそれが可能になったと考えるならば，民主化過程がグアナファト州の自動車産業の成長に間接的にかかわっていたといえる。ちなみに1995～1999年のグアナファト州知事は，2000年に大統領となったPANのビセンテ・フォックスであった。

　メキシコにおいてなぜ，政治制度改革と新自由主義改革がめざした，民主的な政治社会と豊かで安定した経済が実現していないのか。この疑問に対し

最後に，序章において示した政治の安定・経済の成長・所得格差の関係図（p7参照）に即して説明したい。

　理由として第1に，民主化が政治の安定をもたらしていないことがある。2000年代以降，公職者の腐敗，麻薬犯罪組織の選挙運動・候補者擁立への影響などの点で民主主義の質は低下し，国民の国家制度への不信は増大した。政治を不安定にしている重要な要因のひとつが，麻薬紛争の激化であった。

　第2に，グローバル化により外国直接投資は増加したが，所得格差改善の切り札とはなっていないことがある。輸出産業の雇用規模に限界があること，輸出産業が求める労働力の質とメキシコで豊富な労働力の質のあいだに大きな乖離があり，しかも技術革新によりそれが拡大していることによる。

　第3に，所得格差の存在が，麻薬犯罪組織の活動の温床となり，あるいは，低所得者の再分配への要求を高めることで，政治と社会を不安定にし，投資を阻害していることがある。序章で想定したような政治の安定，経済の成長，所得格差の改善の好循環の輪は断絶しており，むしろ悪循環が生じているといえる。

　本書の分析により明らかになった21世紀の新しい変化として，次の2つを挙げることができる。

　1つ目が，政治と社会の不安定化の重要な要因のひとつである，麻薬紛争の激化である。麻薬犯罪組織の軍事力と資金力の強大化により国家の統治能力は低下し，麻薬犯罪組織が絡む政治の腐敗や不処罰により，国民の国家制度への不信はこれまで以上に強まった。さらに，2010年代後半には麻薬犯罪組織の広がりは，グアナファト州のようにこれまで安全とみられていた地域にまで及んでおり，投資や経済活動への影響が懸念される。民主的な政治社会と豊かで安定した経済の実現には，麻薬紛争の解決が避けて通れないが，麻薬犯罪組織はグローバル化と民主化の鬼子である。グローバル化が深く関与するということは，メキシコ一国のみでの解決は難しいことを意味する。特に市場である米国との協力が必要不可欠である。

2つ目は，州ごとの多様性が生まれていることである。本書で検討した，州による民主主義の質の低下の違い，ミチョアカン州の自警団の結成，グアナファト州の自動車産業の成長，メキシコ市の民衆運動に，その傾向が表れているといえる。州ごとの多様性が生まれた要因としては，次のような点を挙げることができる。

　第1に，民主化の過程において進んだ，連邦政府から地方政府への財政，行政，政治的権限の分権化が挙げられる。それによって，地方政府は地域の利益に即した政策の立案，実施が可能になったといえる。

　第2に，連邦政府レベルの政権交代に先立って進んだ州レベルでのPRIからPAN，あるいはPRIからPRDへの政権交代である。グアナファト州の自動車産業の成長の条件となったのは，PRIからPANへの政権交代と，PAN政権下で策定・実施された自動車産業の誘致政策であった。

　第3に，州の地理的位置，端的にいえば，米国への麻薬密輸ルート上に位置するか否かである。麻薬密輸ルート上に位置し，政権交代を経験した州では，政府の暗黙の保護のネットワーク喪失に脅威を抱いた麻薬犯罪組織が私兵を組織し，縄張り争いの舞台となった。

　以上の要因は容易になくなる性質のものでないことを考えると，今後も州ごとの多様性は変わらないと考えられる。これまで国のレベルで政治の安定・経済の成長・所得格差の関係を考えてきたが，メキシコの21世紀を展望するためには，州レベルでもそれらの関係をみることが必要となろう。それらは州ごとに非常に多様となることが予想される。

　本章の冒頭に挙げた政治・社会・経済の基底的条件，すなわちひとつ目に過去の一党支配型権威主義体制から引き継いだ政治の特徴，2つ目に，膨大な規模のインフォーマル就業者の存在，そして3つ目に，グローバル化と民主化の過程において進んだ国家の統治能力の低下，これらの条件は2000年以降大きく変わっていない。しいて変わった点を挙げれば，旧体制から引き継いだ政治の特徴のうちの，経済的実利の分配原資をPemexに依存する財

政構造が是正されたことである。

　国庫のPemex依存の是正以外に大きな変化がないとすれば，これらの基底的条件は，今後も，時々の政治・社会・経済の重要局面において，その展開の方向性に影響を及ぼし続けていくと考えられる。

〔参考文献〕

〈日本語文献〉

馬場香織 2017.「メキシコの麻薬紛争に関する予備的考察」『21世紀のメキシコ——近代化する経済，分極化する社会』アジア経済研究所.

―――― 2018.「ヘゲモニーの衰退と拡散する暴力——メキシコ麻薬紛争の新局面」『ラテンアメリカ・レポート』34(2): 13-25.

星野妙子 2014『メキシコ自動車産業のサプライチェーン——メキシコ企業の参入は可能か』アジア経済研究所.

米村明夫 2012.「メキシコにおける基礎教育の質改善をめぐって——近年の全国教育労働者組合（SNTE）の政治行動と議会，市民の動き」『ラテンアメリカ・レポート』29(2): 60-72.

〈外国語文献〉

Acemoglu, Daron 2002. "Technical Change, Inequality, and the Labor Market." *Journal of Economic Literature* XL (March): 7-72.

Angeles-Castro, Gerardo 2011. "Economic Liberalization and Income Distribution, Theory and Evidence in Mexico." In *Market Liberalism, Growth, and Economic Development in Latin America*, edited by Gerardo Angeles-Castro, Ignacio Perrotini-Hernández and Humberto Ríos-Bolívar, London: Routledge, 195-219.

Blecker, Robert A. 2010. "Comercio, empleo y distribución: Efectos de la integración regional y global." In *Crecimiento económico y equidad*, edited by Nora Lustig, México: El Colegio de México, 175-214.

Campos-Vázquez, Raymundo M. 2013. "Why Did Wage Inequality Decrease in Mexico after NAFTA." *Economía Mexicana NUEVA EPOCA* 22(2) segundo semestre de 2013: 245-278.

Cortez, Willy V. 2001. "What Is Behind Increasing Wage Inequality in Mexico?" *World Development* 29(1): 1905-1922.

Cragg, Michael Ian and Mario Espelbaum 1996. "Why Has Wage Dispersion Grown in Mexico? Is It the Incidence of Reforms or the Growing Demand for Skill?" *Journal of Development Economics* (51): 99-116.

Ducatenzeiler, Graciela and Philip Oxhorn 1994. "Democracia, autoritarismo y el problema de la gobernabilidad en América Latina." *Desarrollo Económico* 34(133): 31-52.

Esquivel, Gerardo, Nora Lustig, and John Scott 2010. "Mexico: a Decade of Falling Inequality: Market Forces or State Action?" In *Declining Inequality in Latin America A Decade of Progress?*, edited by Luis F. Lopez-Calva and Nora Lustig, Baltimore: Brookings Institution Press, 175-217.

Fairris, Cavid 2003. "Unions and Wage Inequality in Mexico." *Industrial and Labor Relations Review* 56(3): 481-497.

Feenstra, Robert C. and Gordon H. Hanson 1997. "Foreign Direct Investment and Relative Wages: Evidence from Mexico's maquiladoras." *Journal of International Economics* 42: 371-393.

INEGI, 2014. *La informalidad laboral, encuesta nacional de ocupación y empleo, marco conceptual y metodológico*. México: INEGI. (www.inegi.org.mx)

Koujianou Goldbarg, Pinelopi, and Nina Pavcnik 2007. "Distributional Effects of Globalization in Developing Countries." *Journal of Economic Literature* 45(1): 39-82.

Langston, Joy 2017. *Democratization and Authoritarian Party Survival: Mexico's PRI.* Oxford: Oxford University Press.

Maloney, William F. 1999. "Does Informality Imply Segmentation in Urban Labor Markets? Evidence from Sectoral Transitions in Mexico." *The World Bank Economic Review* 13(2): 275-302.

Oxhorn, Philip and Graciela Ducatenzeiler 1998. "Conclusion: What Kind of Democracy? What Kind of Market?" In *What Kind of Democracy? What Kind of Market? Latin America in the Age of Neoliberalism,* edited by P.D. Oxhorn and G. Ducatenzeiler. Pennsylvania: The Pennsylvania State University Press.

Reforma 2013. "Atrae a narco bonanza aguacatera." noviembre 18.

Revenga, Ana 1997. "Employment and Wage Effects of Trade Liberalization: The Case of Mexican Manufacturing." *Journal of Labor Economics* 15(3): S20-43.

Rothstein, Jeffrey S. 2005. "Economic Development Policymaking down the Global Commodity Chain: Attraction an Auto Industry to Silao, Mexico." *Social Forces* 84(1) September: 49-69.

Trejo, Guillermo and Sandra Ley 2017. "Why Did Drug Cartels Go to War in Mexico? Subnational Party Alternation, the Breakdown of Criminal Protection, and the

Onset of Large-Scale Violence." *Comparative Political Studies* (Online First), 1-38.
Verhoogen, Eric A. 2008. "Trade, Quality Upgrading, and Wage Inequality in the Mexican Manufacturing Sector." *Quarterly Journal of Economics* 123(2) May: 489-530.
Weffort, Francisco C. 1998. "New Democracies and Economic Crisis in Latin America." In *What Kind of Democracy? What Kind of Market? Latin America in the Age of Neoliberalism,* edited by P.D. Oxhorn and G. Ducatenzeiler, Pennsylvania: The Pennsylvania State University Press.

索引

【アルファベット】

CPI　36, 42
Marichuy　159
Mexican Popular Contention Database（MPCD）　60
NAFTA　19
OJT　221, 227
Pemex　9, 168
STPRM　173

【ア】

アイデンティティ　76
アカウンタビリティ　36, 42, 47, 49
　　垂直的――　35
　　水平的――　35
アクター　54
新しい社会運動論　70
アリシャ・ホランド　141
アルフレード・カステージョ　126
安全保障の罠　110
アンドレス＝マヌエル・ロペス＝オブラードール　146, 175
一党支配　193
　　――型権威主義体制　3, 55, 231
イベント　55
　　――分析　60
イポリト・モラ　105
インフォーマリティ　133
インフォーマル
　　――・セクター（部門）　11, 200
　　――・ポリティクス　144, 237
　　――就業者　8, 10, 54, 199, 200, 231, 232
ウィリアム・マロニー　138
ウノマスウノ紙　60
エクセルシオール紙　60
エネルギー（制度）改革　15, 167, 239
エミリアーノ・サパタ民衆革命連合（UPREZ）　147
エルナンド・デソト　135
エルバ＝エステル・ゴルディージョ　236
エンリケ・ペニャ＝ニエト　48, 49, 125, 167
汚職　25, 28
オトミー　153

【カ】

階級　54
隠されたトランスクリプト　62
学生　56
カルデロン政権　18, 233
カルロス・エリソンド　144
カルロス・サリナス　111
カルロス・ロメロ＝デシャンプス　192
関税及び貿易に関する一般協定（GATT）　67
機械加工　210
企業誘致　205
　　――政策　228
技能
　　――育成　222
　　――習得　221
　　――マップ　222, 223
機能部品　209
逆U字理論　64
給与　219
教員組合　144
グアナファト州　22, 201, 242
空間的比較　55
クズネッツ仮説　5
組立作業　210
クライアンテリズム　148, 232
クライアント関係　57
グローバル化　53
　　――の裏の力　8
権威主義体制　25, 61
抗議行動　54, 151
高技能労働　199
好循環の輪　6, 245
構成部品　209
公的扶助　133
行動戦略　58
行動様式　62
ゴードン・ハンソン　140

コーポラティスト　190
コーポラティズム　57
国際労働機関（ILO）　134
国民行動党（PAN）　32, 48, 58, 145, 174, 244
国民刷新運動（MORENA）　146, 174, 237
国有化（石油）　167
国家介入型経済　3, 193
　　——開発政策　61
国家コーポラティスト体制　9
国家制度への不信　10, 232
国家選挙機関（INE）　48
国家の統治能力　99, 231
国家の能力　141
コミュニティ警察　107
雇用創出　218
雇用の質　219, 243
コロンビア・カルテル　17, 233

【サ】

サービス契約　169
財政の石油への依存　14
債務危機　135
財務省（SHCP）　137
サパティスタ民族解放軍（EZLN）　151
サプライチェーン　200
参加型予算　149
産業集積　201
サンティアゴ・メスキティトラン　153
サンティアゴ・レヴィ　133
自警団　15, 233
　　——の組織化　118
自警団運動　98
　　——と連邦政府の関係　118
　　——の解消　124
　　——の資源　118
　　——の動員構造　118
　　——の発生　112
　　——の広がり　112
　　——のフレーミング　118
　　——の類型　105
時系列比較　55

事件　55
資源ナショナリズム　167, 239
地震（1985年）　148
地震（2017年）　134
システムコンポーネント　209
自動車産業　15, 199, 206
自動車部品の輸出　206
シナロア・カルテル　101
資本集約的　200, 210
市民権　53
市民社会　53
　　——組織　57
社会運動　15, 55
社会開発省（SEDESOL）　137
社会規範　141
社会保険　133
　　——加入者数　215
社会保険庁（IMSS）　137
住宅局（INVI）　154
州知事選挙　15, 17
準民主主義体制　64
条件つき現金移転（CCT）プログラム　137
女性　54
　　——の権利　70
所得格差　53, 199, 217
人権　70, 151
新自由主義　135
　　——経済改革　3, 65, 167, 231
人的資本　144
新聞　55
スキルプレミアム　241
ストルパー・サミュエルソン理論　5
政権交代　232, 235
政治的機会　64
　　——構造論　64
政治的自由化　61
政党間競争　235
制度的革命党（PRI）　32, 48, 55, 145, 168, 237
石油労組（STPRM）　168
セタス　102
せめぎ合いの構図　22
選挙民主主義　232, 235

全国教職員組合（SNTE）　236
全国先住民局（INI）　154
全国民衆組織連合（CNOP）　148
先住民　54
　　──移住者　147
選択バイアス　57
総選挙（2018 年 7 月）　134

【タ】

ターゲット　62
対外債務累積問題（1982 年）　10
対麻薬戦争　101
治安　98
地方分権　18, 232
中道右派政党　145
賃金格差　199
ティア 1　209
低技能労働　199
ティフアナ・カルテル　101
データベース　55
テクノクラート　137
テパルカテペック市　104
天然ガス　186
テンプル騎士団　99
闘争のレパートリー　83
統治能力の低下　8
都市住民　56
都市への権利　150
都市民衆運動組織　134
トラテロルコ虐殺事件　10
トランスペアレンシー・インターナショナル　36

【ナ】

内製化　210
ナショナリズム　9, 232
日系企業　205
農村部隊　126
農民　54

【ハ】

ハイメ・レジョ　150
パトロール自警団　108
パトロン＝クライアント　9, 85, 193, 232
派閥　149
バヒオ地方　201
ハリスコ新世代カルテル　123
犯罪　97
犯罪組織　67
ファミリア・ミチョアカーナ　102
フアレス・カルテル　102
ブエナビスタ市　104
フェリペ・カルデロン　101
フォーマル・セクター　11
福利厚生　219
腐敗　111
腐敗認識指数　36
不法占拠　136
フリーダム・ハウス指標　26, 67
ブローカー　133
米州開発銀行　137
法定最低賃金　220
方法論　60
暴力　54, 98
北部国境地帯　202
北米経済統合　7, 242
北米自由貿易協定（NAFTA）　67
ホセ・ミレレス　105
ポピュリズム　9, 162, 232
ポリアーキー　34

【マ】

マイノリティ　54
麻薬カルテル　67
麻薬戦争（麻薬紛争）　18, 88, 97, 232
麻薬犯罪組織　12, 54, 98
マルチプル・サービス契約（MSC）　186
ミゲル・デラマドリー　111, 184
ミチョアカン州　98, 233
ミレニオ・カルテル　102
民衆闘争　53

民衆保険 138
民主化 53, 135
　　──の第3の波 25, 33
民主革命党（PRD） 82, 146, 167, 237
民主主義 53
　　──の質 15, 25-28, 31, 33-35, 37, 38, 41-43, 45, 47-50, 232
　　──の深化 54
　　──体制 25
民主的統治 35
メキシコ革命 146, 167
メキシコ市 134
メキシコ人権委員会（CNDH） 104
メキシコのための同盟（Pacto por México） 48, 167
メキシコ湾カルテル 102
モジュール様式 87

【ヤ】

輸出製造業 19, 199
輸入代替工業化 9
要求 54
抑圧 64

【ラ】

ラ・ホルナーダ紙 20, 60, 151
リーマンショック 204
リカルド・モンレアル＝アビラ 157
離職率 223
累積債務危機 71
歴史的叙述 55
連邦選挙機関（IFE） 48
労働規範 228
労働者 54
労働集約的 210
労働力の需給ギャップ 221, 224
露天商 142

複製許可およびPDF版の提供について

　点訳データ，音読データ，拡大写本データなど，視覚障害者のための利用に限り，非営利目的を条件として，本書の内容を複製することを認めます（http://www.ide.go.jp/Japanese/Publish/reproduction.html）。転載許可担当宛に書面でお申し込みください。

　また，視覚障害，肢体不自由などを理由として必要とされる方に，本書のPDFファイルを提供します。下記のPDF版申込書（コピー不可）を切りとり，必要事項をご記入のうえ，販売担当宛ご郵送ください。折り返しPDFファイルを電子メールに添付してお送りします。

〒261－8545　千葉県千葉市美浜区若葉3丁目2番2
　　日本貿易振興機構 アジア経済研究所
　　研究支援部出版企画編集課　各担当宛

　ご連絡頂いた個人情報は，アジア経済研究所出版企画編集課（個人情報保護管理者－出版企画編集課長 043-299-9534）が厳重に管理し，本用途以外には使用いたしません。また，ご本人の承諾なく第三者に開示することはありません。

　　　　　　　　　　　　アジア経済研究所研究支援部 出版企画編集課長

PDF版の提供を申し込みます。他の用途には利用しません。

星野妙子編『メキシコの21世紀』

【研究双書637】2019年

住所 〒

氏名：　　　　　　　　　　　　　　年齢：

職業：

電話番号：

電子メールアドレス：

星野　妙子（アジア経済研究所名誉研究員）

高橋百合子（早稲田大学政治経済学術院准教授）

和田　毅（東京大学大学院総合文化研究科教授）

馬場　香織（北海道大学大学院公共政策学連携研究部准教授）

受田　宏之（東京大学大学院総合文化研究科教授）

坂口　安紀（アジア経済研究所地域研究センター主任調査研究員）

―執筆順―

メキシコの21世紀　　　　　　　研究双書 No.637

2019年2月20日発行　　　定価［本体4000円＋税］

編　者　　星野妙子

発行所　　アジア経済研究所
　　　　　独立行政法人日本貿易振興機構
　　　　　〒261-8545　千葉県千葉市美浜区若葉3丁目2番2
　　　　　研究支援部　電話　043-299-9735
　　　　　　　　　　　FAX　043-299-9736
　　　　　　　　　　　E-mail　syuppan@ide.go.jp
　　　　　　　　　　　http://www.ide.go.jp

印刷所　　康印刷株式会社

Ⓒ 独立行政法人日本貿易振興機構アジア経済研究所　2019
落丁・乱丁本はお取り替えいたします　　　無断転載を禁ず
ISBN 978-4-258-04637-9

「研究双書」シリーズ

(表示価格は本体価格です)

637 メキシコの21世紀
星野妙子編　2019年　255p.　4,000円

激動のとば口にあるメキシコ。長年にわたる改革にもかかわらず、なぜ豊かで安定した国になれないのか。その理由を、背反する政治と経済と社会の論理のせめぎ合いの構図に探る。

636 途上国の障害女性・障害児の貧困削減
数的データによる確認と実証分析
森壮也編　2018年　199p.　3,200円

途上国の脆弱層のなかでも、国際的にも関心の高い障害女性と障害児について、フィリピン、インド、インドネシアの三カ国を取り上げ、公開データや独自の数的データを用いて、彼らの貧困について実証的に分析する。

635 中国の都市化と制度改革
岡本信広編　2018年　241p.　3,700円

2000年代から急速に進む中国の都市化。中国政府は自由化によって人の流れを都市に向かわせる一方で、都市の混乱を防ぐために都市を制御しようとしている。本書は中国の都市化と政府の役割を考察する。

634 ポスト・マハティール時代のマレーシア
政治と経済はどう変わったか
中村正志・熊谷聡編　2018年　399p.　6,400円

マハティール時代に開発独裁といわれたマレーシアはどう変わったか。政治面では野党が台頭し経済面では安定成長が続く。では民主化は進んだのか。中所得国の罠を脱したのか。新時代の政治と経済を総合的に考察する。

633 多層化するベトナム社会
荒神衣美編　2018年　231p.　3,600円

2000年代に高成長を遂げたベトナム。その社会は各人の能力・努力に応じて上昇移動を果たせるような開放的なものとなっているのか。社会階層の上層／下層に位置づけられる職業層の形成過程と特徴から考察する。

632 アジア国際産業連関表の作成
基礎と延長
桑森啓・玉村千治編　2017年　204p.　3,200円

アジア国際産業連関表の作成に関する諸課題について検討した研究書。部門分類、延長推計、特別調査の方法などについて検討し、表の特徴を明らかにするとともに、作成方法のひとつの応用として、2010年アジア国際産業連関表の簡易延長推計を試みる。

631 現代アフリカの土地と権力
武内進一編　2017年　365p.　4,900円

ミクロ、マクロの政治権力が交錯するアフリカの土地は、今日劇的に変化している。その要因は何か。近年の土地制度改革を軸に、急速な農村変容のメカニズムを明らかにする。

630 アラブ君主制国家の存立基盤
石黒大岳編　2017年　172p.　2,700円

「アラブの春」後も体制の安定性を維持しているアラブ君主制諸国。君主が主張する統治の正統性と、それに対する国民の受容態度に焦点を当て、体制維持のメカニズムを探る。

629 アジア諸国の女性障害者と複合差別
人権確立の観点から
小林昌之編　2017年　246p.　3,100円

国連障害者権利条約は、独立した条文で、女性障害者の複合差別の問題を特記した。アジア諸国が、この問題をどのように認識し、対応する法制度や仕組みを構築したのか、その現状と課題を考察する。

628 ベトナムの「専業村」
坂田正三著　2017年　179p.　2,200円

ベトナムでは1986年に始まる経済自由化により、「専業村」と呼ばれる農村の製造業家内企業の集積が形成されている。ベトナム農村の工業化を担う専業村の発展の軌跡をミクロ・マクロ両面から追う。

627 ラテンアメリカの農業・食料部門の発展
バリューチェーンの統合
清水達也著　2017年　200p.　2,500円

途上国農業の発展にはバリューチェーンの統合がカギを握る。ペルーを中心としたラテンアメリカの輸出向け青果物やブロイラーを事例として、生産性向上と付加価値増大のメカニズムを示す。

626 ラテンアメリカの市民社会組織
継続と変容
宇佐見耕一・菊池啓一・馬場香織共編　2016年　265p.　3,300円

労働組合・協同組合・コミュニティ組織・キリスト教集団をはじめ、ラテンアメリカでは様々な市民社会組織がみられる。コーポラティズム論や代表制民主主義論を手掛かりに、近年のラテンアメリカ5カ国における国家とこれらの組織の関係性を分析する。

625 太平洋島嶼地域における国際秩序の変容と再構築
黒崎岳大・今泉慎也編　2016年　260p.　3,300円

21世紀以降、太平洋をめぐる地政学上の大変動が起きている。島嶼諸国・ANZUS(豪、NZ、米)・中国などの新興勢力による三者間のパワーシフトと合縦連衡の関係について、各分野の専門家により実証的に分析。現代オセアニアの国際関係を考えるための必読書。